Ihrer Hoheit Sechmet Montu (LHS) gewidmet,
die immer noch den alten Lehren folgt.

[illegible]

Einleitung [illegible]

Allgemein[illegible]

1. [illegible]

2. Das prak[illegible]

3. Die Ge[illegible]

4. [illegible]

5. [illegible]

6. [illegible]

7. Die [illegible]

[illegible] Methoden

8. [illegible]ische [illegible]

9. Die Gothic[illegible]

10. Die [illegible]

11. [illegible]

Inhalt

Einführung

Man nimmt an, daß es vor dem Aufstieg der historisch bekannten Kulturen der Sumerer und der alten Ägypter eine große Zivilisation gab, die in Wissenschaft und Technologie sogar unsere heutige übertraf. Als sich jedoch mehrere Naturkatastrophen gleichzeitig ereigneten und ihre Stätten auslöschten, blieb davon nichts weiter übrig als Erinnerungen, die langsam zu mythischen Legenden und Aberglauben wurden. Ich habe in dem vorliegenden Buch den Einfluß des Doppelsterns Sirius auf die Entwicklung und Kultur des dynastischen Ägyptens untersucht. Bestand beispielsweise dieser Einfluß ausschließlich aus der alljährlichen Überflutung des Nils während der Hundstage, die man nach dem heliakischen Aufgang des Sterns berechnete, oder waren sich die alten Ägypter einer tieferen, grundlegenderen Bedeutung bewußt? Viele Mystiker und Metaphysiker halten Sirius für einen Schlüssel zur Evolution der Erde, und wenn dies zutrifft, dann spielt dieser Stern vermutlich auch eine wichtige Rolle für die Zukunft unseres Planeten. Vielleicht waren sich die altägyptischen Priester, die ihr Wissen von der erwähnten technologisch fortgeschrittenen Vorflut-Zivilisation erhalten hatten, dieser Tatsache nur allzu bewußt und versuchten aus diesem Grund, seine wahre Bedeutung in ihren geheimsten und machtvollsten Ritualen zu verbergen. Doch in den vielen Jahrhunderten, die die Dynastien des alten Ägypten umspannten, verkamen die ursprünglichen Kenntnisse und die wahre Bedeutung, die hinter solchen Praktiken standen, langsam zum Hokuspokus des Aberglaubens und erlagen schließlich dem unvermeidlichen »Machtsyndrom«. Die ursprüngliche Bedeutung (und die damit verbundene Ethik) sind schon lange vergessen.

Wir befassen uns in diesem Buch jedoch nicht vornehmlich mit dem alten Ägypten und den religiösen Sitten und Gebräuchen dieses alten Volkes, sondern stellen eher eine Untersuchung jener Aspekte altägyptischen Glaubens dar, die sie von einer viel älteren und grundsätzlicheren Tradition erbten. Einer Tradition, die ein Verständnis von allgemeinen Naturwissenschaften, Astronomie, Astrophysik und Psychologie hatte, das mit dem, was wir heute wissen, durchaus vergleichbar ist, in mancher Hinsicht sogar fortschrittlicher. Das in diesen kosmischen Wahrheiten enthaltene vielschichtige Wissen beinhaltete auch die Rolle unseres Planeten und Sonnensystems in ihrer Beziehung zur Galaxis, die Evolutionsmuster für die Menschheit und alle anderen Arten, mit denen wir die Erde teilen, und die wahre Natur und das letztendliche Potential des menschlichen Verstandes und Bewußtseins.

Ich habe daher versucht, über die orthodoxe Geschichtsschreibung hinauszugehen und ein Bild Ägyptens in archaischen Zeiten darzustellen, das sich auf die Ursprünge seiner metaphysischen Überzeugungen konzentriert, denn hier liegt der Plan für das Labyrinth der Unkenntnis, aus dem wir entkommen müssen, wenn wir das alte Wissen mit unserer modernen Wissenschaft und Psychologie in Einklang bringen wollen. Zum Beispiel wurde Sirius nicht zufällig stets als fünfzackiger Stern dargestellt – die Bedeutung dieser fünf Spitzen lag in der Darstellung dessen, was wir in der Metaphysik als die »ursprünglichen Vier« kennen – Feuer, Luft, Wasser und Erde –, mit der Zeit als dem fünften oder Hauptpunkt.

Mehr als vierzig Jahre Forschung über die Ursprünge

der alten magischen und mystischen Überzeugungen haben mich zu dem Schluß geführt, daß das, was wir volkstümlich als »okkulte« oder »magische« Kräfte bezeichnen, mit neueren Forschungsergebnissen der Parapsychologie und der theoretischen Physik leicht erklärt und belegt werden kann. Alle Energiequellen im *bekannten* Universum scheinen in vier eindeutige Kategorien zu fallen – die schwache und starke Wechselwirkung (Kernkräfte), Elektromagnetismus und Schwerkraft – mit einer möglichen fünften, einenden Kraft, die meiner Ansicht nach in der Zeit zu sehen ist (siehe *Time: The Ultimate Energy*). Zwei dieser Kräfte (die schwache Wechselwirkung und der Elektromagnetismus) möchte ich als chaotisch bezeichnen, und zwei (starke Wechselwirkung und Schwerkraft) als geregelt, während die Zeit beide Aspekte gleichmäßig verteilt in sich trägt. Wie bei den anderen vier hat die Zeit entsprechende Primärpartikel auf (mikroskopischer) Quantenebene, aber sie scheint auch mehr metaphysische Aspekte zu haben, die von den frühesten bekannten Zentren der Zivilisation und ihren prähistorischen Vorgängern anerkannt und angemessen respektiert wurden.

Einen Großteil des okkult/magisch/religiösen Materials, das durch das Sieb der Geschichte drang, können wir daher als einen Korpus von Wissen über die kosmischen Naturgesetze betrachten, wobei es aufgrund der Überbetonung der Welt der physikalischen Materie vom Hauptstrom der Naturwissenschaften abgetrennt wurde. Sogenannte »okkulte« Mysterien, die angeblich entweder in prähistorischer oder sumerischer, ägyptischer oder babylonischer Zeit entstanden, sind daher nichts weiter – oder weniger – als uralte wissenschaftliche Tatsachen, die man zu Verweisen kodierte, welche auch von Ungebildeten leicht begriffen werden konnten. Viele von ihnen degenerierten im Verlauf der Jahrhunderte zu Aberglauben, weil ihre wahre Bedeutung schon lange vergessen worden war.

Aber ich möchte nun zum archaischen, alten Ägypten zurückkehren und zur Quelle, aus der dieses Volk seine Kenntnisse erhielt. Es herrscht eine rege Debatte darüber, ob die Lehrer tatsächlich aus dem Bereich des Sirius selbst stammten – es gab in anderen Welten ebenfalls Außerirdische, wie Robert Temple und andere Forscher nahegelegt haben –, oder ob ihre Ursprünge näher lagen, zum Beispiel in Atlantis oder Antarktika, wie Graham Hancock in seinem Bestseller *Fingerprints of the Gods* darlegte. Meine eigene These, die sowohl empirische Forschung wie auch angeborene »Erinnerung« vereint, besagt, daß unser Sonnensystem ein Abkömmling des Doppelsterns Sirius A und B ist, deren Archetypen ihr Wissen in die genetischen Strukturen jener hochentwickelten prähistorischen Völker programmierten, die fähig waren, es zu verstehen und es auf ihr spirituelles Verständnis wie auch ihre Technologie anzuwenden. Die Bibelstelle von den »Söhnen Gottes und den Töchtern der Menschen« bezieht sich daher auf einen genetischen Zufluß, den höherentwickelte Wesen (Bewußtseinsfelder) und nicht etwa die Paarung mit Außerirdischen bewirkten! Als das betreffende Gen eingepflanzt war, wurde es in den besiedelten Gebieten an bestimmte Individuen weitergegeben und ist von Zeit zu Zeit im Laufe der Jahrhunderte immer wieder einmal aufgetaucht – vielleicht bei den wenigen, die man als Genies bezeichnet und denen wir großartige Beiträge zu Wissenschaft, Kunst und Gesellschaft verdanken, aber häufiger noch bei unbekannten Helden und Heldinnen, deren Aufgabe es einfach nur war, genetisch oder über die Pfade der Erkenntnis für die Weitergabe zu sorgen.

Betrachten wir einen Moment lang die Probleme, vor

denen solch eine fortschrittliche Rasse stand, wenn sie versuchte, den großen Fundus an Wissen an ungebildete Menschen weiterzugeben, die tief in den Abgründen des Aberglaubens gefangen waren und immer noch vorwiegend instinktiv reagierten. Die rationalen und intuitiven Aspekte ihres Verstandes, denen es an angemessenen Reizen mangelte, waren unfähig, die fortschrittliche Technologie zu begreifen, die ihren Lehrern so geläufig war. Für sie waren Götter und Göttinnen die herrschenden mystischen Archetypen ihrer Existenz, jene metaphysischen Kräfte, an die sie sich um Hilfe und Verständnis wandten, wenn die Notfälle des Lebens es erforderten. Welch bessere Methode gab es also für ihre Lehrer, ihr Wissen um die kosmischen Energien und Prinzipien weiterzugeben, als jene fünf Kräfte zu personalisieren, die sie als die treibenden Kräfte unseres Universums erkannten? Als die fünf epagomenalen (kalendarischen) Neter (Götter) etwa? Viele andere interessante (und für den Metaphysiker offensichtliche) Charaktere treten ebenfalls auf, wie zum Beispiel die Herren der Zeit – Thot/Tehuti und Anubis –, und die Kenntnisse über die alternierenden Strömungen von Chaos und Ordnung sind gewiß in den zyklischen Geschichten der ständigen Kämpfe zwischen Horus und Seth verdeutlicht, die wir auf den folgenden Seiten erläutern wollen.

Ich werde bei der Darstellung der relevanten ägyptologischen Fakten den bekannten Tatsachen und dem akzeptierten Wissen volle Bedeutung zumessen, aber ich beabsichtige auch, das Panorama zu erweitern, indem ich einige Perspektiven und Interpretationen einbeziehe, die in gegenwärtigen metaphysischen/paraphysischen Überzeugungen zum Ausdruck kommen, wie etwa das Wesen des Bewußtseins, das durch die »Feldtheorie« definiert ist als ein »Feld aktiver Teilchen, die eine Organisation suchen«. Alle Informationen können daher in eine der folgenden Kategorien eingeordnet werden: faktisch, astronomisch, allegorisch und archetypisch.

Nun wünsche ich Ihnen noch viel Spaß bei dieser Reise durch eine labyrinthische Vergangenheit, auf der Sie gewiß Ihre eigenen Schlußfolgerungen ziehen werden.

Teil 1

Ägypten – Hintergrundinformationen

[illegible]

[illegible]

[illegible]

KAPITEL 1

Ursprünge und Abweichungen

Die Archäologie hat zwar allem Anschein nach eine beträchtliche Menge an Informationen über die Ursprünge des dynastischen und prädynastischen Ägyptens gewonnen, aber ein Teil dieser Frühgeschichte ist bis heute von Nebeln der Unsicherheit verhüllt. Die vielen unbeantworteten Fragen haben natürlich zahlreiche Spekulationen gefördert: Wie konnte zum Beispiel so plötzlich eine blühende Zivilisation in jenen Teilen der Welt auftauchen, ganz im Gegensatz zu dem, was viele Wissenschaftler für den natürlichen Evolutionsprozeß halten? Was ist mit den zahlreichen Mythen, Legenden und klassischen Texten, die uns überliefert sind, die aber unvereinbar mit den Ansichten orthodoxer Ägyptologen scheinen? Das altägyptische Wissen über den Doppelstern Sirius ist dafür nur ein Beispiel.

Man hat vor kurzem entdeckt, daß Stammesvölker in entlegenen Teilen Afrikas im Besitz uralter und genauer astronomischer Informationen über diesen Stern sind, die nur aus einer alten, hochentwickelten Zivilisation stammen können. Dabei stellt sich die Frage: Wo oder von wem erhielten sie dieses Wissen? 1976 veröffentlichte der amerikanische Forscher Robert K. G. Temple seine revolutionäre Theorie, daß der Quantensprung von der Primitivität zur Zivilisation durch den Kontakt mit Bewohnern eines Planeten im System des Doppelsterns Sirius vor 3000 v. Chr. ausgelöst wurde. Als Beweise zitiert er gewisse Kenntnisse, über die Ägypter und Sumerer verfügten und die dann in andere Teile Afrikas vordrangen, und stellte damit überzeugend dar, daß vor dem Aufstieg des dynastischen Ägyptens Außerirdische aufgetaucht sein müssen.

Es gibt jedoch andere, ebenso plausible Erklärungen sowohl für das plötzliche Auftauchen einer ausgereiften ägyptischen Kultur wie auch für die frühägyptische Beschäftigung mit Sirius, die ebenfalls unsere Aufmerksamkeit erfordern. Nach den Informationen, die wir aus dieser Frühzeit haben, ist der Einfluß von Sirius unbestritten. Doch darüber, ob die einheimische Bevölkerung in jenem Teil der Erde tatsächlich Kontakt mit Außerirdischen hatte oder ihre Informationen nur von einer anderen hochtechnisierten und wissenschaftlich fortgeschrittenen Zivilisation hier auf der Erde erhielt, die diese entweder aufgrund ihrer eigenen Technologie gewonnen oder von extraterrestrischen Besuchern erhalten hatte, können wir nur Vermutungen anstellen. Das schiere Alter unseres Themas und der Zeitabstand läßt sich an der Tatsache ablesen, daß jene, die wir heute als »alte Ägypter« bezeichnen, sich selbst schon mit der eigenen Geschichte befaßten und von ihren Ursprüngen ebenso fasziniert (und vermutlich verwirrt) waren wie viele Menschen heute. König Nefer-hotep (1750 v. Chr.) beispielsweise ließ vor der Entscheidung, von sich eine Statue nach dem Vorbild des Gottes Osiris anfertigen zu lassen, seine Gelehrten in den alten Archiven der Bibliothek von Heliopolis nach einer ursprünglichen Darstellung jenes Gottes suchen, um ein genaues Abbild zu ermöglichen. Ramses IV., der etwa 600 Jahre später herrschte, zeigte ähnliches Interesse für die Historie – und wir halten diese Völker für alt! Mehrere Gebäude um die Stufenpyramide herum enthalten Beweise für die Tatsache, daß das Monument schon seit über tausend Jahren *vor* der Zeit von König Neter-chet für Besichtigungen freigegeben war. Dieser regierte in den Anfangstagen der dritten Dynastie, etwa um 2660 v. Chr.

Während der Herrschaft von Ptolemäus II. Philadelphus schrieb der Ägypter Manetho (Geliebter von Thot), der in den letzten Jahren des vierten und in der ersten Hälfte des dritten Jahrhunderts v. Chr. lebte, seine berühmte Geschichte Ägyptens. Manetho war Hohepriester in Heliopolis und ein begeisterter und zuverlässiger Historiker. Er schrieb nicht nur über Geschichtsthemen, sondern auch über die mystische Philosophie und Religion seines Landes, und man glaubt allgemein, daß seine Bücher die Quelle sind, aus der Plutarch und spätere Schriftsteller ihre Informationen gewannen. Manetho verdanken wir die verstreuten Schriften und Fragmente, die in dem Buch *Thrice Greatest Hermes* von dem großen theosophischen Gelehrten G. R. S. Mead Anfang des zwanzigsten Jahrhunderts zusammengetragen wurden. Leider hat Manethos Werk nicht unbeschadet bis zum heutigen Tag überdauert, sondern nur in bruchstückhaften und verworrenen Zusammenfassungen in den Schriften des Josephus und anderer klassischer Autoren, die ihn aber nur zur Unterstützung ihrer eigenen Ansichten zitieren und daher nicht als genaue historische Quelle geeignet sind.

Zweifelsohne hat man alte Texte seit der Erfindung der Schrift so benutzt – genau wie ich mich wiederum auf alte Texte stütze, um meine eigenen Nachforschungen zu belegen.

Manetho zufolge schrieb Thot, der ägyptische Gott der Schrift, 36 525 Bücher über die alte Weisheit – eine Zahl, die dem Umfang der großen Pyramide in alten Zolleinheiten entspricht.[1] Manetho soll seine Informationen aus den hieroglyphischen Inschriften in Tempeln und anderen priesterlichen Aufzeichnungen gewonnen haben. Von den uns überlieferten Fragmenten hält Mead dasjenige für das wichtigste, das von dem byzantinischen Historiker Georgius Syncellus bewahrt wurde (ca. 800 v. Chr.). Es stammt aus einem Werk Manethos mit dem Titel *Sothis*, von dem alles andere verschwunden ist. Der Absatz mit dem einführenden Satz des Mönchs Syncellus lautet so:

> Ich werde hier ein paar Auszüge über die ägyptischen Dynastien aus den Büchern Manethos anführen. [Dieser Manetho], ein Hohepriester des heidnischen Tempels in Ägypten, gründete seine Antworten an [König Ptolemäus] auf die Monumente, die im seriadischen Lande lagen. [Diese Monumente], so meint er, wurden in der heiligen Sprache beschriftet und mit den Buchstaben der heiligen Schrift Thots, des ersten Hermes; nach der Flut wurden sie aus der heiligen Sprache in die damals verbreitete Sprache übersetzt, aber immer noch in hieroglyphischen Zeichen [aufgeschrieben] und durch den Sohn des Guten Daimon, den zweiten Hermes, Vater Tats – in den inneren Kammern der ägyptischen Tempel aufbewahrt.[2]

Der König war anscheinend mit Manethos großem Wissen über die Vergangenheit vertraut und hatte den Priester gebeten, einige Aufzeichnungen sehen zu können, und gefragt, ob Manethos scharfe Wahrnehmung etwa gleichermaßen auf die Erkenntnis der Zukunft gerichtet werden könnte. Mead fährt fort:

> Im Buch *Sothis* spricht Manetho König Philadelphus persönlich an und schreibt Wort für Wort:
>
> »Brief Manethos, des Sebennyten, an Ptolemäus Philadelphus:
>
> An den großen König Ptolemäus Philadelphus, den Ehrwürdigen. Ich, Manetho, Hohepriester und Gelehrter der heiligen Schriften Ägyptens, Bürger von Heliopolis, aber der Geburt nach ein Sebennyter, schicke meine Grüße an meinen Herrn Ptolemäus.

Wir müssen Berechnungen über alle Punkte anstellen, über die Ihr Untersuchungen wünscht, um Eure Fragen bezüglich des Weltgeschehens beantworten zu können. Nach Eurem Befehl soll Euch das heilige Buch, das von unserem Urahnen, dem dreimal größten Hermes, verfaßte heilige Buch, das ich studiere, gezeigt werden. Mein Herr und Gebieter, lebt wohl.«[3]

Wir können aus dem Vorangegangenen schließen, daß die Namen »Thot« oder »Hermes« reine Anredeformen sind und sich auf einen Rang der Priesterkaste beziehen, der sich mit der Geschichte und alten Aufzeichnungen befaßte. Wir dürfen wohl ebenfalls schließen, daß der erste Hermes, die früheste Priesterkaste, eine Geheimsprache benutzte – vielleicht archaisches Ägyptisch, möglicherweise aber auch die alte atlantische Sprache. Zwei Generationen von Priestern und Propheten wurden durch eine große Flut voneinander getrennt, zweifelsohne die gleiche Überflutung, die die Priester von Sais Jahre zuvor Solon gegenüber erwähnten. Insgesamt scheint Manethos Text anzudeuten, daß die archaische Zivilisation Ägyptens, die beim Untergang von Atlantis offensichtlich schwer getroffen wurde, von höchstem Rang war: Es war eine Zeit von Göttern, Gottkönigen und Halbgöttern. Wie zu erwarten, bezeichneten Scharen von Gelehrten das Buch *Sothis* lauthals als eine neoplatonische Fälschung, aber die Rechtfertigung, die Mead und andere spätere Autoritäten anschließend abgaben, befriedigte alle bis auf die absichtlich Unbelehrbaren.

Für diejenigen, die mit der Geschichte von Atlantis, dem »Alten Land«, nicht vertraut sind, hier ein kurzer Abriß: Man glaubte in alten Zeiten, daß es einmal einen Inselkontinent im Bereich des Nordatlantiks gegeben habe. Die genaue Lage ist unter Gelehrten bis auf den heutigen Tag umstritten. Forscher haben auch alternative Theorien aufgestellt, um die unzähligen Mythen und Legenden zu erklären, die sich um dieses Wunderland ranken. Die beste Abhandlung über Atlantis ist in Platos *Timaios* und *Kritias* enthalten, in der der Philosoph die fortschrittliche Technologie, die großartige Architektur, die ungewöhnliche Gesellschaftsstruktur und die Faktoren beschreibt, die zum letztendlichen Untergang führten, der mit der biblischen Sintflut und ähnlichen weltweit verbreiteten Legenden zusammenfiel. Der ursprüngliche Autor dieser Geschichte war Solon (639–559 v. Chr.), einer der sieben griechischen Weisen, der allgemein für den klügsten gehalten wird. Von Solon ging die Geschichte an die Familie von Kritias dem Älteren über, von da an den Enkel Kritias', der sie an Plato weitergab (427–347 v. Chr.). Das ist allerdings keineswegs die einzige Beschreibung von Atlantis, die sich in antiken Texten findet, und für Interessierte gibt es einen ganzen Fundus an Beweisen aus anderen Quellen, alten wie modernen. Das Thema Atlantis hat sich in der Tat als so beliebt erwiesen, daß in dem Jahr, als Ignatius Donnelly (1831–1901) im letzten Jahrhundert *Atlantis: The Antediluvian World* veröffentlichte, eine Umfrage in der britischen Presse die Neuigkeiten über Atlantis fast schon der Wiederkehr Christi gleichsetzte. Es gibt viele Theorien darüber, warum Atlantis unterging, von denen ich die meisten in meinem Buch *Atlantis: Myth or Reality* (dt.: *Atlantis, Mythos oder Wirklichkeit*) beschrieben habe.

Manetho teilte die Regierungszeiten der verschiedenen Könige in einunddreißig Dynastien auf, die die Ägyptologen in das Alte, Mittlere und Neue Reich und die Spätzeit einteilen (siehe Anhang). Jede Phase ist durch eine homogene Zivilisation gekennzeichnet und von den anderen durch Phasen politischer Wirren getrennt. Die genaue

Länge der verschiedenen Regierungszeiten wird nicht stets angegeben, was zu Unklarheiten bei den Übergängen führte. Forscher haben versucht, die Chronologie Ägyptens zu erschließen, indem sie von bestimmten Fixpunkten, wie zufälligen Aufzeichnungen astronomischer Phänomene, vorwärts und rückwärts gingen. Der heliakische Aufgang des Sterns Sirius, der im siebenten Jahr der Regierung von Sesostris III. aufgezeichnet wurde, kann auf das Jahr 1872 v. Chr. kalkuliert werden. Prähistorische Zeitalter hat man ausschließlich nach archäologischen Untersuchungen an verschiedenen Ausgrabungsstätten in Ober- und Unterägypten datiert, und die neuere Radiokarbonmethode hilft, ein genaueres Bild von diesen frühen Zeiten zu erstellen. Den allgemein akzeptierten archäologischen Überzeugungen über prädynastische Zeiten folgend, berichtet Cyril Aldred in seinem Buch *The Egyptians* (dt.: *Ägypten*), daß die sich zurückziehende Eiskappe im spätpaläolithischen Zeitalter das Klima Nordafrikas beeinflußte und immer trockener machte. Der Nil, vormals ein riesiger Binnensee, schrumpfte auf seine gegenwärtige Form, was die verstreuten Bewohner dieses Gebiets zwang, sich auf der Suche nach Wasser an den Ufern des großen Flusses anzusiedeln. Die frühe prädynastische Periode, die man um 5000 v. Chr. ansetzt und mit archäologischen Fundstücken aus der Faiyum-Senke sowie aus Mostagedda im Norden und Deir Tasa im Süden datiert, umfaßte die neolithische und chalkolithische Periode. Diese frühen prädynastischen Zeiten setzt man in der Zeit von 4000 bis 3600 v. Chr. an. Die Hauptfundstätten sind el-Badari, Merimba, el-Amra, Nagada, el-Ballas, Hu, Abydos und Mahasna. Die mittlere und späte prädynastische Periode liegt vermutlich zwischen 3600 und 3200 v. Chr., worauf wir den Bereich der aufgezeichneten

Geschichte betreten. Wir wissen allerdings, daß während der Amra-Periode zwischen 4000 und 3600 v. Chr., benannt nach der archäologischen Fundstätte el-Amra nahe Abydos in Südägypten, ein Stamm mit rundköpfigen (brachyzephalischen) Menschen zuströmte, während die Ureinwohnerschaft der Hamiten zum langschädligen (dolichozephalischen) Typus gehörte. Alle Anzeichen weisen darauf hin, daß sich dieser fremde Einfluß im vierten wie im zweiten Jahrtausend v. Chr. vom Norden her ausbreitete.

Vergleichen wir nun das Gesagte mit Informationen aus anderen Quellen. Herodot zufolge, der sein Material von ägyptischen Priestern erhielt, reichten deren historische Aufzeichnungen bis 11 340 Jahre vor seiner Zeit zurück – fast 14 000 Jahre vor unserer Gegenwart. Man kann eine gewisse Unterstützung hierfür im folgenden Auszug aus Professor Winchells Buch *Preadamites* finden, das Ignatius Donnelly zitiert:

> »In der Epoche von Menes«, sagt Winchell, »waren die Ägypter bereits ein zivilisiertes und großes Volk. Manetho teilt uns mit, daß Athotis, der Sohn des ersten Königs, Menes, den Palast in Memphis erbaute; daß er ein Arzt war und anatomische Bücher hinterließ. All diese Aussagen legen den Schluß nahe, daß selbst in dieser frühen Phase die Ägypter eine ausgebildete Zivilisation hatten. In der Zeit von Menes waren die Ägypter schon lange Architekten, Bildhauer, Maler, Mythologen und Technologen gewesen.«
>
> Professor Richard Owen sagt: »Ägypten soll schon vor der Zeit von Menes ein zivilisiertes Land und eine regierte Gemeinschaft gewesen sein. Die Hirtengemeinschaft, eine Gruppe von nomadischen Familien, wie sie im Pentateuch dargestellt wird, kann als ein früher Schritt zur Zivilisation betrachtet werden. Aber wieviel fortgeschrittener als dieses Stadium ist eine Nation, die von einer königlichen Regierung beherrscht wird, die aus verschiedenen Gesellschaftsschichten besteht und in der Arbeitstei-

lung herrscht, wobei eine Arbeit, die der Kaste der Priesterschaft zugeteilt war, darin bestand, die Namen und Dynastien der Könige sowie die Dauer und die Hauptereignisse ihrer Herrschaft aufzuzeichnen!«

Ernest Renan weist darauf hin, daß »Ägypten schon zu Anfang reif, alt und völlig ohne mythische oder heroische Zeitalter erscheint, als habe das Land niemals eine Jugend erlebt. Seine Zivilisation kennt keine Kinderzeit und seine Kunst keine archaische Periode. Die Zivilisation der alten Monarchie erscheint uns nicht unausgereift. Sie war bereits reif.«[4]

Diodorus Siculus schreibt im ersten Jahrhundert:

> Die Ägypter waren Fremde, die schon in weit zurückliegenden Zeiten die Nilufer besiedelten und die Zivilisation ihres Mutterlandes mit sich brachten, die Kunst des Schreibens und eine ausgereifte Sprache. Sie kamen aus der Richtung der untergehenden Sonne und waren die ältesten Menschen.[5]

Diese Bemerkungen wurden in neuerer Zeit von Professor W. B. Emery in seinem Buch *Archaic Egypt* (dt.: *Ägypten: Geschichte und Kultur der Frühzeit*) bestätigt:

> ... gegen Ende des vierten Jahrtausends v. Chr. finden wir das Volk, das traditionell als »Nachfolger des Horus« bekannt war, das offensichtlich eine zivilisierte Aristokratie oder Herrenrasse bildete, die ganz Ägypten beherrschte. Die Theorie von der Existenz dieser Herrenrasse wird bestätigt durch die Entdeckung von Gräbern der späten prädynastischen Periode im Nordteil von Oberägypten, in denen man die anatomischen Überreste von Menschen fand, deren Schädel größer und deren Körper länger waren als die der Eingeborenen. Der Unterschied war so bemerkenswert, daß jede Annahme, sie stammten von früheren Stämmen ab, absurd erscheint. Die Verschmelzung dieser beiden Rassen muß in beträchtlichem Umfang, aber nicht sehr rasch vonstatten gegangen sein, da sie zur Zeit der Vereinigung noch keineswegs als abgeschlossen betrachtet werden konnte. Während der gesamten archaischen Periode war denn auch der Un-

terschied zwischen der zivilisierten Aristokratie und der Masse der Eingeborenen sehr ausgeprägt, besonders hinsichtlich der Bestattungsgebräuche. Erst gegen Ende der zweiten Dynastie finden wir Nachweise dafür, daß die niederen Ränge die Begräbnisarchitektur und die Bestattungsweisen der Herren übernahmen. Der rassische Ursprung dieser Eindringlinge ist unbekannt, und der Weg, den sie bei ihrer Besiedlung Ägyptens nahmen, recht verschwommen.«[6]

Es gibt anscheinend keinen Hinweis darauf, daß die Überreste, die Emery erwähnt, nicht menschlich gewesen wären oder nicht zu einer auf der Erde heimischen Spezies gehörten.

Abgesehen von der Familie des Horus gab es in der Vorgeschichte Ägyptens auch noch andere Götter. Die Legenden der Phönizier, von dem altphönizischen Schriftsteller Sanchoniathon aufgezeichnet (im 14./13. Jh. v. Chr.), sprechen von Taut oder Thot als dem Erfinder des Alphabets oder der Kunst des Schreibens. Ein Absatz bei Manetho bestätigt dies und erzählt, wie Thot (Hermes Trismegistos) vor der Flut die Grundlagen des alten Wissens auf Stelen oder Tafeln in Hieroglyphen, heiligen Buchstaben, aufzeichnete. Nach der Überflutung übersetzten seine Nachfolger den Inhalt dieser Stelen in die Sprache des Volks. Josephus berichtet außerdem:

> Der Patriarch Seth ließ zwei Säulen errichten, eine aus Ziegeln, die andere aus Stein, und damit das Wissen und die astronomischen Kenntnisse nicht verloren gingen in der doppelten Vernichtung durch Feuer und Wasser, die Adam vorhergesagt hatte, wurde dieses Wissen eingraviert, das im siriadischen Land (Ägypten) existiert.[7]

L. Filipoff, Astronom an der Universität von Algier, behauptet, in alten Pyramidentexten der fünften und sechsten Dynastie neue Tatsachen entdeckt zu haben, die den Gott Thot oder Tehuti mit dem Sternzeichen Krebs in Verbindung bringen. Filipoff nimmt an, daß Thot der Kulturträger aus einem Land im Westen war, der auftauchte, als um 7256 v. Chr. die Frühlingstagundnachtgleiche im Zeichen des Krebses lag. Als Thot (in späteren Texten Hermes genannt) auf ägyptischem Boden ankam, war er stark bewegt vom Mangel des Volkes an Bildung und Gesetzen, und so machten er und seine Begleiter sich daran, sie in der Wissenschaft, Religion, Kunst und Musik zu unterrichten. Das legt den Schluß nahe, daß die Welt sich um die Zeit von Thots Besuch im (ungefähr) 1256ten Jahr im Zeitalter des Krebses befand, was bedeutet, daß Thot und die Menschen, die von »einem Land im Westen« kamen und später zu Göttern erhoben wurden, Missionare und Kolonisten aus Atlantis waren und keine Außerirdischen.

Der Dendera-Sternkreis, eine Abbildung im Tempel der Hathor in Dendera, kann ebenfalls in Verbindung zur Thot-Geschichte betrachtet werden. Es handelt sich um eine runde Himmelskarte mit den Sternkreiszeichen, wie die Ägypter sie in alten Zeiten wahrnahmen und verstanden, mit besonderer Betonung der Zeichen Krebs und Löwe (siehe Abb. 1.1). Die Ägypter fügten dem Bild, dessen ursprüngliche Bedeutung bis heute von Forschern und Ägyptologen diskutiert wird, ihre eigenen Geheimbedeutungen bei (man beachte die Figur Thots neben dem Zeichen der Jungfrau).

Die Autoritäten sind sich über die Interpretation durchaus nicht einig, und es könnte sein, daß die wirkliche Bedeutung bestimmter Hieroglyphen auch den Ägyptologen entgangen ist. John Anthony West bemerkt beispielsweise über die Beobachtungen von Schwaller de

Lubicz hinsichtlich bestimmer Anomalien im Dendera-Zodiak:

> Die Sternzeichen sind in einem unregelmäßigen Kreis um die Mitte herum angeordnet. Man beachte die seltsame Plazierung von Krebs innerhalb des von anderen beschriebenen Kreises, vielleicht als innerer Punkt einer Spirale ... Schwaller de Lubicz glaubte, die Sternkreiszeichen seien um einen exzentrischen Kreis gruppiert, mit einem Zentrum beim Pol der Eklipse (Brustwarze des Nilpferdweibchens) und dem anderen beim Polarstern (Schakal oder Hund). Das scheint mir nicht völlig überzeugend. Man beachte beispielsweise die Stellung der Waage. Aber gleichgültig, welchem Plan diese Anordnung folgt, es ist offensichtlich, daß das Zeichen des Krebses eine Sonderbehandlung erhält.[8]

Der Tempel von Dendera wurde von den Ptolemäern im ersten Jahrhundert v. Chr. an der Stätte eines früheren Tempels errichtet. Die Hieroglyphen erklären, er sei errichtet worden »nach einem Plan, der in den Zeiten der Gefährten des Horus erstellt« worden war – was bedeutet, lange vor dem Beginn des dynastischen Ägyptens. Der gelehrte Thot, den man oft mit Hermes und Merkur gleichsetzt, und das Wasserzeichen des Krebses scheinen aber relativ unvereinbar, auch wenn ein bekanntes Gedicht von Gaius Manilius (48 v.–20 n. Chr.), das den Sternkreiszeichen die griechisch-römischen Götter zuordnete, besagt: »Apollo hat die schönen Zwillinge und Merkur den Krebs.« Er deutet damit auf eine Tradition hin, die beiden Kulturen bekannt war. Ehe der geflügelte Hermes (Thot, Merkur?) die Erde verließ und zu den Sternen zurückkehrte, von denen er kam, soll er der Menschheit die sogenannten »Smaragdtafeln des Hermes Trismegistos« vermacht haben. Man betrachtet dies zwar manchmal als ein reines Produkt der mittelalterlichen Phantasie, aber diese Tafeln sollen nach Forschungen eines Gelehrten im

Abb. 1.1 Der Dendara-Sternkreis aus dem Tempel der Hathor

achtzehnten Jahrhundert, Dr. Sigismund Bacstrom, um 2500 v. Chr. aufgetaucht sein.

Der Philosoph Proklos (423–485 n. Chr.) erwähnt die Reisen eines Griechen namens Krantor, der Sais besuchte und dem man eine bestimmte Säule im Tempel der Neith zeigte. Darauf befanden sich Hieroglyphen, die nicht nur die Geschichte des prädynastischen Ägyptens aufzeichneten, sondern auch die jenes Landes, aus dem die Menschen stammten, die ihre Kultur in jenen fernen Zeiten an die Gestade Ägyptens gebracht hatten – von Atlantis! Die ägyptischen Priester brachten Krantor eine Übersetzung, und ihr Bericht stimmte vollständig mit dem überein, den Plato im *Timaios* zitiert und mit dem sie vertraut waren. Ägyptologen behaupten zwar, daß es keine solche Säule gebe noch daß irgendwelche anderen Texte über die Atlantisperiode existierten, aber das ist kaum ein schlüssiges Argument. Atlantis mag durchaus in den unzähligen Dokumenten genannt gewesen sein, die verlorengingen, als die riesigen Bibliotheken von den fanatischen Eiferern der neuen Glaubensrichtungen niedergebrannt wurden, die sich schließlich in Europa und im Nahen Osten durchsetzten. Wagen wir zu hoffen, daß uns irgendwann eine unbezahlbare Pergamentrolle die nötigen Einzelheiten liefert, die in den archaischen Ruinen eines alten, von Schlamm und Sand begrabenen Tempels gefunden wird? Wenn es nach der Zeitkapseltheorie geht, die unsere modernen Metaphysiker und Parawissenschaftler so lieben, dann muß die Antwort darauf ganz sicher »Ja« lauten.

Über diese Theorie schrieb der römische Historiker Ammianus Marcellinus (330–400 n. Chr.):

> Es gibt auch unterirdische gewundene Passagen und Nischen, und man sagt, daß Menschen, die sich in den alten Mysterien auskannten und vorhersagen konnten, daß eine Flut eintreten würde, diese an verschiedenen Stellen bauten, damit nicht alle Erinnerungen an ihre heiligen Zeremonien verlorengingen.[9]

In neuerer Zeit hat der elsässische Philosoph R. A. Schwaller de Lubicz über zehn Jahre lang, im Anschluß an einen fünfzehnjährigen Aufenthalt in Luxor (1936–51) eine Fülle an Material zusammengetragen. Seine Stieftochter Lucie Lamy vermaß und zeichnete die Steine und Statuen des großen Tempels in Luxor und gelangte zu dem Schluß, daß die alten Ägypter unerwartete Kenntnisse in Mathematik und kosmischen Formen besaßen. Dies beschrieb sie anschließend in ihrem Buch *Egyptian Mysteries.* Schwaller de Lubicz selbst war Verfasser mehrerer Werke, insbesondere *Le Temple de l'Homme,* in dem es um die esoterischeren Aspekte der frühen ägyptischen Kultur geht.

Schwaller de Lubicz widerspricht orthodoxen Historikern in ihrer Klassifizierung der Stätten in Badari, Amra und Gerze als prädynastisch aufgrund der Begräbnisprozeduren allein, da, wie Emery nahelegt, es offensichtlich scheint, daß sie mehrere Jahrhunderte zusammen mit einer fortschrittlicheren Rasse lebten, ehe sich die Gebräuche anglichen. Schwaller de Lubicz bemerkt auch, daß ethnologische Untersuchungen vier rassische Typen ergeben haben, aus denen sich die prädynastische Bevölkerung zusammensetzte: den Cro-Magnon-Typus, einen negroiden Typus (wie die berühmten Exemplare in Menton), einen mediterranen Typus, der der heutigen weißen Rasse entspricht, und einen Mischtyp. Mit seltenen Ausnahmen, so sagte er, »gibt es keine Schwarzen, die man zu Recht so nennen könnte.«[10]

Hinsichtlich der Schemsu-Hor hat Schwaller de Lubicz folgendes zu sagen:

> Der Begriff *Schemsu-Hor,* fälschlich als »Gefährten des Horus« übersetzt, bedeutet wörtlich *»Nachfolger des Horus«,* und zwar in dem Sinne von »jene, die dem Pfad des Horus folgen«, das heißt, dem »Horusweg«, auch Sonnenweg oder Weg des Ra genannt. Diese Bezeichnung benennt die höheren Wesen, die den Stamm der Pharaonen bildeten, im Gegensatz zur Mehrheit der Menschen, die dem allgemeineren Weg folgen, dem des Osiris.

Diese *Nachfolger des Horus* besitzen ein Wissen über einen »göttlichen Ursprung« und einigen das Land damit.[11]

Man beachte, wie Schwaller de Lubicz die einheimische Bevölkerung als Osirisverehrer bezeichnet, während Emery der Meinung ist, daß die Verehrung Seths die Hauptreligion gewesen sei, als die *Schemsu-Hor* auftauchten, wobei die Konfrontation mit den Horus-Nachfolgern nichts anderes darstellte als die Übernahme Ägyptens durch Neuankömmlinge. Diese und ähnliche Gedanken sind aber zu erwarten, da diese Ereignisse auf der Erde nur Wiederholungen kosmischer Dramen sind! Daher müssen wir, wie Jung rät, Mythen auf mehr als nur einer einzigen Ebene untersuchen. Ebenso könnten wir Isis, Osiris und Horus als Kolonisten aus Atlantis betrachten, aber mehr über diese Aspekte später.

Die alten Ägypter besaßen einen solaren, einen lunaren und einen sirianischen Kalender. Der Doppelstern, den wir als Sirius bezeichnen (für die Ägypter Sothis), nimmt auch in ihrer Frühgeschichte einen wichtigen Platz ein und legt den Schluß nahe, daß seine Bedeutung auch den Menschen bekannt gewesen sein muß, die die Zivilisation ursprünglich hierherbrachten – den Atlantern. Schwaller de Lubicz sagt dazu:

Der sothische Zyklus entsteht dadurch, daß alle 1460 Jahre das *ungefähre* Jahr mit 365 Tagen mit dem *sothischen* oder *sirianischen* Jahr mit 365¼ Tagen zusammenfällt. Alle gesellschaftlichen Ereignisse wurden nach dem ungefähren Jahr datiert, das aus genau 360 Tagen plus den epagomenalen Tagen besteht, die den Netern gewidmet sind: Osiris, Isis, Seth, Nephthys und Horus. Das sirianische oder genaue Jahr wurde nach dem heliakischen Aufgang des Sirius berechnet, aber der Abstand zwischen zwei heliakischen Aufgängen von Sirius entspricht weder dem tropischen Jahr, das kürzer ist, noch dem siderischen Jahr, das länger ist. Denn es ist bemerkenswert, *daß aufgrund des Vorrückens der Tagundnachtgleiche einerseits und der Bewegung von Sirius andererseits die Stellung der Sonne zu Sirius in die gleiche Richtung vorrückt, und zwar in genau dem gleichen Ausmaß.*

Astronomische Berechnungen haben gezeigt, daß zwischen 4231 und 2231 v. Chr., in etwa der Zeit, während der der Stier, Hap, regierte, das sirianische Jahr fast identisch mit unserem julianischen Jahr von 365 ¼ Tagen war. Diese Periode umfaßt fast das gesamte Alte Reich, und wir können nur die Großartigkeit einer Wissenschaft bewundern, die fähig war, einen solchen Zusammenhang herauszufinden, *denn Sirius ist der einzige unter den Fixsternen, der diesen Zyklus bewirkt. Man kann daher getrost annehmen, daß Sirius die Rolle eines Zentrums für den Kreislauf unseres gesamten Sonnensystems spielt.*[12]

Sirius war den alten Ägyptern als der »Große Versorger« bekannt und wurde als solcher in sämtlichen Pyramidentexten laufend angerufen:

> Isis kommt zu dir (Osiris), freudig in der Liebe;
> Dein Same steigt in ihr, durchdringend wie Sirius.
> Der durchdringende Horus kommt aus dir unter seinem Namen
> »Horus, der in Sirius ist«.[13]

4240 v. Chr. wurde der pharaonische Kalender eingeführt. Die fünf epagomenalen Tage stehen in Verbindung mit der Geburt der fünf Neter. Da das gesamte Arrangement um Sirius kreist, den einzigen Stern, der periodisch alle 365 ¼ Tage wiederkehrt, könnte dies bedeuten, daß, gleich welche Energien für die Achsenneigung der Erde verantwortlich waren, die der großen Flut, dem Verlust von Atlantis und der Zuordnung der fünf epagomenalen oder Schalttage vorausging, Sirius für all dies verantwortlich war. Sollte sich dies als richtig erweisen, wäre die Frage sinnvoll, ob die fünf Neter, wie Donnelly und andere meinen, Führer, Priester/Priesterinnen oder führende Persönlichkeiten der politischen Szene von Atlantis waren. Oder stammten sie von anderswo?

Als ich mein episches Gedicht *The Story of Isis and Osiris* schrieb (Cesara Publications, Irland 1974), bezog ich mich auf den ägyptischen Ra als zum Sirius gehörig statt zu unserer eigenen Sonne, die durch Ras legendäres Auge dargestellt wird. (Man beachte, daß es die Göttin Sechmet war, die das Auge zur Erde trug. Sagt man uns hier vielleicht, daß unsere eigene Sonne eigentlich weiblich und *yin* ist und daher nicht die maskuline oder *yang*-Einheit, wie einige uns glauben machen wollen?) Erst als ich auf die folgende Aussage und andere Aspekte von Schwaller de Lubiczs Werk stieß, ergaben viele meiner »Erinnerungen« einen ganz neuen Sinn.

> Erst nachdem wir unsere eigenen Entdeckungen bezüglich der Atomstruktur und der Astronomie gemacht hatten, konnten wir eine weitere Eigenschaft von Sirius erkennen, die mit dem zusammenfällt, was wir allmählich über den atomaren Kern wissen, der aus einem Positron besteht (einem riesigen Stern mit sehr geringer Dichte) sowie aus einem Neutron, dessen Volumen im Verhältnis zum Atom extrem klein ist, in dem aber sämtliches Gewicht konzentriert ist (ein Zwergstern von unglaublicher Dichte) ...
>
> Der Doppelstern Sirius – der im pharaonischen Ägypten die Rolle einer Zentralsonne für unser gesamtes Sonnensystem spielte – legt heute den Schluß nahe, daß ein kosmisches System von atomarer Struktur existierte, dessen Nukleus der Große Versorger ist, der Sothis der Alten. Möglicherweise müssen wir also unsere Kosmologie in nicht allzuferner Zukunft neu überdenken.[14]

Die Einzelheiten meiner eigenen Untersuchungen von Sirius finden sich in meinen Büchern *The Lion People* und *The Paschats and the Crystal People,* während mein neuestes Buch, *Cosmic Connections,* die Beziehungen zwischen Sirius, unserer Sonne und ihrer Planetenfamilie behandelt.

Die Tatsache, daß während der gesamten historischen Periode des pharaonischen Ägyptens der heliakische Aufgang von Sirius immer dann stattfand, wenn die Sonne im Zeichen des Löwen stand, dient als Bestätigung meiner Vermutung, daß es eine Verbindung zwischen jenen rätselhaften Kolonisten, vermutlich Atlantern, dem Löwenmotiv und dem Fixstern Sirius gibt, dessen Längengrad 13,24 Minuten im Krebs beträgt. Kann man hier einen Bezug zur Thot-Krebs-Verbindung erkennen? Ich bin überzeugt, daß die Ägypter diese Information von atlantischen Priestern erhielten, was auf den hohen Stand an technischem Wissen hinweist, den die Wissenschaftler des Alten Landes erreicht hatten. Über die Sphinx und die Pyramiden werde ich später sprechen. Im Moment möchte ich nur sagen, daß es kein Zufall ist, daß erstere teilweise Löwengestalt hat.

Schwaller de Lubicz betrachtet Sirius auch als Einflußgröße auf das Klima unseres Planeten und betont die Tatsache, daß eine Klimaveränderung, selbst um wenige Grad, alles Leben auf der Erde beeinflußt. Ein Temperaturabfall treibt die Menschen in weniger unwirtliche Zonen, während wärmere Temperaturen die Entwicklung von neuen Tier- und Pflanzenarten begünstigen. Einige der Hauptbewegungen unseres Sonnensystems sind bekannt, andere weniger, und da klimatologische Veränderungen stellaren Wechseln unterworfen zu sein scheinen, ist er der Meinung, daß Sirius für das Klima auf der Erde wie auch in unserem gesamten Sonnensystem verantwortlich ist. Diese Punkte sollten bei der Betrachtung der weltweiten Wetterveränderungen in den letzten Jahren in Betracht gezogen werden.

Man kann aus einer Untersuchung des sirianischen (sothischen) Kalenders ableiten, daß die Präzession der

Tagundnachtgleichen, deren Entdeckung bisher Hipparchos zugeschrieben wurde, den alten Ägyptern (und Atlantern) bereits bekannt war; der heliakische Aufgang von Sirius wurde mit dem Beginn der Nilüberflutung und der Geburt von Ra im Sternzeichen des Löwen gleichgesetzt. Schwaller de Lubicz sagt dazu:

> Aber es war stets *Nun,* der urtümliche, unbestimmte Zustand (oder Ozean), der seinen charakteristischen Impuls vom himmlischen Einfluß erhält, und dieser Einfluß ändert sich je nach dem Stand der Präzession. Daher wurde die pharaonische Vorgeschichte von den Zwillingen *Schu* und *Tefnut* beherrscht, deren Wesen es ist, den Himmel von der Erde zu trennen. Das wurde als Darstellung der zwei Kronen des Reiches gedeutet, das noch dual war. Damals bestand ein Reich im Süden mit der Doppelhauptstadt *Nechen* und *Necheb,* und ein Reich im Norden mit der Doppelkapitale *Dep* und *Pe.* Die Überreste dieser Periode zeigen Doppelungen, und es war gewiß zu dieser Zeit, daß das heliopolitanische Geheimnis der ursprünglichen Dualität enthüllt wurde.
>
> In Memphis im Alten Reich herrschte Hap, der Stier, der das himmlische Feuer in die irdische Form brachte. Der Stier, der große Neter der historischen Periode zwischen 4380 und 2200 v. Chr., beherrschte auch die kretische Zivilisation.
>
> Vom Mittleren Reich bis zum Beginn der christlichen Ära sehen wir die Herrschaft von Amon, dem Widder. In Theben, unter der Oberherrschaft von Amon, wird das kreative Feuer sozusagen aus seiner terrestrischen Matrix (Chons) durch die Gnade Djehutis (Thot), des Herrn von Heliopolis, »herausgezogen«.
>
> *Nun* ist unveränderlich, während das empfängliche Milieu oder die Umwelt generativ und daher weiblich sind. Nacheinander tauchten auf: *Nut* in Heliopolis, *Sechmet-Hathor* in Memphis und *Mut* in Theben.
>
> In Heliopolis wurden Schu und Tefnut als die Schöpfung gefeiert, in Memphis wurde sie zu Nefertum, Kind des Paares Ptah und Sechmet, während in Theben das Produkt von Amon und Mut Chons ist.
>
> Doch diese Abfolge bedeutet Generativität, nicht Gegenüberstellung, auch wenn die philosophische Legende hier Prinzipien

darstellt, als handele es sich um koexistierende Persönlichkeiten. Gegen Ende des Jahres 60 v. Chr. schließlich, mit dem Ende des politischen Reiches in Ägypten unter Kleopatra, beginnt die christliche Ära im Zeichen des Fisches.[15]

Wie ich in meinen anderen Werken dargelegt habe, prägt die vorherrschende Moral alle von außen kommenden Einflüsse, und jede Kultur reagiert darauf anders und deutet die Neter oder Götter und Göttinnen je nach ihren Bedürfnissen.

Anhand der Angaben von Schwaller de Lubicz wird es möglich, die berühmten Smaragdtafeln des Hermes Trismegistos in ihre angemessene historische Position einzuordnen – irgendwo zwischen dem Memphischen und dem Mittleren Reich. Platos Stierkulte, wie sie in *Timaios* und *Kritias* beschrieben werden, nehmen im Licht späterer Datierungen ebenfalls eine andere Bedeutung an und zeigen, daß entweder Plato selbst, Solon, der die Informationen beisteuerte, oder die ägyptischen Priester die historischen Fakten irgendwann verwechselten und vermischten. Ich neige dazu, Solon zu mißtrauen, denn die Arbeiten von Schwaller de Lubicz und Lucie Lamy scheinen zu bestätigen, daß die Ägypter ihr altes Wissen mit einer gewissen Genauigkeit bewahrt hatten.

In bezug auf die Veränderungen, die in vergangenen astrologischen Zeitaltern stattfanden und die unseren Planeten in größerem Umfang beeinflußten, weisen meine eigenen Forschungen darauf hin, daß eine größere Katastrophe – vermutlich eine Verschiebung des Pols – gegen Ende des Skorpionzeitalters eintrat und den Untergang von Mu zur Folge hatte, das der britische Wissenschaftler P. Sclater später als Lemuria bezeichnete (nach den Lemuren), und außerdem ungeheure Veränderungen im Gebiet Südamerikas (vgl. Codex Troanus) auslöste. Dies bewirkte, daß riesige Landmassen von der ursprünglichen Kontinentalplatte abbrachen, was vermutlich zur Bildung des Inselkontinents Atlantis führte. Das darauffolgende Zeitalter der Waage hat wohl eine Neuausrichtung der evolutionären Faktoren bewirkt, sowohl im Hinblick auf Gaia selbst wie auch bei allen Lebensformen, die auf ihr lebten. Als das Zeitalter der Jungfrau begann, hatte sich alles wieder beruhigt, und eine fortschrittliche Zivilisation wie die von Atlantis hätte ausreichend äußere Energien für die Entdeckung und Entwicklung von Medizin und Naturwissenschaften zur Verfügung gehabt. Vermutlich hat die Verehrung des weiblichen Prinzips diese Periode bestimmt.

Da die Evolution selten, falls überhaupt jemals stillsteht, kann das Zeitalter des Löwen sehr gut eine Verschiebung in Richtung Patriarchat gebracht haben, zumindest aber eine Gleichstellung der Gottesgestalten und der menschlichen Geschlechter. Der Löwe ist als Zeichen der Könige bekannt, daher verwundert es nicht, wenn Plato uns eine so lebendige Beschreibung der Königlichen Periode von Atlantis geben kann, die offensichtlich bis weit ins Zeitalter des Krebses hinein andauerte, ebenso wie viele Menschen sich heute noch hartnäckig an die langsam abnehmenden Reste des Fische-Einflusses klammern.

Viele Forscher sind der Meinung, daß große Katastrophen unweigerlich am Ende der Sternzeichen-Zeitalter erfolgen; die letzte, die eine größere Verschiebung der Achsenrotation unseres Planeten bewirkte, geschah gegen Ende des Krebszeitalters und war für die große Flut verantwortlich. Da das Zeichen des Krebses vom Mond beherrscht wird, ist die Beteiligung dieses Himmelskörpers offensichtlich, ebenso wie seine Verbindung mit Homers berühmtem silbernen oder matriarchalen Zeitalter, das in Teilen Europas und des Nahen Ostens bis zum Beginn des patriarchalen Angriffs aus dem Norden andauerte. Diese Invasion soll vielen Autoritäten zufolge von 3000 bis 1200 v. Chr. angedauert haben – wobei die letzte Zahl ihr Ende bezeichnet.

Im Licht des Vorangegangenen können wir nun die lange und vielfältige Geschichte Ägyptens zuverlässig in die entsprechenden astrologischen Kategorien einordnen – und die Schlußfolgerungen von Schwaller de Lubicz werden sonnenklar. Man hat bei Ausgrabungen alte chronologische Tabellen gefunden, die die Aufzeichnungen über das frühe Ägypten viele tausend Jahre zurückdatieren. Leider enthalten sie zu viele Unstimmigkeiten, um als wissenschaftlich zuverlässig zu gelten, obwohl sie alle ein Körnchen Wahrheit enthalten. Wir erfahren zum Beispiel, daß es eine sehr lange Periode gab, in der Ägypten von den Netern oder Göttern beherrscht wurde, gefolgt von einer ebenso langen Zeitspanne, als es unter der Herrschaft der Schemsu-Hor, der »Gefährten des Horus«, stand. Schwaller de Lubicz nennt den *Turiner Königspapyrus* als das wertvollste Dokument über die Vorgeschichte Ägyptens. Auf ihm finden wir eine vollständige Liste der Könige (inklusive ihrer jeweiligen Regierungsdauer), die Ober- und Unterägypten von Menes bis zum Neuen Reich beherrscht haben. Die ersten Abschnitte auf dem Papyrus waren der frühgeschichtlichen Phase gewidmet, noch vor Menes, und bestanden aus einer Liste von zehn Netern. Alle sind namentlich aufgeführt und mit dem Zeichen der Binse und der Biene versehen – den königlichen Symbolen von Ober- und Unterägypten –, gefolgt von der Dauer der Regierungszeit. Leider fehlen hier fast alle Zahlen. Darauf folgt eine Liste der Könige, die vor Menes regierten, sowie die

Dauer von deren Herrschaft, während die restlichen Fragmente bestätigen, daß es neun Dynastien gab, die gemäß Schwaller de Lubicz wie folgt hießen:

> Die Ehrwürdigen von Memphis, die Ehrwürdigen des Nordens und schließlich die Schemsu-Hor, gewöhnlich als »Gefährten von Horus« übersetzt. Glücklicherweise haben die beiden letzten Zeilen fast intakt überdauert, wie auch die Hinweise auf die Anzahl der Jahre.
>
> »... Ehrwürdige Schemsu-Hor, 13429 Jahre
>
> .... regiert bis Schemsu-Hor, 23200 Jahre (insgesamt 36620) König Menes.«[16]

Donnelly und andere haben spekuliert, daß die »Neter« ursprünglich Kolonisten aus Atlantis waren, jene rätselhaften »Söhne Gottes«, die sich mit den »Töchtern der Menschen« paarten und dic »Nephilim« zeugten, oder die Schemsu-Hor, jene gigantischen Halbgötter, die die Töchter der Menschen den »Söhnen Gottes« gebaren. So werden sie in Genesis 6,4 erwähnt, was vermutlich aus einem längeren, viel älteren Fragment übernommen ist. Es wird deutlich, daß in dem Puzzle immer noch ein paar Teilchen fehlen und daß es faßbarere Belege braucht, um die prädynastischen Linien des alten Ägyptens zu vervollständigen. Bei dieser Chronologie mit so wenig zuverlässigen Daten besteht die Tendenz unter den Forschern, vorhandene Zahlen aus verschiedenen Quellen einzufügen (von denen einige höchst suspekt sind), um eigene Theorien zu bestätigen. Das hatte eine Reihe von angenommenen Daten für den Beginn der Zivilisation in Ägypten und die Ankunft jener rätselhaften »Kolonisten« auf dem Boden von Chemu zur Folge. Sie reichen von 30000 bis 15000 v. Chr. Herodot zufolge, dem von einem seiner ägyptischen Informanten berichtet wurde, die »Sonne sei zweimal aufgegangen, wo sie nun untergeht, und zweimal untergegangen, wo sie nun aufgeht« – ein Absatz, den spätere Gelehrte als Hinweis auf die präzessionalen Zyklen deuten, – könnte man die Gründung auf etwa 36000 v. Chr. datieren, was zweifellos bei vielen orthodoxen Gelehrten auf Zweifel stoßen wird. Jedoch wurde die Skulptur eines Menschen, die man für die früheste bekannte anthropomorphe Figur hält, in der 32000 Jahre alten Schicht in einer Höhle bei Höhlenstein in Deutschland gefunden – was die Zeit vorverlegt, in der der Mensch fähig war, symbolisch zu denken. Einige Jahre später standen Museumsexperten vor einem wunderschön geschnitzten elfenbeinernen Löwenmaul, das man in der gleichen Höhle gefunden hatte und das perfekt zu der Statuette paßte.[17] Die Ausgrabungen fanden unter der Leitung von Elisabeth Schmid statt, und die Ergebnisse wurden anschließend von Joachim Hahn, H. Müller-Beck, W. Taute und R. Wetzel bestätigt. Falls der Leser an weiteren Einzelheiten interessiert ist, findet er die ausführliche Beschreibung in meinem Buch *The Paschats and the Crystal People.*

Bis vor kurzem waren Bilder von Wesen mit der aufrechten Haltung eines Hominiden und dem Kopf und der Gestalt eines Löwen auf verschiedene frühmythologische Ikonographien beschränkt. Vor allem bei den frühen Ägyptern tauchten die Göttinnen Sechmet und Tefnut zusammen mit anderen tierköpfigen Gottheiten auf, während in alten Hindutexten der »Fahle« oder Löwenmann für die vierte Inkarnation von Vishnu gehalten wurde.

Ob die Bedeutung hiervon rein schamanisch ist, insofern als die alten Schamanen den Brauch pflegten, bei öffentlichen und privaten Ritualen eine Maske zu tragen, die ihr Totemtier abbildete, oder ob eher sirianische Verbindungen hineingelesen werden können, bleibt offen. (Unter vielen Hellsichtigen herrscht die Überzeugung –

die von Mythen und Legenden gestützt wird –, daß in jenen alten Zeiten zwei Stämme von intelligenten Wesen das Siriussystem bevölkerten, der eine menschlich, der andere von löwenhaftem Aussehen wie bei den altägyptischen Statuen von Sechmet, Bast, Tefnut und anderen leoninen Gottheiten.)

Eine bestimmte Bemerkung erregte allerdings in dieser Hinsicht meine Aufmerksamkeit, und zwar der Hinweis, der Körper sei zu lang im Verhältnis zum Kopf. Falls der Leser Katzen hält, möchte ich vorschlagen, bei diesen auf das Verhältnis von Kopf und Körper zu achten, wenn die Tiere auf den Hinterbeinen stehen. Achten Sie auch auf die Beinstruktur, wenn sie eine aufrechte Stellung einnehmen. Ich glaube, Sie werden feststellen, daß die Statuette auf der Abbildung auf Seite 91 keinen weiblichen menschlichen Schamanen darstellt, wie man allgemein annehmen würde, *sondern ein katzenartiges Wesen, das gelernt hat, in aufrechter Haltung zu stehen und zu handeln, genau wie wir!*

Man muß auch in Erwägung ziehen, daß bereits vor der Ankunft der atlantischen Kolonisten und Missionare Europa, Ägypten und ganz Afrika unter den Einfluß von Mu (oder Sirius?) geraten sein mögen.

Die abweichenden Auf- und Untergangspunkte der Sonne werden nun durch die Werke von verschiedenen Experten, wie Professor Charles Hapgood, John Ivimy, Jeffrey Goodman, Richard Mooney und anderen Gelehrten von Rang, bestätigt. Die Tatsache, daß die Pole und der Äquator sich in vergangenen Epochen verändert haben, ist unter Wissenschaftlern heute Allgemeinwissen. Es gibt auch Beweise für die These, daß zu irgendeinem Zeitpunkt im Zeitalter des Krebses die fünf Tage hinzukamen, die wir als epagomenal bezeichnen, während die Erde vorher nur 360 Tage brauchte, um den jährlichen Zyklus zu durchlaufen. Mooney gibt uns dazu die folgenden Informationen:

> Reverend Bowles, ein Archäologe des neunzehnten Jahrhunderts und eine Autorität für megalithische Monumente in Großbritannien, sagt, daß die Steinkreise von Avebury einen Kalender von 360 Tagen darstellen und daß weitere fünf Tage später hinzugefügt wurden.
>
> In allen klassischen Texten der arischen Hindu hat das Jahr 360 Tage. In der *Aryabhatiya,* einem alten indischen Werk über Mathematik und Astronomie, heißt es: »Ein Jahr besteht aus zwölf Monaten. Ein Monat besteht aus 30 Tagen. Ein Tag besteht aus 60 *Nadis.* Ein *Nadi* besteht aus 60 *Vinadikas.*«
>
> Das alte babylonische Jahr bestand aus 12 Monaten zu je 30 Tagen. Der babylonische Sternkreis war in 36 Dekane unterteilt, und dies war die Entfernung, dic die Sonne in Beziehung zu den Fixsternen innerhalb von zehn Tagen zurücklegte. So brauchte es für die 36 Dekane ein Jahr von nur 360 Tagen. Ctesias schrieb, daß die Mauern Babylons 360 Achtelmeilen Umfang hatten – »so viele, wie das Jahr Tage hat«.
>
> Das ägyptische Jahr hatte dem Ebers-Papyrus zufolge ursprünglich 12 Monate zu je 30 Tagen. Eine Tafel, die man 1866 im Nildelta bei Tanis fand, besagt, daß im neunten Jahr von Ptolemäus Euergetes (237 v. Chr.) die Priester von Canopus beschlossen, es sei notwendig, »den Kalender entsprechend dem gegenwärtigen Rhythmus in der Welt zu harmonisieren«. Alle vier Jahre sollte ein extra Tag zu den 360 hinzugefügt werden wie auch zu den zusätzlichen fünf Tagen, die man später anhing.
>
> Die alten Römer hatten ebenfalls ein Jahr von 360 Tagen. Plutarch schrieb in seinem Werk über das Leben Numas, daß zu Zeiten Romulus' das Jahr aus zwölf Monaten zu je 30 Tagen bestand.
>
> Auch das Maya-Jahr hatte 360 Tage und wurde *Tun* genannt. Fünf Tage wurden später hinzugefügt, dazu ein Extratag alle vier Jahre. Die Mayas berechneten die synodale Periode des Monds als 29,2509 Tage, ebenso genau, wie wir es heute mit unseren komplizierten Geräten berechnen können. Ihr Grad an Genauigkeit war gewiß nicht geringer, als sie das 360-Tage-Jahr berechneten.

»Sie zählten sie jedoch einzeln und nannten sie die Tage des Nichts, an denen die Menschen auch nichts taten«, sagt J. de Acosta, ein früher Gelehrter, der über Amerika schrieb.

Die Mexikaner nannten zur Zeit der spanischen Eroberung die 30-Tage-Perioden einen Mond.

Das Jahr der Inkas war in 12 *quilla* aufgeteilt, Monde von 30 Tagen. Fünf Tage wurden am Ende hinzugefügt, sowie ein Extratag alle vier Jahre. Die Extratage wurden als unglücklich betrachtet.

Der alte chinesische Kalender bestand ebenfalls aus 12 Monaten zu je 30 Tagen. Man fügte 5¼ Tage jährlich hinzu, teilte den Kreis in 365¼ Grad und übernahm die neue Jahreslänge in die Geometrie.[18]

Das 360-Tage-Jahr ist von Gelehrten gewöhnlich als Irrtum erklärt worden, der erst später mit zunehmenden mathematischen Kenntnissen berichtigt wurde. Man ist jedoch versucht zu fragen, warum so viele verschiedene Kulturen in ganz verschiedenen Teilen der Welt gleichzeitig alle den gleichen Irrtum begingen. Wir haben vom Gesetz der Synchronizität gehört, aber sicher wird hier der Zufallsbegriff ein wenig zu stark gedehnt. Ein Wechsel in der Kreisbahn der Erde, bei der sich der Abstand zur Sonne ändert, würde allerdings die unterschiedliche Jahreslänge erklären. Und wenn die Erde aus der ehemaligen Position herausgerissen wurde, wäre der Mond ebenfalls betroffen gewesen. Mooney sagt dazu:

> Da der Mond ein kleinerer Himmelskörper ist als die Erde und der Abstand zwischen ihnen viel geringer als zwischen Erde und Sonne, wären die Unterschiede beim Erde-Mond-System leichter zu bemerken als beim Erde-Sonne-System. Das scheint der Fall gewesen zu sein. Mehreren alten Quellen zufolge hat man festgestellt, daß es vier Neun-Tage-Wochen in jedem Mondmonat gab, was den Monat auf 36 Tage bringt. Diese Neuntagephase fand sich unter anderem in alten griechischen, babylonischen, chinesischen und römischen Quellen. Da diese lunaren Berech-

nungen nicht in ein Jahr aus 360 Tagen paßten, wurden die Kalender auf ein zehnmonatiges Jahr umgestellt. Das war ein Versuch, das neue Jahr so einzurichten, daß es in das alte 360-Tage-Jahr paßte.[19]

Die Kelten, die ausgesprochen mondorientiert waren, schrieben der Zahl Neun magische Kräfte zu und verbanden sie mit den drei Aspekten der dreifachen Göttin – Jungfrau, Mutter und Alte.

Wenn wir Legenden als Verkörperungen vergangener Fakten annehmen, wird die Ankunft der epagomenalen Tage nirgendwo besser beschrieben, wenn auch in allegorischer Form, als im ägyptischen Mythos von der Geburt der fünf großen Götter oder Neter des alten Ägyptens. Schu und Tefnut, die Zwillingslöwen und Götter der Zeit, waren die Kinder des Sonnenherrn Ra (in diesem Zusammenhang halte ich ihn eher für den Doppelstern Sirius als die Sonne selbst). Sie wiederum gebaren Geb und Nut (Erde und Himmel). Aber Nut, die die Gefährtin von Ra gewesen sein soll, beleidigte ihren Mann, indem sie mit ihrem Bruder schlief. Erzürnt über die Untreue seiner Frau bestimmte Ra, sie dürfe an keinem der 360 Tage im Jahr ein Kind gebären, was ihr Schwierigkeiten bereitet hätte, wenn nicht Thot, der Gott der Wissenschaften und der Mathematik, der Bewahrer der Akasha-Chronik, göttlicher Advokat und Herr der Zeit, sein berühmtes Damespiel mit dem Mond gespielt hätte, in dem er ein Zweiundsiebzigstel von dessen Licht gewann ($^1/_{72}$ von 360 ist genau fünf), das er in fünf neue Tage verwandelte, die man epagomenal nennt. Nut konnte so die fünf Kinder zur Welt bringen, die sie trug – Osiris, Horus den Älteren, Seth, Isis und Nephthys – in dieser Reihenfolge. Die Legende wird auch im griechischen Mythos von Kronos (Zeit) wiederholt, der fünf seiner eigenen Kinder verschluckt und wieder ausspeit, nachdem er einen Trank zu sich genommen hat, den ihm Metis (die Gerechtigkeit) gab.

Gelehrte, Metaphysiker und Romantiker haben zwar diese Geschichten mit den verschiedensten magischen und mystischen Erklärungen ausgestattet, aber was sie uns eigentlich sagen, ist, daß aufgrund eines Dramas zwischen der Erde, dem Mond und einer solaren Energie außerhalb unseres Sternsystems der Kalender geändert werden mußte, und daß es Thot war, eine lunare Gottheit, der die Änderung bewirkte. Mit anderen Worten, eine Veränderung im Kreislauf der Erde im Zusammenhang mit dem Mond, die eine Veränderung der Erdachsenneigung bewirkte, war für die fünf Extratage verantwortlich, die wir heute in unserem Kalender haben, und da die alten Ägypter großen Wert darauf legten, uns mitzuteilen, daß die fünf Neter starke Verbindungen zu Sirius haben, können wir annehmen, daß ein heller, blauweißer Stern in der Konstellation des Großen Hundes der dritte und vermutlich einflußreichste Mitspieler in diesem Himmelsdrama war.

Anmerkungen

1 P. Lemesurier: *The Great Pyramid Decoded,* S. 15.
2 G. R. S. Mead: *Thrice Greatest Hermes,* Bd. 1, S. 104.
3 Ebda., S. 104–105.
4 I. Donnelly: *Atlantis,* S. 131–132.
5 C. Berlitz: *Atlantis,* S. 135.
6 W. B. Emery: *Archaic Egypt,* S. 40.
7 I. Donnelly: *Atlantis,* S.125.
8 J. E. West: *Serpent in the Sky,* S. 113–114.
9 A. Tomas: *From Atlantis to Discovery,* S. 109.
10 R. A. Schwaller de Lubicz: *Sacred Science,* S. 110.

11 Ebda., S. 111.
12 Ebda., S. 26–27.
13 Ebda., S. 27.
14 Ebda., S. 28.
15 Ebda., S. 177–179.
16 Ebda., S. 86.
17 National Geographic, Bd. 174, Nr. 4, Okt. 1988: »The Search for Modern Humans«, von John Putnam, S. 467.
18 R. Mooney: *Colony Earth,* S. 95–96.
19 Ebda., S. 97.

KAPITEL 2

Das prähistorische Erbe

Langsam taucht aus den bereits gesichteten Informationen ein Bild der frühen prähistorischen Tage des alten Ägyptens auf. Wir haben es anscheinend mit drei separaten Themen zu tun:

1. Leben und Religion der einheimischen Stämme dort;
2. Eine Kultur, die durch Fremdlinge zu jenen Gestaden gebracht wurde;
3. Wahrscheinlich ein übergeordneter, extraterrestrischer Einfluß vom Siriussystem, der sich auf verschiedene Arten manifestieren konnte.

Fangen wir beim ersten Punkt an. Orthodoxen Quellen zufolge fanden die ersten Siedler an den Nilufern den Übergang von der nomadischen Lebensweise leicht, da es in den Tälern Wild, Fisch und anderes Jagdgetier gab, das man fangen und jagen konnte. Außerdem gab es eßbare Wurzeln wie Papyrus-Rhizome und die wilde abessinische Banane in Hülle und Fülle. Spätere Migranten brachten die Kunst des Ackerbaus und der Tierhaltung mit sich, und so begann der lange Prozeß der Domestizierung.

Auflistung der Zeitalter

Paläolithikum, Altsteinzeit – bezeichnet die Kulturperiode, die mit den frühesten bearbeiteten Steinwerkzeugen vor etwa 2,5–3 Millionen Jahren beginnt und bis zum Mesolithikum, der mittleren Steinzeit, vor etwa 12 000 Jahren reicht.

Neolithikum, Neusteinzeit – definiert die Kulturperiode zwischen 10 000 und 7000 v. Chr. im Nahen Osten (in anderen Erdteilen später). Gekennzeichnet durch die Entwicklung der Landwirtschaft und die Herstellung von technisch entwickelten, polierten Steinwerkzeugen.

Chalkolithikum, Kupfersteinzeit – eine Phase in der Entwicklung des Menschen, in der sowohl Stein wie auch Kupfer als Material verwendet wurden.

Bronzezeitalter – bedeutete das Ende des Steinzeitalters und unterscheidet sich durch die Erfindung von Bronze. Man datiert diese auf etwa 3000 v. Chr.

Eisenzeitalter – folgte dem Bronzezeitalter und zeichnet sich durch die Verbreitung von eisernen Geräten und Waffen aus; im Nahen Osten beginnt dies etwa im zwölften Jh. v. Chr., in Europa im achten Jh. v. Chr.

Es wurde behauptet, daß man aufgrund einer Untersuchung von gefundenen Materialien leicht erkennen könne, daß die Ägypter sich allmählich an das System des Ackerbaus anpaßten, so daß sich ihre Lebensweise um 3600 v. Chr. vermutlich nur gering von der heutigen unterscheidet. Ich betrachte dies nicht als gültiges Argument für einen langsamen Evolutionsprozeß in jenem Teil der Welt, da es bis heute möglich ist, Menschen zu finden, die in geringer Entfernung von betriebsamen Hauptstädten in einem Zustand extremer Primitivität leben. Archäologische Fundstücke aus den chalkolithischen Kulturen in el-Badari und el-Amra nahe Abydos im Süden belegen den Gebrauch von Tierhäuten, die gegerbt und bearbeitet wurden, von Knochennadeln, Armbändern aus Elfenbein und Muscheln, grüner Augenfarbe aus Malachit, kosmetischen Ölen und Knochenkämmen. Geräte und Waffen bestanden fast ausschließlich aus Stein oder Feuerstein.

Orthodoxe Historiker wagen kaum mehr als eine Vermutung hinsichtlich der spirituellen Neigungen dieser Menschen, obwohl ihr offensichtlicher Glaube an ein »Leben nach dem Tod« vielleicht an der Tatsache abgelesen werden kann, daß bei Begräbnissen in dieser Periode der Körper in Fötalstellung auf die Seite gelegt wurde, als warte er auf eine Wiedergeburt, und man ihm seine materiellen Besitztümer mitgab, wie Töpfe und Pfannen, kosmetische Öle und manchmal grobe weibliche Figurinen. Das ganze Szenario läßt an ein Volk denken, dessen Glauben grundsätzlich pantheistisch und animistisch war, mit starken magischen Untertönen – mit anderen Worten: Die Kultur der Eingeborenenstämme des archaischen Ägyptens war im Prinzip afrikanisch.

Zweifelsohne hatten sie ihre Schamanen, deren Totemtiere und Fetische später zu Emblemen wurden, die man auf den Wappen ihrer Gaue anbrachte.

In der prädynastischen Periode besaß jedes Dorf, jede Stadt oder Siedlung ihren eigenen Gott, dessen Verehrung je nach dem Schicksal der Gemeinschaft aufblühte oder verebbte. Als das Land schließlich in *hespu* oder Gaue aufgeteilt wurde, wurde jeweils ein Gott oder eine Gruppe von Gottheiten als Repräsentanten eines oder mehrerer Gaue gewählt. Es scheint nur wenige Hinweise dafür zu geben, wann diese Unterteilung tatsächlich stattfand, aber es muß in einer relativ frühen Phase geschehen sein, da es schon in der frühesten Dynastie Anzeichen gibt, daß Neith die Hauptgottheit von Sais war, Osiris die von Busiris, Thot von Hermopolis, Uadjat von Ober-Uadjat, Ptah von Memphis, Sebek von Krokodilopolis, Amen (Ammon) von Theben, Nechbet von Necheb und Chemnu von Elephantine waren. Ägyptische Listen geben die Zahl der Gaue mit zweiundvierzig oder vierundvierzig an, obwohl klassische Autoren wie Strabo, Diodorus und Plinius mit diesen Zahlen nicht übereinstimmen. Strabo sagt, das Labyrinth enthalte siebenundzwanzig Kammern, und jede würde einen Gau darstellen. Zwei dieser Gaue befanden sich in Oberägypten, zehn in Unterägypten und sieben in Heptanomis. Herodot andererseits behauptet, daß das Labyrinth aus zwölf Hallen bestand, und Plinius führt fünfundvierzig Gaue auf, deren Namen offensichtlich hellenisiert worden waren (Buch V, Kap. 9).[1]

Welche Verbindung besteht nun zwischen dieser langsamen und offensichtlich evolutionären Entwicklung aus relativer Barbarei zu einer organisierten Gesellschaft und dem hochentwickelten und kenntnisreichen Ägypten, über das sich die klassischen Schriftsteller so enthusiastisch äußern? Beide haben auf ihre Weise recht, da sie sich auf eine jeweils andere Volksgruppe beziehen. Größere Reiche sind über Jahrhunderte hinweg entstanden, haben erobert und eine Weile geherrscht und vergingen dann wieder. In den Tagen ihrer ausgedehnten Kolonisierung haben Diplomaten, Prinzen und reiche Grundbesitzer das gleiche Land besiedelt wie die Armen und Ungebildeten. Archäologen, die diese Stätten später ausgruben, sind vermutlich auf die Scherben einfacher Töpfe gestoßen von jenen, die das Land für wenig oder gar keinen Lohn bestellten und deren Schilfhütten kaum mit den großartigen Häusern der Herrschenden und Besitzenden zu vergleichen waren. Wenn letztere jedoch aus Altersgründen abdankten oder aus einem politischen Grund ihren Posten verloren, haben sie vermutlich ihren Besitzstand mitgenommen, da reiche Leute nicht dazu neigen, wertvolle Artefakte zu hinterlassen, damit sie in späteren Zeitaltern wieder ausgegraben werden können.

Zwei Jahrzehnte der Forschungen am Tempel von Luxor überzeugten Schwaller de Lubicz, daß das akzeptierte Dogma der orthodoxen Geschichtsschreibung entweder ein Irrtum ist oder hoffnungslos unzureichend. Tatsächlich untergräbt oder verwirft sein Werk praktisch alle gegenwärtig akzeptierten Überzeugungen hinsichtlich der Geschichte des Menschen und der Evolution dessen, was wir als »Zivilisation« bezeichnen. Wie die klassischen Schriftsteller des Altertums betrachtete Schwaller de Lubicz die ägyptische Wissenschaft, Medizin, Mathematik und Astronomie als beträchtlich fortschrittlicher und komplizierter als viele moderne Gelehrte anerkennen würden. Er bemerkte außerdem, daß jeder Aspekt der ägyptischen Kultur *schon in den Anfängen* vollständig erscheint. Wissenschaftliche, künstlerische und landwirtschaftliche Techniken sowie das System der Hieroglyphen wiesen praktisch keine Anzeichen für eine Entwicklungsphase auf. Je weiter vielmehr die Dynastie zurückliegt, um so höher scheint der Entwicklungsstand. Diese erstaunliche Tatsache wird zwar bereitwillig von Ägyptologen akzeptiert, aber die Implikationen bleiben unberücksichtigt, vermutlich aufgrund ihrer Unfähigkeit, eine Erklärung dafür zu finden, die den Erfordernissen ihrer Disziplin entsprechen würde. John Anthony West formuliert es so, daß die »ägyptische Zivilisation keine Entwicklung war, sondern ein Erbe«.[2]

Im Jahre 3200 v. Chr. wurden Unter- und Oberägypten unter einem König vereinigt und die zwei Kronen in eine einzige integriert (siehe Abb. 2.1). Allein die Kunst der frühen Dynastien spricht schon für eine hochentwickelte Kultur. Die berühmte Statue von König Chephren aus der vierten Dynastie, Nachfolger von Cheops und vermutlich Erbauer der zweitgrößten Pyramide, auf dem die wunderbar ausgeführten Hieroglyphen und Abbilder von Hesire, dem Wesir von König Djoser aus der dritten Dynastie zurückgehen, zeigt Gesichter und Haltungen, die alles ande-

Abb. 2.1 Die drei Kronen Ägyptens.
A: Die weiße Krone Oberägyptens – B: Die rote Krone Unterägyptens – C: Die Doppelkrone *(Pschent)* des geeinten Reiches

re als primitiv wirken. West weist auf die kunstvolle Einlegetechnik hin, die man im alten Ägypten für die Augen von Statuen benutzte, und lenkt dabei unsere Aufmerksamkeit auf die Tatsache, daß die sehr frühen Exemplare, die bislang gefunden wurden, blaue oder graue Augen haben statt braune. Seltsamerweise wird das traditionelle Auge Ras, mit dem später auch Horus, Bast und andere Gottheiten ausgestattet wurden, ebenfalls mit einer blauen Pupille dargestellt. Wenn man die Tatsache berücksichtigt, daß die eingeborene Bevölkerung dort fast ausschließlich braunäugig war, so muß das ursprüngliche Kunstwerk, das als Modell für die späteren Kopien diente, offensichtlich einen Stamm dargestellt haben, der vorherrschend blaue oder graue Augen hatte. Das gleiche gilt für die Blutgruppen, über die ich ausgedehnte Forschungen im Zusammenhang mit dem Thema Atlantis angestellt habe (siehe *Atlantis: Mythos oder Wirklichkeit?*)

Das offensichtlichste Erbe aus der prädynastischen Periode und daher von jenen mysteriösen Fremden, die dem einfachen Volk am Niltal eine vollständige Zivilisation brachten, sind sicher die Sphinx und die Pyramiden, die über Jahrhunderte hinweg Diskussionen unter Historikern, Wissenschaftlern, Mystikern und Alchimisten angeregt haben. Wurden diese monolithischen Strukturen tatsächlich von Tausenden von schwitzenden Sklaven erbaut, die die massiven Steinblöcke mit einem System von Flaschenzügen herumhievten, um sie dann mit bloßer Körperkraft so unendlich genau einzupassen? Diodorus Siculus, der griechische Historiker aus Sizilien, der sich zwischen 60 und 57 v. Chr. in Ägypten aufhielt, schien davon überzeugt zu sein; 360 000 Männer, so sagt er, wurden zwanzig Jahre lang bei diesem Projekt beschäftigt. Herodot jedoch behauptet, es seien 100 000 Männer gewesen, die hier über einen Zeitraum von ungefähr zwanzig Jahren ihre Muskelkraft einsetzten, und daß dieses extravagante Unterfangen Cheops (Chufu) fast in den Ruin trieb. Er soll sich sogar nicht gescheut haben, seine Tochter in schlechten Ruf zu bringen, indem er sie den Strapazen eines Hurenhauses unterwarf, nur um sein Bankkonto wieder aufzufüllen. Die Dame muß bei dieser Pflichtübung sehr einträglich gewesen sein, denn sie beschaffte nicht bloß die erforderliche Summe, die ihr Vater brauchte, sondern knöpfte außerdem jedem Besucher einen Stein für ihr künftiges Denkmal ab – das besagt zumindest die Legende. (Es läßt sich vermuten, daß dem guten alten Herodot entweder von den ägyptischen Priestern ein Bär aufgebunden wurde oder daß er den Vorfall bewußt ausschmückte, um seine Leser zu amüsieren – was er gelegentlich getan haben soll.)

In neuerer Zeit sind mehrere Bücher von Experten erschienen, in denen die genauen Abmessungen der Cheopspyramide angegeben werden, deren mathematische Präzision ein Beweis für hochentwickelte Kenntnisse auf diesem Gebiet ist. Der Winkel zwischen den Seiten und der Grundfläche der Fundamente beträgt fast genau 51 Grad, 51 Minuten und 14 Sekunden. Das Verhältnis von Grundflächenumfang und Höhe entspricht der doppelten Zahl π oder 2 · 3,14159. Da die ursprüngliche Spitze fehlt, wurde die Höhe geometrisch berechnet – mit anderen Worten, die Höhe der Pyramide verhält sich zum Grundumfang wie der Kreisradius zu dessen Umfang. Darüber hinaus beträgt der mittlere Abstand der Erde zur Sonne etwa 149,5 Millionen Kilometer. Die Höhe der Cheopspyramide beträgt 147,8 Meter, was dem astronomischen Abstand zur Sonne dividiert durch tausend Millionen beträgt – mit nur einem Prozent Abweichung![3]

Die Grundmaßeinheit, die man beim Bau benutzte, war die ägyptische Elle *(cubit),* die 635,66 mm entspricht. Der Erdradius vom Mittelpunkt zum Pol beträgt 6357 Kilometer – zehn Millionen Mal die ägyptische Elle. Die Seitenlänge der Pyramide beträgt 365,25 (um genau zu sein: 365,242) ägyptische Ellen, eine Zahl, die identisch ist mit der Anzahl der Tage im tropischen Sonnenjahr – die gleiche Zahl findet sich auch noch an anderen Stellen dieser Anlage. Peter Lemesurier, dessen grundlegendes Werk zu diesem Thema, *The Great Pyramid Decoded* (dt.: *Geheimcode Cheops*) von solchen erstaunlichen Fakten und Zahlen nur so wimmelt, weist auf einen weiteren »Zufall« hin:

> Von der leicht nach innen gewölbten Form der Grundlinie des Steinwerks können noch andere Maßzahlen abgelesen werden, nämlich 365,256 und 365,259 – Zahlen, die einmal der Anzahl der Tage im stellaren Jahr (die tatsächliche Zeit, die die Erde braucht, um die Sonne einmal zu umkreisen) entsprechen und andererseits der Anzahl der Tage im anomalistischen Jahr (die Zeit, die die Erde braucht, um an den gleichen Punkt auf ihrer elliptischen Umlaufbahn zu gelangen, die ihrerseits langsam um die Sonne kreist). Außerdem scheinen weitere Messungen die genauen Zah-

> len für die Exzentrizität dieses Orbits zu geben, für den mittleren Abstand der Erde zur Sonne und für die Periode des vollen Präzessionszyklus der Erde (eine Periode von über 25 000 Jahren). Wenn man ein architektonisches Symbol für den Planeten Erde selbst sucht, könnte man kaum ein besseres finden als die Große Pyramide von Gizeh.[4]

Die Große Pyramide ist auf festem Felsgestein gebaut, was sie sogar gegen schwere Erdbeben sichert. Außerdem läßt die Form der Pyramide auf eine andere Funktion schließen als die eines Grabmals, denn sie ist ideal geeignet, um praktisch allen Naturkatastrophen zu widerstehen. Die Anwesenheit fossiler Muscheln rund um die Grundmauern wird von manchen Forschern als Beweis genommen, daß die Struktur ein- oder mehrmals überflutet wurde, obwohl Skeptiker vermutlich dagegenhalten, daß die Muscheln schon da waren, als man die Pyramide errichtete. Eine These der Metaphysiker lautet, daß Ausgrabungen eine nach unten gerichtete Apex ergeben würden, die dem oberen Teil genau entspräche. Sollte dies der Fall sein, würde der verborgene Teil vermutlich all das Wissen enthalten, über das wir immer nur lesen. Aber da die inneren Gänge und Kammern bisher keine Beweise für diese These erbracht haben, ist dies wenig glaubwürdig. Seit 1990 jedoch, als ich dieses Manuskript verfaßte, haben Bauval und Gilbert ihren Bestseller *The Orion Mystery* (dt.: *Das Geheimnis des Orion*) veröffentlicht, in dem sie Beweise dafür erbringen, daß die Cheopspyramide an Orion und Sirius ausgerichtet sei und Isis und Osiris repräsentiere. Informationen über eine verborgene Kammer am Ende eines langen Ganges ließen Raum für weitere Spekulationen. Ich rechne jedenfalls auf diesem Gebiet mit weiteren Entdeckungen.

Die Cheopspyramide ist keineswegs der einzige Beweis

für die mathematischen Kenntnisse, über die dieses alte Volk verfügte. Das Auge des Horus, bei weitem nicht nur eine schöne künstlerische Darstellung, wie es auf den ersten Blick scheint, hat ebenfalls genaue Abmessungen, die zweifelsohne für den Künstler höchst signifikant gewesen sein müssen, was West in seinen Bildlegenden betont (siehe Abb. 2.2).

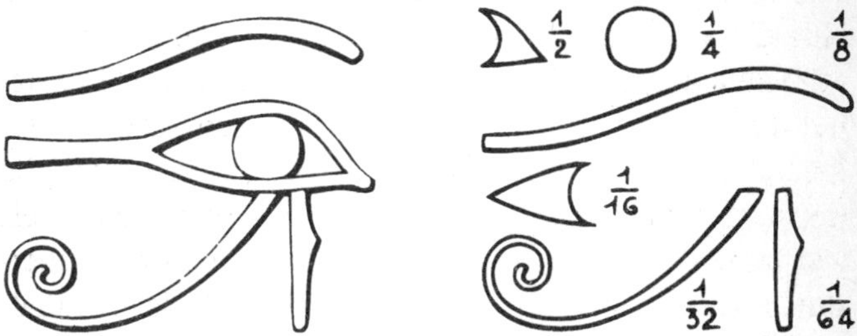

Abb. 2.2 Das Auge vermittelt Zugang zum Raum, damit auch zum Volumen und zu Maßeinheiten. In Ägypten entsprechen die Abschnitte des Auges den Glyphen für die Maßzahlen von ½ bis $1/64$. Zusammen ergeben sie $63/64$. (Die Summe sukzessiver Divisionen wird immer weniger als 1 ergeben und sich der 1 nur im Unendlichen annähern, was völlig dem ägyptischen Denken entspricht: nur das Absolute ist eins.)

Das Auge des Horus war natürlich das linke, lunare Auge; es gab auch ein rechtes Auge, traditionellerweise mit Ra verbunden, das seine Tochter Sechmet auf diejenigen schleuderte, die es wagten, den Vertrag mit dem Alten Gott (die kosmischen Gesetze?) zu brechen (siehe Kapitel 3). Dieses rechte Auge wurde später zum berühmten Uräus, der im Kopfputz und zeremoniellen Gegenständen von Pharaos, Priestern und populären Gottheiten seinen Platz fand. Hinsichtlich der Abmessungen des Auges hat Lucie Lamy folgendes zu sagen:

Die ägyptische Arithmetik beruhte mehr auf der Dimidiation – der Halbierung – als auf Addition, und das Auge spielt in diesem Konzept eine Rolle. Die *Hekate,* ein Hohlmaß für Korn, wird grafisch durch das Oudja-Auge dargestellt, seine Teile durch die Einzelstriche der Glyphe.

So ist das lunare Auge die Grundlage für die Messung der Zeit aufgrund der Mondstellung, die den Monat definiert, und von Flüssigkeiten aufgrund seiner Aufteilung. Es ist interessant, sich in Erinnerung zu rufen, daß die Sicht durch ein Auge ausreicht, um Entfernungen wahrzunehmen, aber nur wenn beide Okularachsen zusammentreffen, können wir dreidimensionalen Raum und das Volumen wahrnehmen.[5]

Da sich die Ägyptologen sicher zu sein scheinen, daß es im prädynastischen Ägypten keine Beweise für eine fortgeschrittene Technologie gab – woher hatten dann die alten Ägypter ihre Kenntnisse in Mathematik und Astronomie? Ein weiterer Punkt, der der Aufmerksamkeit bedarf, ist, daß zwar viele dieser Zahlen durch normale mathematische Prozesse erlangt werden können, aber sie könnten auch andeuten, daß unser Planet zu irgendeinem Zeitpunkt in der Vergangenheit *von außerhalb seines Orbits betrachtet wurde!* Nun können wir entweder mit den Hellsichtigen und geistigen Zeitreisenden darin übereinstimmen, daß Atlanter hinter diesen Strukturen gestanden hätten, trotz der sumerischen Geschichte von Oannes (siehe S. 140) mit seinem schuppigen Aussehen. (Doch das kann ebensogut jemand in einem Raumanzug oder einer Taucherausrüstung aus Atlantis gewesen sein wie ein Fischmensch.) Oder wir befürworten die Theorie, daß Wesen vom Sirius die Lehrer waren.

Man neigt zu der Ansicht, daß eine mögliche Verbindung zu Sirius irgendwann in der fernen Vergangenheit unseres Planeten wohl im Frühstadium der atlantischen Zivilisation existierte und daß die Sirianer den atlantischen

Wissenschaftlern ihre kosmologischen Informationen weitergaben. Es gibt eine dritte und vielleicht wissenschaftlich akzeptablere Erklärung, die mir unterkam: Einer der Zeitlosen, der Schöpfer des Universums, nahm menschliche Gestalt an und bewirkte eine genetische Mutation, die als latentes Gen an seine Kinder weitergegeben wurde. Dieses Gen, das sich nun über den Planeten verbreitet hat, ist der entscheidende Faktor zur Auswahl, wer die erwartete Polverschiebung überlebt (Quantensprung), deren Schatten unseren Planeten langsam überzieht (siehe *The Gaia Dialogues* und *Cosmic Connections*).

Hellsichtige, Forscher, Science-fiction-Autoren und andere, die sich intensiv mit unserer rätselhaften Vergangenheit befassen und spekuliert haben, wie die Pyramiden gebaut wurden, gehen davon aus, daß die Vorstellungen von Sklaven und Flaschenzügen falsch sind. Am beliebtesten ist die Theorie, daß Schallwellen benutzt wurden. Babylonische Tafeln bestätigen, daß Schall Steine heben kann. Einer alten arabischen Quelle zufolge wurden die riesigen Steinquader in eine Art Papyrus gehüllt und dann von einem Priester mit einem Stab berührt, der sie gewichtslos zu machen schien. Dann konnten sie mühelos durch die Luft bewegt und genauestens in Position gebracht werden. Ich erinnere mich an den Bericht eines amazonischen Forschers über eine Pflanze, die man tief im Urwald findet, deren Saft die schwersten Steine weich wie Knete macht, wenn man sie damit beträufelt!

Gegenwärtig bleiben uns nur Vermutungen, auch wenn neuere wissenschaftliche Experimente die Tatsache zu bestätigen scheinen, daß die Große Pyramide keine gewöhnliche Struktur ist, da sie Eigenschaften aufweist, die allen bekannten wissenschaftlichen Phänomenen widersprechen (siehe *Atlantis: Mythos oder Wirklichkeit?*).

Ein weiterer heiß debattierter Aspekt der Pyramiden ist, ob sie als Grabmale errichtet wurden, als religiöse Stätten, als Schutzraum für Katastrophenfälle oder als Zeitkapseln. Anscheinend sind zahlreiche Informationen aus der Vergangenheit durchgesickert, die ein wenig Licht auf diese Fragen werfen könnten:

- Herodot behauptet, zu seiner Zeit Inschriften auf den Seiten der Pyramiden gesehen zu haben.
- Laut Ibn Abd Hokm, einem arabischen Historiker aus dem neunten Jahrhundert, stimmten die meisten Chronisten überein, daß die Pyramiden von Surid Ibn Salhouk, dem König von Ägypten, errichtet worden seien, der 300 Jahre vor der großen Flut lebte. Dies sei durch einen Traum angeregt worden, in dem er sah, wie die Erde sich auf ihrer Achse drehte, die Sterne vom Himmel fielen und dabei zusammenprallten. Die Menschen hätten sich aus Angst vor dem furchtbaren Getöse, das diese Erscheinungen begleitete, allesamt auf den Boden geworfen. Als er erwachte, rief er seine Priester zusammen, deren oberster Aclimon hieß. Eilig berichtete er ihnen von seiner entsetzlichen Vision. Sie stellten astrologische und astronomische Berechnungen an und sagten die große Flut und die daraus resultierenden Klimaveränderungen voraus, die sein Reich vernichten würden. Es blieben aber noch ein paar sichere Jahre, in denen der König unter der Leitung seiner Berater die Pyramiden mit großen Innenräumen baute und sie mit Talismanen, seltenen Objekten, Reichtümern, Schätzen, Ornamenten, eisernen Geräten und Tongefäßen füllte sowie mit Krügen, die nicht rosteten, und mit Glas, *das man biegen konnte, ohne es zu zerbrechen.*[6]

- Ibn Haukal, ein arabischer Reisender und Schriftsteller des zehnten Jahrhunderts, behauptete, die Inschriften auf der Pyramidenaußenmauer seien zu seiner Zeit noch sichtbar gewesen.
- Abd el Latif, ein Schriftsteller des zwölften Jahrhunderts, erwähnte, die Inschriften auf der Außenseite der Pyramide würden 10 000 Seiten füllen.
- Ibn Batuta, ein weiterer arabischer Gelehrter des vierzehnten Jahrhunderts, bemerkte, daß die Pyramiden errichtet worden seien, um die Künste und Wissenschaften und anderes Wissen während der großen Flut zu schützen.
- Das Wörterbuch von Firazabadi (vierzehntes Jahrhundert) behauptet, daß die Pyramiden errichtet worden seien, um »die Künste und Wissenschaften und anderes Wissen bei der großen Flut zu schützen«.
- Ein Absatz in dem koptischen Papyrus aus dem Kloster Abou Hormeis lautet: »So wurden die Pyramiden erbaut. Auf die Mauern schrieb man alle Geheimnisse der Wissenschaft, Astronomie, Geometrie, Physik und viel nützliches Wissen, das jeder Mensch verstehen kann, der unsere Schrift lesen kann.«[7]
- Der ägyptisch-koptische Historiker Masudi schrieb im Mittelalter über eine Tradition, daß die Große Pyramide von einem König namens Surid erbaut wurde, der 300 Jahre vor der Flut lebte und das alte Wissen in Sicherheit bringen wollte.

Seine Version entspricht der bereits erwähnten, nämlich daß der König vor der Katastrophe gewarnt worden war und daß diese irgendwie mit dem Sternzeichen des Löwen in Verbindung stand. In die Wände und Decken der Pyramide wurde sämtliches astronomische, mathematische und medizinische Wissen eingraviert; seltsame Wesen (Elementargeister?) wurden von Priestern eingesetzt, um zu verhindern, daß dieses Wissen in die Hände von Unwürdigen fiel. Eine koptische Legende bestätigt dies, fügt aber außerdem hinzu, daß Surid die Inschriften zusammen mit »anderen Dingen« auf die äußeren Pyramidenmauern eingravieren ließ. Diese äußere Hülle scheint verschwunden zu sein, und so bleibt uns das Wissen vorenthalten, das dieser würdige Monarch der Nachwelt überlassen wollte.[8]

Natürlich könnte man behaupten, daß alle diese Berichte aus ein und derselben nahöstlichen Quelle stammen, aber wo Rauch ist, ist gewöhnlich auch Feuer, wie das Sprichwort sagt. Meiner persönlichen Meinung nach wurde die Große Pyramide weder als Grabmal noch als Tempel oder Schutzraum errichtet. Als Zeitkapsel vielleicht? Nun, das ist ein ganz anderes Thema!

Abgesehen von der Großen Pyramide hat wohl kaum ein Überrest der Antike mehr Spekulationen ausgelöst als die Sphinx. Schwaller de Lubicz behauptete, daß die Erosion der Sphinx eher auf Wasser zurückzuführen sei als auf Wind und Sand. Wenn sich dies bestätigte, dann würde die akzeptierte chronologische Geschichte vollständig über den Haufen geworfen. West weist eindeutig darauf hin:

> Im Prinzip kann es keinen Einwand gegen die Wassererosion der Sphinx geben, denn man ist sich einig, daß Ägypten radikale Klimaveränderungen und periodische Überflutungen erlebt hat – durch das Meer und (in der nicht allzu fernen Vergangenheit) auch durch ungeheure Nilfluten. Letztere sollen mit dem Schmelzen der Eiskappe nach der letzten Eiszeit zusammengefallen sein. Gegenwärtig setzt man dies um etwa 15 000 v. Chr. an, aber periodische größere Nilfluten sollen auch danach vorgekommen sein. Die letzte dieser Fluten soll sich um 10 000 v. Chr. ereignet haben.

> Daraus folgt, daß die große Sphinx, wenn sie durch Wasser erodiert wurde, vor der großen Flut oder diesen Überflutungen errichtet worden sein muß.[9]

Man ist sich einig, daß die Bildhauer Ägyptens schon früh Meister in der Ausführung genauer Gesichtszüge der Pharaonen waren und daß daher das ursprüngliche Antlitz der Sphinx vielleicht gegen ein Abbild von Chephren ausgetauscht wurde, eines Pharaos aus der vierten Dynastie, der von 2631 bis 2618 herrschte, eine Täuschung, die im weiteren Verlauf der Geschichte immer wieder eine Rolle spielte. Einige Gelehrte meinen, daß der menschliche Kopf der Sphinx und der Löwenkörper an sich schon prophetisch seien, weil sich der Körper auf das Ende des Goldenen Zeitalters des Löwen und den Fall von Atlantis bezöge, der Kopf aber auf das gegenüberliegende Zeichen Wassermann, in dem das Alte Land wiederauferstehen soll. Da wir gerade in das Zeitalter des Wassermanns eintreten, kann an dieser Theorie etwas sein, wenn man die Erderwärmung und andere neuere klimatische Unregelmäßigkeiten ernst nimmt. Vielleicht aber war das ursprüngliche Gesicht wie das Hinterteil löwenhaft und wurde einfach geändert, um Chephren zu schmeicheln? Wenn wir die Theorie berücksichtigen, daß einer der Stämme, die das sirianische System bewohnten, katzen- oder löwenhaftes Aussehen hatte (siehe S. 41/42), was ich mit weiteren Beweisen aus mehreren Quellen in den folgenden Kapiteln nachzuweisen suche, dann erscheint es mir sicher, daß wir hier vor einem starken direkten oder indirekten Siriuseinfluß stehen. Seit dem ersten Erscheinen dieses Buches haben Forscher zum erstenmal an dieser Stätte seismische Tests durchgeführt und daraus geschlossen, daß eine alte Zivilisation die Sphinx zwischen 5000 und 7000 v. Chr. erschuf – mindestens 2500 bis 4000 Jahre früher als bisher angenommen. Die Entstehung wird traditionell dem Pharao Chephren zugeschrieben. Die neuere Untersuchung, geleitet von einem Geologen der Bostoner Universität, Robert M. Schoch, gelangte zu dem Schluß, daß Chephren das Monument lediglich restaurierte und vermutlich den ursprünglichen Löwenkopf durch ein Abbild seines eigenen Gesichts ersetzen ließ.

Anmerkungen

1 E. A. Wallis Budge: *The Gods of the Egyptians,* S. 96.
2 J. A. West: *Serpent in the Sky,* S. 13.
3 Peter Lemesurier: *The Great Pyramid Decoded,* S. 8–15.
4 Ebda., S. 8.
5 L. Lamy: *Egyptian Mysteries,* S. 16.
6 A. Tomas: *Atlantis: From Legend to Discovery,* S. 111–112.
7 Ebda., S. 115.
8 R. Mooney: *Colony Earth,* S. 198.
9 J. A. West: *Serpent in the Sky,* S. 198–199.

KAPITEL 3

Die Götter oder Neter

Die polytheistischen Neigungen der alten Ägypter scheinen zwar völlig offensichtlich, aber Wallis Budge betrachtet die zahlreichen Gottheiten, die man in der dynastischen Periode verehrte, alle als Aspekte einer einzigen kreativen Kraft und die verschiedenen Tiere eher als Werkzeuge der Götter denn als Götter selbst. Da es jedoch gewisse Unterscheidungskriterien braucht, habe ich die folgende grobe Unterteilung vorgenommen:

1. Die einheimischen oder Gaugottheiten der prädynastischen Zeiten;
2. Gottkönige oder inkarnierte Gottheiten;
3. Gottheiten fremden Ursprungs, die im Verlauf von Jahrhunderten entweder den ägyptischen Gottheiten aufgepropft oder mit ihnen verschmolzen wurden;
4. Die epagomenalen Neter (Schalttag-Götter);
5. Extraterrestrische und stellare Einflüsse.

Fangen wir bei der ersten Gruppe an: den einheimischen oder Gaugottheiten der prädynastischen Ära. Wallis Budge verzeichnet in seinem umfassenden Werk *The Gods of Ancient Egypt* eine ausführliche Liste von Gaugottheiten und den Städten oder Orten, an denen sie ursprünglich angebetet wurden.

Oberägypten

Gau	*Hauptstadt*	*Gott*
Ta-Chent	Abu (Elephantine)	Chnemu
Thes-Hertu	Teb	Heru-Behutet
Ten	Necheb Senit	Nechbet
Uast	Uast (Theben)	Amen-Ra
Herui	Qebti	Amsu, Min oder Chem
Aata	Ta-en-tarert (Dendera)	Het-Heru (= Hathor)
Seschesch	Het	Het-Heru
Abt	Abtu (Abydos)	An-Her
Amsu, Min oder Chem	Apu	Amsu, Min oder Chem
Uadjet	Tebut	Het-Heru
Neterui	Tu-qat	Heru (Horus)
Set	Shas-hetep	Chnemu
Tu-F	Nut-en-bak	Heru
Atef-Chent	Saiut	Ap-uat
Atef-Pehu	Qesi	Het-Hert
Un	Chemennu	Tehuti (Thot)
Meh-Mahetch	Hebennu	Heru
Anpu	Kasa	Anpu
Sep	Het-suten	Anpu
Uab	Per-Matchet (Oxyrhyncus)	Seth
Atef-Chent	Henensu	Her-schefi
Atef-Pehu	Ermen-hert	Chenmu
Ta-Sche	Schet	Sebek
Maten	Tep-ahet	Het-Hert

Unterägypten

Aned-Hetch	Men-nefert (Memphis)	Ptah
Chensu	Sechemt	Heru-ur
Ament	Nut-ent-Hap (Apis)	Het-Heru
Sapi-Res	Tcheqa	Sebek, Isis, Amen
Sap-Meh	Saut (Sais)	Net (Neith)
Kaset	Chasut	Amen-Ra
Ament	Senti-nefert	Hu
Abt	Theket	Temu
Ati	Per-Asar (Busiris)	Osiris
Ka-Qem	Het-ta-her-ab	Horus
Ka-Hesed	Hebes-ka	Isis
Theb-Ka	Theb-neter	An-her
Heq-At	Annu (Heliopolis, On)	Ra
Chent-Ab	Tchalu (Tanis)	Heru
Tehut	Per-Tehuti (Hermopolis)	Tehuti (Thot)
Cha	Per-ba-neb-Tettu (Mendes)	Ba-neb-Tattu
Sam-Behutet	Pa-chen-en-Amen	Amen-Ra
Am-Chent	Per-Bast (Bubastis)	Bast
Am-Pehu	Per-Uadjet (Buto)	Uadjet
Sept	Qesem	Sept[1]

Aus dem Vorangegangenen ist ersichtlich, daß jeder Bezirk eine ihn repräsentierende Gottheit hatte, deren Tempel in der Hauptstadt dieses Gaus stand. Diese Tempel waren dic Arbeitsstätten der Priester, die für die Erhaltung des Tempels selbst und der angrenzenden Gebäude, für die religiöse Bildung des Volkes und andere priesterliche Aufgaben verantwortlich waren, wozu auch das Heilen gehörte, der Vollzug privater und öffentlicher Rituale und die Einbalsamierung der Toten. Die Priesterschaft war dementsprechend in verschiedene Klassen aufgeteilt: Schriftgelehrte, Heiler, Opferpriester, Magier, Seher und jene, die die Götter selbst darstellten. In diesen Priesterkasten dienten Männer wie auch Frauen.

Man kann die Religionen als stark schamanisch ausgerichtet betrachten. Anubis-Priester legten bei Ritualen zum Beispiel die Schakalmaske an und übernahmen so die Rolle von Anpu (Anubis) oder handelten als Kanal für seine Energie. Wie die alten Stammeshäuptlinge trugen die alten Gaugottheiten Szepter, deren eines Ende gegabelt war, während das andere den Kopf des jeweiligen Totemtiers trug. Mit der Zeit nahmen viele Tiere und Fetische der prähistorischen Periode menschliche Züge an und wurden zu anerkannten Gottheiten. Da sich die alten Ägypter keinen Gott ohne eine Familie vorstellen konnten, wurden bald Ehemänner und -frauen, Söhne und Töchter hinzugefügt, und so entstanden die berühmten Triaden.

Einige der oben aufgeführten Götter kann man auf weitaus ältere Ursprünge zurückführen als andere – Neith zum Beispiel, über die wir im weiteren noch einiges zu sagen haben. Es ist interessant, daß in der ägyptischen Sprache das Wort für Himmel weiblich ist; es wurde der Himmel zur Göttin Nut oder Hathor, deren sternenübersäten Bauch die Menschen über sich als Himmel sahen. Die Erde hingegen wurde von den Ägyptern als männlich betrachtet; sie wird als ein mit dem Gesicht nach unten liegender Mann dargestellt, aus dessen Rücken alle Pflanzen der Welt sprießen. Diesen Erdgott nannten sie Geb.

Angesichts der Betonung des weiblichen Prinzips, Gaia, im Zusammenhang mit der Erde in jüngster Zeit, muß man sich fragen, ob es einen Wechsel von Polaritäten gegeben hat, da die Ägypter auch eher Mondgötter statt Mondgöttinnen hatten.

Pantheismus oder Animismus findet sich auch in der Verehrung des Nils und anderer Naturphänomene und Fetische. Einige Stätten, die später zu wichtigen Zentren der ägyptischen Bildung und Wissenschaft wurden, nahmen ihren Ursprung in den Tempeln der alten Gaugottheiten. Ptah von Memphis ist ein bekanntes Beispiel dafür.

Da die Anzahl der im Niltal verehrten Götter recht beträchtlich war – Thutmosis III. nannte nicht weniger als 740, von denen die meisten wohl nichts weiter waren als ein *Genius loci,* ein Ahnengeist oder die Essenz verschiedener Priester oder beliebter örtlicher Potentaten und Herrscher –, möchte ich mich auf die bekannteren Gottheiten beschränken, deren Energien man als bedeutsam für unser Thema betrachten kann.

Was die zweite Kategorie betrifft, die Gottkönige oder inkarnierten Gottheiten, so wurden über viele Jahrhunderte hinweg die Pharaonen als Söhne der Götter betrachtet und entsprechend verehrt. Dafür gibt es zwei mögliche Erklärungen, von denen die erste recht einfach ist: Man glaubte entweder, daß die frühen Stammeshäuptlinge selbst oder ihre schamanischen (priesterlichen) Stellvertreter die Essenz einer örtlichen Gottheit verkörperten, ein Talent, das sich auf natürliche Weise auf ihre Nachkommen übertrug. Man kann dies als eine archaische Form von »göttlich gerechtfertigtem Königtum« betrachten. Die zweite Erklärung bezieht sich auf die alte Legende von den Schemsu-Hor, den Söhnen des Horus, die wiederum die Gene ihrer göttlichen Ahnen, der Neter, in sich trugen. Man glaubte, daß die Pharaonen der frühen Dynastien diese Blutslinie rein weitergaben, daß sie aber in späteren Jahren ausdünnte und schließlich verschwand. Oder doch nicht? Die Andeutung einer Bestätigung dafür findet sich in der Geschichte von Ras Besuch bei Reddedet, der Frau des Hohepriesters, wobei er sich als ihr Gatte ausgab. Dieser Vereinigung entsprangen die drei ersten Könige der ersten Dynastie. Jedesmal, wenn ein Pharao empfangen wurde, hielt man Ra auf irgendeine Weise für verantwortlich.

Bei den Forschungen zu meinem Buch *Atlantis: Myth or Reality?* (dt.: *Atlantis: Mythos oder Wirklichkeit?*) stieß ich beim Vergleich von Blutgruppen (zur Erforschung möglicher atlantischer Kolonien und Migrationen vor der großen Flut) auf einige seltsame Tatsachen. Man fand in Mumien bis zur achtzehnten Dynastie Spuren der Blutgruppe A mitsamt deren genetischen Markern. Die normale Blutgruppe in jenen Teilen der Welt war und ist aber 0. Die Blutgruppe A ist gewöhnlich bei hellhäutigen und blauäugigen Menschen vertreten, wie man sie unter den skandinavischen und anderen nordeuropäischen Stämmen findet. Was hatte sie also bei den Pharaonen des alten Ägyptens zu suchen?

Blutuntersuchungen an fünf Inka-Mumien im Britischen Museum ergaben ebenfalls, daß drei von vieren der Blutgruppe A angehörten, was für die amerikanischen Indianer höchst selten wäre. Keine wies dabei den Rhesus-negativ-Faktor auf, der unter Basken und Berbern dominant ist.

Dies deutet darauf hin, daß ein Stamm, der den Bewohnern dieser Gegenden fremd war (auf beiden Seiten des Atlantiks) eine Blutgruppe und die entsprechenden genetischen Marker aufwies, die sich von denen der ägyptischen und südamerikanischen Ureinwohner unterschieden. Professor Emery und andere Experten wiesen darauf hin, daß diese Fremden sich vom gewöhnlichen Volk abseits hielten und daß Verbindungen nur zwischen ihnen und den jeweiligen Aristokraten stattfanden, was erklären würde, daß man die Gruppe A nur unter der herrschenden Klasse fand. Natürlich können wir nicht absolut sicher sein, daß dies zutraf, da sich Untersuchungen bis heute auf die Überreste derer beschränkten, die sich eine derart teure Bestattungsform leisten konnten.

In neuerer Zeit haben genetische Entschlüsselungen an kurzen DNS-Sequenzen, die 7000 Jahre in einem Sumpf bei Little Short Spring in Florida überlebten, die Wissenschaft verblüfft. Es wurde ein DNS-Teil entdeckt, der in der heutigen Weltbevölkerung extrem selten ist, was darauf schließen läßt, daß diese Menschen Vorfahren hatten, die in der Neuen Welt völlig unbekannt waren! Warum aber sollte dies Bedeutung haben für das alte Ägypten und das »göttliche Gen« der alten Könige? Ich persönlich bin überzeugt, daß man bei einer möglichen genetischen Untersuchung der alten Pharaonen ähnlich überraschende und vermutlich ähnliche genetische Kennzeichen finden würde.

Kategorie 3 – Götter fremden Ursprungs, die im Laufe der Jahrhunderte entweder über die einheimischen ägyptischen gestülpt oder mit ihnen verschmolzen wurden: Viele ägyptische Götter, besonders diejenigen des Mittleren Reichs, waren in den Glaubensüberzeugungen und religiösen Bräuchen von Nachbarstaaten zu finden, etwa Sonnengötter wie Ra und Ammon, die den Gottheiten naher und auch fernerer Länder entsprachen. Viele Forscher halten einen fremden Einfluß für offensichtlich; Seth zum Beispiel soll im Gegensatz zu Emerys Ansichten bestimmten Gelehrten zufolge ein Import von den

Hyksos scin; die Hyksos wären dann die »Schäferkönige«, die schon von Manetho erwähnt wurden und die neuere Ägyptologen als nomadische Semiten identifizieren. Dies wird klarer, wenn man die größeren Gottheiten der dynastischen Zeiten eingehender identifiziert.

Wir neigen zwar dazu, von den »Göttern« Ägyptens zu sprechen, aber die Ägypter hatten ein eigenes Wort für ihre Gottheiten, und das war *Neter*. Budge sagt dazu:

> Wir haben bereits erwähnt, daß das allgemeine Wort, das die Ägypter für Gott, Götter und Geister aller Arten verwendeten, die alle möglichen Formen und Gestalten haben konnten und übermenschliche oder übernatürliche Kräfte zu besitzen schienen, Neter hieß: 𓈖𓏏𓂋, und die hierfür gesetzte Hieroglyphe wird gleichzeitig als Determinante für dieses Wort benutzt wie auch als Ideograph: 𓊹. So haben wir also 𓊹 und 𓊹𓀭 für »Gott« und 𓊹𓏪 oder 𓊹𓏥 oder 𓊹𓊹𓊹 oder 𓊹𓊹𓊹𓏥 für »Götter«. Der Plural wird manchmal auch ausgeschrieben: 𓈖𓏏𓂋𓅆𓀭𓏥. Das allgemeine Wort für »Göttin« ist Neter, was sich so schreibt: 𓊹𓏏𓆇 oder 𓊹𓏏𓂋𓏏 oder 𓊹𓏏𓂋𓏏𓆇. Manchmal ist die Determinante des Wortes eine Frau: 𓁐, manchmal eine Schlange, wie in 𓊹𓏏𓂋𓏏𓆗. Der Plural lautet *Neterit:* 𓊹𓏏𓂋𓇌𓏏𓆗𓏥.[2]

Experten haben ausführlich debattiert, ob dieses alte ägyptische axtförmige Ideogramm tatsächlich eine Axt darstellt, was zu bezweifeln ist, oder überhaupt im Kontext von Waffen und Werkzeugen betrachtet werden kann. Manche ziehen eine esoterische Bedeutung vor, während andere das Zeichen als einen Steinzeitfetisch betrachten, den man bis in die neolithische und sogar paläolithische Zeit zurückverfolgen kann. Äxte als Emblem einer Gottheit gibt es auch in anderen megalithischen Kulturen, besonders in der Bretagne, den prähistorischen Begräbnishöhlen in der Marne, in Skandinavien und Amerika. Die Axt wäre demnach ein Symbol der Macht unter den Einheimischen jener Gegenden, lange vor dem Aufstieg des dynastischen Ägyptens.

Ägyptologen scheinen sich nicht einigen zu können, was das Wort *Neter* eigentlich bedeutet. Einige Vermutungen lauten: »Erneuerung«, »Kraft«, »Macht«, »göttlich«, »ausgesucht« oder »werden«. Dr. Heinrich Brugsch war jedoch überzeugt, daß es bedeutet: »die operative Macht, die alle Dinge periodisch immer wieder erschafft und erzeugt und ihnen neues Leben gibt und sie wieder zur Jugendfrische bringt.«[3] Budge zitiert mehrere Seiten lang die Ansichten eminenter Forscher und versucht eine Übersetzung anhand einer Studie anderer zu jener Zeit verwendeten Sprachen. Diese Art von Gelehrtenpolemik bewirkt manchmal, daß man seinen Weg im Labyrinth der Verwirrung verliert. Eine konzentrierte Untersuchung, wie das Wort über viele Jahre hinweg in hieroglyphischen Texten benutzt wurde, führt zu der Annahme, daß es mit einer gewissen Qualität von Leben oder Unsterblichkeit zu tun habe, mit der Fähigkeit, Leben zu erzeugen.

Kategorie 4 bezieht sich auf die fünf epagomenalen Neter: Isis, Osiris, Nephthys, Seth und Horus. Diese verdienen ein Kapitel für sich, in dem ihr Wesen, ihre Taten und ihre Bedeutung mit Blick auf Sirius erläutert und im Licht der zahlreichen Theorien debattiert werden, die im Laufe der Jahrhunderte entstanden. Diese fünf Neter kann man auch als Gottheiten der Kategorie 5 betrachten, weil sie extraterrestrische Verbindungen haben, gemeinsam mit Thot und Anubis, die zu ihrem Anhang gehörten, sowie mit Ra/Atum, Schu und Tefnut, Hathor/Sechmet und ihrem Mann Ptah, Thots Gemahlin Seschat und Sa (Orion), deren Legenden jeweils an eine galaktische Verbindung denken lassen.

Aber wenden wir unsere Aufmerksamkeit zunächst einer allgemeinen Betrachtung der Hauptgottheiten zu, die von den Ägyptern bevorzugt angebetet wurden.

Ra/Atum

Im altägyptischen Schöpfungsmythos war Nun (oder Nu) der ursprüngliche Ozean, der noch vor der Schöpfung bestand und aus dem alles Leben stammt. Dies klingt nach einem wissenschaftlichen Hintergrund und weist darauf hin, daß irgend jemand irgendwo in der fernen Vergangenheit mit den Tatsachen vertraut war, gleichzeitig aber auch den göttinnenorientierten Gläubigen Nahrung gab, die das weibliche Prinzip als die Urquelle allen Lebens auf der Erde sahen. Einer der bekanntesten frühen ägyptischen Götter war vermutlich Ra oder Re, der mit der aufgegangenen Sonne in Verbindung gebracht wird; die dunkle, verborgene Sonne – ehe sie aufgegangen oder nachdem sie untergegangen ist – wurde Atum genannt. Ras Hauptheiligtum befand sich in Heliopolis, und der Legende nach manifestierte er sich dort in Gestalt eines Steinobelisken mit Namen »ben-ben«, der jahrelang im Tempel Het-benben aufbewahrt wurde, dem »Palast des Obelisken«. Die Geschichte beschreibt, wie Ra/Atum ursprünglich am Grund von Nun ruhte, bis es sich durch reine Willensanstrengung aus dem Abgrund erhob und in dem strahlenden Licht erschien, das wir nun als unsere Sonne betrachten. Das klingt im Lichte dessen, was die Wissenschaft heute über die Entstehung des Sonnensystems und die Frühzeit der gelben Sterne weiß, höchst plausibel.

Ra (manchmal auch Nun oder Neith) zeugte anschließend ohne eine Partnerin Schu und Tefnut, die Zwillingslöwengötter, die wiederum Geb und Nut gebaren, von denen die Familie von Isis und Osiris abstammt. Das metaphysische Konzept dieser Allegorie ist offensichtlich: die Spaltung des Androgynen in Männlich und Weiblich, in Yang und Yin, entsprechender Zellteilung in der Welt der Genetik. Schu, Tefnut, Geb, Nut (Neith), Isis, Osiris, Seth und Nephthys, zusammen mit Ra/Atum selbst, waren die großen Götter der Gruppe von Heliopolis, was sie zu den frühesten dynastischen Gottheiten macht. Ra hatte allerdings auch eine Partnerin oder einen weiblichen Aspekt, der als Rat bekannt war, doch einigen Experten zufolge taucht Rat in den frühen Texten nicht auf.

Ra soll das sogenannte »erste Universum« geschaffen haben, das sich von der gegenwärtigen Welt unterscheidet. Der Legende nach soll er friedlich über Götter und Menschen geherrscht haben, solange er jung und voller Lebenskraft war. Als ihn jedoch das Alter einholte, spürten die von ihm geschaffenen Menschen seine schwindende Kraft und verschworen sich gegen ihn. Wer diese »Menschen« waren oder wo sie herkamen, wird uns nicht gesagt, aber sie scheinen fester Bestandteil dieses »ersten Universums« gewesen zu sein. Als Gottheit entdeckte Ra natürlich bald ihre Machenschaften und beschloß nach Beratschlagung mit den anderen Göttern, sein göttliches Auge in Form der Göttin Hathor/Sechmet auf sie zu schleudern. Diese Geschichte des »Auges« ist vermutlich die volkstümliche Erinnerung an eine kosmische Katastrophe, die sich entweder hier oder in einem anderen Sonnensystem ereignet haben kann, über das wir aber nur wenig wissen.

Die Undankbarkeit der Wesen, die er geschaffen hatte,

rief in dem alten Gott offensichtlich eine Abneigung gegen sein »erstes Universum« hervor, und er beschloß daher, sich zurückzuziehen. Auf Befehl von Nun verwandelte sich die Göttin Nut oder Neith in eine Kuh und schwebte mit Ra auf dem Rücken hoch ins Himmelsgewölbe davon, *und zu diesem Zeitpunkt wurde unsere gegenwärtige Welt erschaffen.* Wir haben hier anscheinend die Allegorie eines kosmologischen Dramas, in das einer oder mehrere andere Sterne verwickelt waren, die für die Entstehung des Systems verantwortlich waren, in dem wir heute leben. Die Legende geht weiter: Von dem Moment an, in dem Ra (oder sein Nachwuchs) an unserem Himmel hing, war sein Leben unveränderlich reguliert. In den Tagesstunden reitet er sein Sonnenboot von Osten nach Westen über den Himmel und versucht dabei, seine alte Feindin, die Schlange Apep, zu vermeiden (die Dunkelheit der Unwissenheit), die später von seiner Tochter, der Katzengöttin Bast, oder deren Animus Mau verschlungen wird.

Schu und Tefnut

Die Geschichte von Schu und Tefnut haben wir bereits in Kapitel 1 erwähnt. Schu wird oft in menschlicher Gestalt abgebildet, während seine Schwester Tefnut ein löwenhaftes Aussehen hat. Mit Blick auf Sirius könnte dies heißen, daß der alte Ra sich auf einen Stern in einem anderen Sonnensystem bezieht, auf dem vermutlich Hominide und Leonide lebten, eine Tatsache, der sich die frühen Lehrer, die an den Ufern des prähistorischen Ägyptens landeten, durchaus bewußt waren. Später wurden Schu und Tefnut zu den Zwillingslöwengöttern, den »Göttern von Gestern und Heute«. Wer oder was auch immer sie ursprünglich darstellten, sie hatten offensichtlich die Dimension der Zeit erobert!

Nut

Nut war wie Neith die Himmelskuh, die das Firmament gebar, als nichts anderes existierte. Vielleicht waren diese beiden Göttinnen ursprünglich ein und dieselbe, weil beide Ra auf eine besondere, ungewöhnliche Weise geboren haben sollen. Nut wird zwar manchmal auch als Tochter Ras bezeichnet, aber ältere Legenden besagen, daß sie eigentlich seine Mutter sei, was sie mit der Großen Mutter, der weiblichen Göttin gleichsetzt, aus deren Schoß alles Leben entstanden ist.

Neith (Die Herrin des Westens)

Neith, Neit oder Net, die Beschützerin von Sais, war eine sehr alte Gottheit. Ihr Fetisch, zwei gekreuzte Pfeile auf einer Tierhaut, war auf den Standarten eines prähistorischen Klans abgebildet, und zwei Königinnen der ersten Dynastie leiten von ihr ihren Namen ab. Ihr Beiname Tehenut, die Libyerin, deutet darauf hin, daß sie vermutlich aus dem Westen stammte. Viele Jahre lang war sie die Hauptgottheit von Unterägypten. Sie wird oft mit der alten roten Krone abgebildet, die ebenfalls »Net« hieß, sowie mit einem Bogen und zwei Pfeilen. Aufgrund ihrer Doppelrolle als Kriegergöttin und Frau, die sich in den häuslichen Künsten auskennt, wird sie häufig mit der griechischen Athene gleichgesetzt, die ähnliche Eigenschaften aufwies. Das Weberschiffchen, das man als Zeichen für ihren Namen betrachtet, spielte in einem der frühägyptischen Schöpfungsmythen eine Rolle, weil es heißt, sie webte die Welt wie eine Frau ihr Tuch. Unter dem Namen Mehueret war sie die Himmelskuh, die den Himmel gebar, als nichts anderes existierte.

Das Buch *Oera Linda*, angeblich die Chronik eines alten friesischen Volkes, dessen Land irgendwann zwischen 5000 und 2500 v. Chr. vor der Küste Skandinaviens versank (hier teilen sich die Meinungen, aber die neuesten wissenschaftlichen Ergebnisse belegen das frühere Datum), spricht von einem Stamm matriarchaler Kriegerinnen, die helles Haar und blaue Augen hatten und über zwei Meter groß waren. Einer alten friesischen Tradition zufolge war eine dieser schönen und kriegerischen Damen, die Minerva hieß, für die Geburt und Erziehung des alten Athen verantwortlich und wurde später als griechische Gottheit Athene deifiziert. Frühe Statuen bilden sie in den Gewändern und mit den Waffen der alten friesischen Kriegerinnen ab. Man muß sich hier fragen, ob Neith nicht ein ähnlicher Typus war, da man spekuliert hat, daß das alte friesische Land Atland eine Kolonie von Atlantis war. Wir stehen hier vermutlich wieder vor den großen, hellhaarigen Fremden, die auf beiden Seiten des Atlantiks auftauchten, als »Söhne Gottes« angebetet und schließlich den einheimischen Gottheiten übergestülpt wurden. Manchen Experten zufolge waren Neith und Net zwei verschiedene Identitäten, wobei Pfeil und Bogen der einen gehörten, das Weberschiffchen der anderen, was die Idee einer Aufpfropfung bestätigen würde.

So wie Isis und Nephthys oder Nechbet (die Geiergöttin des Südens) und Uadjet oder Buto (die Schlangengöttin des Nordens) oft paarweise dargestellt wurden, findet man auch Neith oft in Gesellschaft von Selkit, der Skorpiongöttin, entweder als Wächterin der Mumien und Eingeweide der Toten oder als Beschützerin von Ehen. Diese bipolaren Schwestern-Beziehungen, in der moderne Psychologen häufig bewußte und unbewußte Konnotationen erkennen, fanden sich in den meisten antiken Pantheons. Die sumerischen Schwestergöttinnen Inanna und Ereschkigal sind hierfür ein bekanntes Beispiel.

Chepera

Der Name Chepera soll gleichzeitig »Skarabäus« und »der, der im Werden ist« bedeuten. Für die Heliopolitaner stellte Chepera die aufgehende Sonne dar, die wie der Skarabäus-Käfer »aus der eigenen Substanz auftaucht und aus sich selbst wiedergeboren wird«[4]. Mit anderen Worten, der Skarabäus und die ihn darstellende Gottheit stehen für den kontinuierlichen Zyklus von Geburt, Tod und Wiedergeburt, den alle lebendigen Wesen unweigerlich durchlaufen. Ich neige dazu, diese Gottheit eher als ein theosophisches Konzept mit schamanischen Untertönen denn als himmlische Energie oder Archetypus als solchen einzuordnen.

Hathor

Budge identifizierte Hathor mit den vier großen Göttinnen der Vorzeit: Nechbet, Uadjat, Bast und Neith. Hathor war eine Himmelsgöttin und ursprünglich als Tochter Ras bekannt, später als Het-Heru, Frau des Horus. Der Name Het-Heru bedeutet »Haus oder Gebäude des Horus«. Sie wird wie Neith als eine Kuh dargestellt, die auch das ihr heilige Tier war, und auch als menschliche Gestalt trägt sie Hörner auf dem Kopf, zwischen denen man die Sonnenscheibe sieht.

Dieser Kopfputz gehört zwar grundsätzlich zu Hathor, doch in späteren Dynastien wird er auf die Göttin Isis übertragen, was die Datierung von Kunstwerken und Statuen erleichtert. Budge sagt hierzu:

> Als die Ägypter ihre erste Theogonie ausformulierten, war Hathor sicher eine kosmische Gottheit und wurde in Verbindung mit dem Sonnengott Ra gesehen, zu dem sie das weibliche Gegenstück bildete. Im theologischen System der Priester von Heliopolis wurde sie Brugsch zufolge zur »Mutter des Lichts«, dessen Geburt den ersten Akt der Schöpfung darstellt. Ihre nächste kreative Handlung war die Zeugung von Schu und Tefnut, das heißt, bestimmte Aspekte dieser Götter, denn einer sehr alten Tradition zufolge war Temu deren Erzeuger und Schöpfer.[5]

Das legt den Schluß nahe, daß man Hathor eher mit Rat gleichsetzen kann, dem weiblichen Aspekt Ras, oder aber mit Nut oder Neith in deren Rolle als Schöpferin des Universums.

Als die große Göttin von Dendera erscheint sie in Gestalt einer Löwin mit einem Uräus auf dem Kopf oder als Frau mit einem Sistrum oder Szepter. Herrin des Ahorns, Herrin von Annu, Göttin des Türkis und Herrin des Landes Punt waren andere Titel, unter denen sie bekannt war; letzterer läßt an einen fremdländischen Ursprung in grauer Vorzeit denken. Als Beschützerin der Frauen sollte Hathor über deren Toilette wachen und ihnen in ihrem Streben nach Schönheit helfen. Ihre Vereinigung mit Horus fand vermutlich in einer späteren Phase statt, als die Ägypter sie großzügig mit einem Sohn ausstatteten, Ihy oder Ahi, dem »Sistrum-Spieler«.

Kehren wir einen Moment zu der Geschichte zurück, in der der Gott Ra sein göttliches Auge in Gestalt seiner Tochter Hathor auf diejenigen schleuderte, die seinen Bund gebrochen hatten. Doch nicht als Hathor, die Himmelskuh, Göttin der Ernährung und Schönheit, Schutzpatronin der Frauen und Astrologen, sandte sie die Rache des Sonnengottes, sondern als Löwin Sechmet, ein Name, der schlicht »die Mächtige« bedeutet. Der Legende zufolge griff Sechmet Ras Feinde mit solcher Raserei an, daß der Sonnengott die Vernichtung der gesamten abtrünnigen Rasse befürchtete (was er offensichtlich nicht im Sinn gehabt hatte). Deshalb verfiel er darauf, Krüge mit Bier und Granatapfelsaft in Reichweite der Göttin zu stellen. Diese war durstig und trank mit solcher Gier, daß sie bald einschlief. So konnte weiteres Gemetzel verhindert werden.

Es herrscht einige Verwirrung über die Verbindung Hathor/Sechmet, weil Sechmet außerdem die Gemahlin von Ptah und Mutter von Nefertum (Imhotep) in der berühmten Memphis-Triade war, während Hathor später in der Rolle als Gemahlin des Horus wieder auftaucht. Offensichtlich waren sie zwei voneinander verschiedene Gottheiten, von denen die eine der anderen vergleichsweise früh in der ägyptischen Geschichte übergestülpt wurde, möglicherweise schon in prädynastischen Zeiten.

Sechmet

Ganz abgesehen von ihrem *alter ego* Hathor ist Sechmet ebenfalls eine sehr interessante Gottheit. Löwengöttinnen tauchen schon in frühesten Zeiten auf und finden sich in sehr frühen Texten und Pantheons. Sechmet war ursprünglich eine Gottheit von Latopolis, erwarb sich aber nach der Entstehung der Memphis-Triade als Frau des Handwerkergottes den Titel »Geliebte von Ptah«. Sie ist im Grunde eine Göttin von Zerstörung und Erneuerung, und ihre Verbindung zu Ptah, dem Baumeister, ist sowohl philosophisch wie auch metaphysisch gesehen interessant. Göttinnen der Vernichtung und der Erneuerung gibt es in vielen Pantheons, und so können wir Sechmet mit der indischen Kali gleichsetzen wie auch mit der irischen Morrigan oder der schottischen Cailleach. Daß die Priester von Memphis genau wußten, was sie taten, kann man wohl daran ablesen, daß sie den Baumeister oder Handwerker als ihren Gefährten wählten. Anders ausgedrückt könnte man sagen, daß sie durch das Schmelzfeuer Veränderungen bewirkt, die für ein gesundes Wachstum wichtig sind, während Ptah, ihr Gemahl, die zertrümmerten Strukturen wieder aufbaut. Aus der Verbindung dieser beiden völlig entgegengesetzten Energien wird eine dritte Energie, ein Gott des Heilens und der Medizin geboren – Nefer-Tem, später als Imhotep bekannt. Die wiederholte Symbologie verdeutlicht das Prinzip von Chaos und Ordnung. Man beachte, daß der Nachwuchs, die »versöhnende Kraft«, unweigerlich als ein Heiler dargestellt wird, als ein ausgleichender Gott. Dies Muster wiederholt sich in der thebanischen Triade von Amon, Mut und Chons. Mut wird oft als Katzenwesen dargestellt, während Chons – der Navigator – für seine Heilwunder bekannt war.

Ich neige dazu, viele dieser alten ägyptischen Götter und Göttinnen als die Verkörperung von Prinzipien oder archetypischen Energien zu sehen, die für das Leben und die Erfahrungen auf dieser Erde wichtig sind. Als solche konnten und können sie personalisiert werden, wenn sie im Herzen des Anbetenden eine Saite zum Schwingen bringen. Mit einem moderneren Ansatz könnte man sagen, daß man ihre Energien von Feld zu Feld oder mittels der aus dem Osten stammenden Techniken des *Samyama* (Verschmelzung, siehe Glossar) übertragen kann. Auch wenn die Götter und Göttinnen der Vorzeit von vielen heutigen Gelehrten und Metaphysikern schlicht als Aspekte des »Selbst« betrachtet werden – und diese Theorie hat etwas Wahres – können doch einige Aspekte (Fragmente der archetypischen Seele) – unabhängig von uns als individualisierte Energien oder Essenzen existieren.

Wallis Budge sieht eine starke Verbindung zwischen Sechmet und Thot und meint sogar, daß die Göttin als ein Aspekt von Thots *Anima* betrachtet werden kann, als Maat, Göttin der Wahrheit. Thot (über den ich als nächstes einiges zu sagen habe) war in moderner Sprache ausgedrückt vielleicht ein sogenannter »Herr der Zeit«. Wie also paßt Sechmet in dieses Konzept? Um das zu begreifen, müssen wir die vielen Löwengottheiten betrachten, die in der Religion der Alten auftauchten. Hier nur ein paar von ihnen (nach Budge): Gott und Göttin Schu und Tefnut; die Löwengötter Ari-Hes-Nefer, Nefer-Tem (Sohn von Sechmet und Ptah), Hebi, Heru-Neb-Mesen und Mahes (griechisch: Mihos), der Sohn von Bast, der Katzengöttin; die Löwengöttinnen Pacheth, Sechet (Sechmet), Menat, Rennenet, Sebqet, Urt-Hekau und Asthertet, die auch Formen von Hathor wie von Nechbet waren. Das Löwenhafte an ihnen wurde oft mit den Aspekten der Katze vertauscht, wie etwa bei Mut, der Gattin von Amun. Bast selbst wurde von einigen Forschern als eine spätere Version der alten Löwengöttinnen betrachtet. Budge meint, daß der Name Sechmet »die Mächtige« bedeutet und von den Hieroglyphen für »stark sein« abstammt. Sie wird manchmal in dreifacher Gestalt als Sechmet, Ubastit und Ra dargestellt.

Ubastit erscheint dabei oft als Frau mit einem Katzenkopf. Ihre Verehrung, gemeinsam mit der der Zwillingslöwengötter Schu und Tefnut, soll von Bugem aus nach Ägypten eingeführt worden sein, einem Land im Sudan. Budge meint dazu: »Das ungewöhnliche Dreigespann von Sechmet – Ubasti – Ra, das im *Totenbuch* (Kapitel CLXIV) erwähnt wird, ist vermutlich sudanesischen Ursprungs. Ubasti war vom Charakter her eine gütige Göttin und mit Hathor verwandt.«[6] Die letzte Bemerkung ist von besonderer Bedeutung im Licht der Informationen, die ich aus privaten ägyptischen Quellen gewann und auf die ich in Kapitel 4 näher eingehe. (Die unterschiedlichen Schreibweisen der verschiedenen ägyptischen Namen können verwirrend sein, aber da die Gelehrtenwelt sich sowohl über die ursprüngliche Aussprache wie auch die Übertragung in moderne Schriftsprache uneins ist, bleibt es dem Leser überlassen, die Vergleiche selbst herzustellen.

Wir haben bereits die Verbindung zwischen den Löwengöttern und Sirius hergestellt, und da Sirius wie Thot ebenfalls mit der Zeit verbunden wird, fallen die einzelnen Puzzleteile allmählich an ihren Platz.

Thot

Den Theologen von Hermopolis zufolge war Thot oder Tehuti, um ihn bei seinem korrekten ägyptischen Namen zu nennen, der wahre universale Demiurg, der göttliche Ibis, der das Weltei in Hermopolis Magna ausgebrütet hatte. Diese Schöpfung erreichte er *allein aufgrund seiner Stimme* (was an die Eröffnungsworte des Johannesevangeliums erinnert: »Am Anfang war das Wort ...«). Seine göttliche Abstammung ist nicht unumstritten und wird ganz unterschiedlich dargestellt. Die Pyramidenbücher bezeichnen ihn als den ältesten Sohn Ras, das Kind von Geb und Nut, oder als Bruder der Isis, während er anderen Aufzeichnungen zufolge der Wesir von Osiris und dessen Familie und Schreiber des Königs war. Seine Wunderheilungen, gewöhnlich durch die Kraft seiner Stimme – als er etwa das Kind Horus von dem todbringenden Biß eines Skorpions heilte – und seine Unterweisungen in Künsten und Wissenschaften, in Arithmetik, Geometrie, Landvermessung, Astronomie, Wahrsagerei, Magie, Medizin, Chirurgie, Musik und Schriftstellerei sind in den Texten und Monumenten der Vergangenheit für die Nachwelt ausführlich aufgezeichnet worden.

Thot rangiert sicherlich unter den interessantesten der ägyptischen Götter, und die Pyramidentexte weisen darauf hin, daß man ihn als eine Gottheit betrachtete, die sich selbst gezeugt und erschaffen hat, daß er *Eins* war. Budge sagt dazu:

> ... er stellte die Berechnungen hinsichtlich der Erschaffung des Himmels, der Sterne und der Erde an, und er war das Herz Ras, der Meister der physikalischen und moralischen Gesetze, und er hatte die Gabe der »göttlichen Rede«. Aus vielen Passagen ersehen wir, daß er der Erfinder und Gott aller Künste und Wissenschaften war, der »Herr aller Bücher«, der »Schreiber der Götter«, und »mächtig in seiner Sprache«, d. h. seine Worte hatten Wirkung, und er wurde als Verfasser vieler der Bestattungstexte bezeichnet, durch die die Verstorbenen das ewige Leben erlangen. Im *Totenbuch* spielt er eine Rolle, die ihm unter den Göttern eine einzigartige Position verleiht; er ist demnach im Besitz von Kräften, die größer sind als die von Osiris und sogar von Ra selbst.[7]

Wie wir bereits bemerkt haben, bezogen sich die klassischen Schriftsteller auf Thot als einen Fremden, der während des Krebs-Zeitalters an den Gestaden Ägyptens gelandet war. Daß er beinahe in der Rolle eines Onkels in der Osirisfamilie erscheint, legt den Schluß nahe, daß er vielleicht mehrere Jahre vor diesen in Ägypten ankam. Wenn die klassischen Historiker und nachfolgende Gelehrte recht haben, könnte er sehr gut der erste Priester aus Atlantis gewesen sein, der die zivilisierenden Einflüsse des Alten Landes an jene Gestade brachte. Was seine berühmte Stimme betrifft, so dürfte sich dies wohl weniger auf die Lautstärke oder ähnliches beziehen, sondern eher auf Kenntnisse über Schallfrequenzen und die Fähigkeit, Materie mittels Schallwellen zu manipulieren. In der modernen Technologie werden häufig durch die Stimme aktivierbare Geräte benutzt, und wenn wir davon ausgehen, daß Thot ein Vertreter einer wissenschaftlich fortgeschrittenen Gesellschaft war, dann war er vielleicht in der Lage, etwas derartiges auf erkennbare Weise zu demonstrieren.

Eine andere Interpretation seiner berühmten »Worte der Kraft« oder »Hekau« könnte sein, daß seine Ursprungssprache vermutlich beträchtlich von der der einheimischen Bevölkerung des alten Chemu (Ägypten) abwich, und da er mit seinen Kollegen über wissenschaftliche oder magische Dinge in seiner Muttersprache parlieren konnte, wurde diese seltsame Sprache mit den Leistungen identifiziert, die sein hochentwickeltes Wissen ihm ermöglichte. Wie bereits erwähnt, bin ich stets der Meinung gewesen, daß das, was wir als »magisch« bezeichnen, nichts weiter ist als die volkstümliche Erinnerung an eine fortschrittliche Wissenschaft, die ohne die Technologie, die dafür nötig war, von späteren Generationen als »übernatürlich« betrachtet wurde.

Durch eine große weltweite Katastrophe könnten viele Nationen der Technologien beraubt werden, die für bestimmte Leistungen in Medizin, Ingenieurwesen, Chemie oder den allgemeinen Naturwissenschaften notwendig sind, so daß Geschichten über derartige Erfindungen nachfolgenden Generationen als magisch oder übernatürlich erscheinen. Operationstische, Laserstrahlen und Jetflugzeuge wären für sie einfach die Märchen ihrer Zeit und je nach der herrschenden Religion würden sie vielleicht als Werke eines bösen Geistes oder eines rachsüchtigen Gottes betrachtet.

Da wir bereits Schwaller de Lubiczs Überzeugung erwähnt haben, daß Sirius einen Einfluß auf unser Klima ausüben kann (siehe Kapitel 1), verdient die Verbindung zwischen den Energien des Sirius und allen Aspekten der Zeit unsere Beachtung – wie Zeitsprünge, Zeitverschiebungen, Zeitkapseln und evolutionäre Quantensprünge (eine Beobachtung, die den alten Ägyptern nicht entgangen ist, wie man an der Bedeutung ablesen kann, die sie ihrem sothischen – sirianischen – Kalender beimaßen). Beide Faktoren sind relevant für die Probleme, die sich unserem Planeten zu Beginn des dritten Jahrtausends stellen. Jede von außen herbeigeführte Beschleunigung der Zeit, die darauf ausgerichtet ist, die Entstehung eines Quantensprungs in unserem Sonnensystem auszulösen oder zu fördern, würde natürlich sämtliche Lebensformen innerhalb ihres Umkreises beeinflussen. Wenn wir davon ausgehen, daß der ursprüngliche Thot oder Tehuti direkt oder indirekt der Übermittler von sirianischen Energien war, würde dies seine Verbindung zur Zeit und dem Erscheinen der fünf epagomenalen Tage belegen (die Bewegung der Erde in Beziehung zu Sonne und Mond).

Obwohl man Thot häufig auch eine Gefährtin beigibt, eine *Syzygie* mit Namen Maat, die man als Göttin der Wahrheit betrachtet, ist sie wohl nichts weiter als ein theosophisches Konzept, das Thots *Anima* darstellt, denn die alten Ägypter sahen ihre Götter und Göttinnen ungern ohne Partner, und wenn man ihnen Nachwuchs beigeben konnte, um so besser. Thot soll aber eine Gattin besessen haben, die Göttin Seschat oder Sescheta. Seschat war eine Göttin der Schrift und der Geschichte, die man wie Maat auch als *alter ego* betrachten könnte statt als eigenständige Einheit. Der Legende zufolge war sie eine stellare Gottheit, die dabei half, die Zeit zu messen, und ihre anderen Namen und Anredeformen lauteten: »Herrin des Hauses der Bücher«, »Herrin des Hauses der Architekten«, »Herrin der Schreiber«, »Patronin der Historiker« und »Aufzeichnerin der Götter«. Ihre stellaren Ursprünge scheinen mir interessant, und ich nehme an, daß sie wie Thot vielleicht aus Atlantis stammte und Informationen aus dem Sirius-System erhielt (entweder durch *Samyama* auf telepathische Weise oder direkter). Vielleicht kam sie sogar selbst aus einem stellaren System. Ich vermute allerdings eher das erstere, obwohl Temple und andere Autoren vermutlich das letztere bevorzugen würden.

Thots Totemtier war der Ibis, doch der Kynozephalus, der hundeköpfige Affe, der ihm häufig als Begleiter beigegeben wird, wird oft irrtümlich für eine Darstellung des Gottes selbst gehalten. Dieser Gedanke stammt aus dem Süden Ägyptens, wo man glaubte, daß Thot manchmal diese Gestalt annahm.

Anubis

Anubis (Anpu), der ägyptische Psychopompus (Führer der Seelen), wurde später mit Thot vermischt, obwohl die Energien der beiden Archetypen recht unterschiedlich sind, weil jeder hinsichtlich der Mythen und der menschlichen Psychologie seine eigene Handlungssphäre hat. Anubis war der Schutzgott der Reisenden, sowohl innerhalb wie außerhalb des Körpers. Als Mittler zwischen dieser Welt und der nächsten wird er oft als Schakal oder dunkler Jagdhund mit einem buschigen Schwanz abgebildet. Ersteres ist Budge zufolge zutreffender. Anubis hatte sozusagen einen Freifahrtschein für sichere Reisen durch alle Bereiche der Unterwelt, was ihn natürlich zu einem idealen Gefährten für die Geister der Verstorbenen machte, die ängstlich darauf bedacht waren, in der richtigen Abteilung der Unterwelt zu landen.

Wie bei Thot sind die Verbindungen mit der Isisfamilie nur allzu offensichtlich. Obwohl die Pyramidentexte ihn als den vierten Sohn Ras bezeichnen und damit weit in die Vergangenheit versetzen, ist er eher als Sprößling von Nephthys und Osiris bekannt, und da wir es hier wiederum mit Prinzipien zu tun haben, wird die Psychologie hinter jener Parabel offenkundig. Nephthys – die Verborgene und die Enthüllerin – wird in psychologischen Begriffen als das tiefe Unbewußte gesehen; sie war ursprünglich die Frau von Seth (Chaos). Ihre Beziehung war unfruchtbar. Aus ihrer Verbindung mit Osiris – Stabilität und Ordnung – entstammt Anubis, der *Beschützer der Seele in den dunklen Bereichen,* was andeutet, daß Chaos in dem, der die verborgenen Aspekte des tiefen Unbewußten gemeistert hat, keine Angst mehr auslöst. Man kann sich dann der nüchternen Realität der Offenbarung von Wahrheit und Harmonie stellen. Anubis war und ist immer noch (sollte man seine Energien anrufen) der Schutzpatron der Anästhesisten, Psychiater und Psychologen, aber er kann einem auch helfen, etwas Verlorengegangenes oder Fehlendes zu finden. Er ist auch als der »Öffner der Wege« bekannt und wird angerufen, um aus dem Labyrinth der Verwirrung zu leiten – im metaphorischen wie auch im praktischen Sinne.

Bast (Die Herrin des Ostens)

Bast, Bastet oder Pascht wird als ein Aspekt von Tefnut wie auch von Sechmet betrachtet – daher ihre Verbindung zur Memphis-Triade, in der Ptahs Gefährtin manchmal mit einem Katzenkopf abgebildet wird statt mit dem eines Löwen. In ihrer Katzenpersönlichkeit wird sie häufig mit dem Mond in Verbindung gebracht, aber sie war ursprünglich eine Sonnengottheit und den Informationen zufolge, die Herodot von ägyptischen Priestern erhielt, eine Zwillingsschwester von Horus und daher die Tochter von Isis und Osiris. Man sieht Katzenstatuetten zwar häufig als Darstellungen von Bast, aber ihr korrektes Abbild ist das einer katzenköpfigen Frau, die in der Rechten ein Sistrum und in der Linken ein Ägis hält, das aus einer halbkreisförmigen Brustplatte mit einem Katzenkopf besteht. Außerdem trägt sie einen Korb, der manchmal Katzenjunge enthält, während in anderen Darstellungen die Katzenkinder zu ihren Füßen sitzen (siehe Abb. 3.1).

Die bekanntere Legende über ihren Ursprung sieht sie jedoch als Tochter Ras oder sogar als dessen weibliche Hälfte oder *Anima* Rat, die ihren alternden Vater gegen seinen einzigen wahren Feind verteidigte, die Schlange Apep.[8] Da man Sechmet ebenfalls als Tochter von Ra bezeichnet, herrscht einige Verwirrung über diese beiden Archetypen, obwohl die Ägypter sie unterschieden, indem sie Sechmet in rote Gewänder hüllten und Bast in grüne.

Zusätzlich zu den bereits beschriebenen Symbolen stattete man Bast auch mit einem von Ras göttlichen Augen in Form des Uräus aus, der Schlange der Weisheit. Einer Version zufolge erlangte sie dieses von ihrem Bruder Horus, aber die verbreitetere Überzeugung war, daß Ra es ihr anvertraute, weil sie ihn gegen Apep verteidigt hatte. Den Uräus hält man allgemein für eine Darstellung des rechten Auges und das Horusauge für das linke. Es herrschte aber schon in älterer Zeit Verwirrung darüber, da man Horus, Ra und sogar Osiris mit in beide Richtungen blikkenden Augen abbildete.

Abb. 3.1 Bast, die ägyptische Katzengöttin

Budge schreibt Bast prädynastische Ursprünge zu, wie auch den anderen libyschen Gottheiten Isis und Neith, deren Verehrung man bis in archaische Zeiten zurückverfolgen kann. Als Göttin des Ostens war sie auch Herrscherin über einen der vier Kardinalpunkte. Der Westen gehörte zu Neith, der Süden zu Nechbet und der Norden zu Uadjat.

Bast wird zuweilen mit Pechet oder Pacht verwechselt, die ebenfalls Attribute von Katzen und Löwen aufwies. Pechet trug den Titel »Herrin von Sept« – das ist der Stern Sothis (Sirius) – und wurde sowohl mit Isis wie mit Hathor identifiziert. Erst um 950 v. Chr., als Scheschonk und die Pharaonen der zweiundzwanzigsten Dynastie Bubastis zur Hauptstadt des Reiches machten, erlangte die Verehrung von Bast besondere Bedeutung. Horus und Bast ließen sich leicht mit Schu und Tefnut gleichsetzen. Horus und Schu waren Himmelsgötter, während Bast wie auch Tefnut ursprünglich in Löwengestalt erschienen.

Das legt den Schluß nahe, daß Bast als weiblicher Aspekt oder *Anima* von Horus wie alle anderen Katzenartigen ausgeprägte Verbindungen zu Sirius hatte, auch wenn man sie normalerweise nicht zu den epagomenalen Netern zählt.

Ptah

Ptah von Memphis war sicherlich eine der mächtigsten und einflußreichsten Gottheiten des alten Ägyptens. Dieser sanfte Schöpfergott war der Schutzpatron der Baumeister und Handwerker, und sein Titel »Architekt des Universums« hat deutliche freimaurerische Konnotationen, selbst schon zu diesen frühen Zeiten. Ptah soll in seinem

Schöpferaspekt aus einem anderen Universum stammen, jenseits unseres Sonnensystems, und er soll den Anweisungen Thots folgend unsere sichtbare Welt, die Sonne, die Planeten und alle Lebewesen erschaffen haben. Das versetzt ihn sogleich in die Kategorie der Götter, die älter sind als die Osiris-Familie, Thot, Ptahs Gemahlin Sechmet und ihr Vater Ra. Aus metaphysischer Sicht gelten Ptahs Kräfte der Umwandlung von Energie in Materie, während Sechmet umgekehrt wirkt – indem sie Materie in Energie verwandelt. Ihr »Abkömmling«, Nefer-tem, steht für den versöhnenden Faktor, und ich habe ihn oft mit der Erdung in einem elektrischen Kabel verglichen.

Viele moderne Philosophen und Wissenschaftler halten die Religion von Memphis für eines der besten metaphysischen Konzepte unter allen altägyptischen Glaubensrichtungen und Philosophien. Dies mag zwar in früheren Zeiten der Fall gewesen sein, aber als Memphis das Hauptzentrum Ägyptens bildete, waren nur noch Bruchstücke der alten Lehren übriggeblieben, und diese waren so stark von Allegorien verhüllt, daß, wenn überhaupt, nur noch Eingeweihte sie verstehen konnten.

In diesem Zusammenhang habe ich mich oft gefragt, ob schon einmal jemand über die metaphysische Bedeutung des (engl.) Wortes *»masonic«* (freimaurerisch) gestolpert ist. Für mich scheint es in Verbindung zu stehen zu einem vor langer Zeit verlorengegangenen Wissen über Schall *(»sonic«)*. Im Alten Land gab es eine wissenschaftliche Abteilung unter der Priesterschaft, die sich ausschließlich dem Studium und der Nutzung von Schall widmete. Aufgrund der hohen Gefahr, die aus dem Mißbrauch dieser Kenntnisse entstehen konnte, wurden die beteiligten Priester zu äußerster Geheimhaltung verpflichtet. Woher ich das weiß? Wenn Sie sich dafür interessieren, lesen Sie das letzte Kapitel meines Buches *Cosmic Connections*, in dem ich die Vorgehensweise bei meinen Forschungen ausführlich schildere.

Nefer-tem

Dieser Sohn von Ptah (Aufbau) und Sechmet (Vernichtung und Neubelebung), Nefer-tem, dessen Name »schöner kleiner Gott« bedeutet, war eine sanfte, heilende Gottheit, die man später in Imhotep umbenannte. Die Griechen setzten ihn mit Asklepios gleich, ihrem eigenen Halbgott der Medizin. Mir scheint, daß viele dieser Götternamen nicht mehr oder weniger waren als Titel, die man aus einer archaischen Zeit übernommen hatte und die oft den Namen einer Person beinhalten, die in dem entsprechenden Bereich außergewöhnliche Fähigkeiten aufgewiesen hatte. Nefer-tem hat auch einige Eigenschaften mit Chons gemeinsam, dem dritten Mitglied der thebanischen Triade, ebenfalls ein Heilergott. Die Tatsache, daß er häufig mit einem Löwenkopf abgebildet wird, könnte auf eine Verbindung zu Sirius hinweisen.

Amon, Mut und Chons, die thebanische Triade

Diese drei Gottheiten sind vermutlich die bekannteste aller ägyptischen Göttertriaden, da sie Bestandteil der berühmten archäologischen Fundstücke der achtzehnten Dynastie waren (die Entdeckung des Grabes von Tut-anch-Amun durch Howard Carter und sein Team) und äußerst typisch für die Periode ihrer Blütezeit sind. Amon, Ammon oder Amen wird oft mit dem griechischen Zeus gleichgesetzt, weil beide den Titel »König der Götter« tragen. Im Alten Reich war er fast völlig unbekannt. Sein Name, der von einer Wurzel mit der Bedeutung »verborgen« herrührt, erscheint nur viermal in den Pyramidentexten von Heliopolis. Erst in der zwölften Dynastie nahmen die Pharaonen seinen Namen in ihren Titel mit auf, und erst dann gewann Theben einige Bedeutung in der Religion des Landes. Amon wird zwar traditionell mit dem thebanischen Gau in Verbindung gebracht, aber Wallis Budge versichert uns, daß Hathor die Schutzgöttin des alten Theben war. Woher stammte Amon also ursprünglich?

Der amerikanische Gelehrte James Bonwick setzte ihn in seinem Buch *Egyptian Belief and Modern Thought* mit dem Baal der Semiten und dem späteren keltischen Bel gleich, der seinen Namen dem Fest Beltane gab. Andere Experten meinen, daß er mit den Hyksos in Ägypten ankam und daher eins ist mit Jahwe oder Jehova. Der widderköpfige Amon hatte allerdings Schwierigkeiten, seine Vorherrschaft selbst in Theben aufrechtzuerhalten. Während der Regierungszeit von Amenhotep III. gab es eine Reaktion zugunsten von Ra, obwohl der Sonnengott eigentlich niemals abgedankt hatte und seinen eigenen Kult unter dem Namen Ra-Harachte genoß. Darauf folgte eine gründliche Ausmerzung des Namens Amon aus Inschriften und Texten, bis sich die beiden Gottheiten unter dem Namen Amen-Ra vereinigten, was vermutlich beide Lager zufriedenstellte.

Bonwick weist auf einen weiteren seltsamen Umstand hin, daß nämlich die Hieroglyphen für das Wort Amon häufig verkehrt herum dargestellt werden, und meint dazu: »Aber dieser Gott ist auch besonders geheimnisvoll.«[9] Amons Hauptgegner war Amenhotep IV., besser als Echnaton bekannt, der die monotheistische Verehrung von Aton etablierte, den man als Sonnenscheibe darstellte. Wiederum erfolgte eine gründliche Verstümmelung aller Texte, Skulpturen und Objekte in Verbindung mit Amon, eine Verfolgung, die sich bis zum Tod Echnatons fortsetzte, als die Amon-Priester die Zügel der religiösen Herrschaft erneut ergriffen und ihre Rache auf ähnliche Weise an den Aton-Anhängern ausübten.

Amons Gefährtin Mut, deren Name »Mutter« bedeutet, ist eine jener unscharf definierten, aber bequemen Frauengottheiten, deren Identität eine ganze Reihe von früheren Muttergottheiten zu umfassen schien. Auf der Höhe von Amen-Ras Popularität wurde Mut selbst als Sonnengöttin betrachtet und manchmal mit Bast gleichgesetzt, deren Katzengestalt sie angeblich annehmen konnte, manchmal auch aufgrund ihrer löwenhaften und solaren Eigenschaften mit Sechmet.[10]

Chons, der Mont als Sohn von Amon und Mut in der thebanischen Triade ersetzte, ist für mich die interessanteste Gestalt in dieser Dreiheit. Sein Name bedeutet »Navigator« oder »der, der den Himmel in einem Boot überquert«. Er war ursprünglich eine Mondgottheit und außerhalb der Region Theben nur wenig bekannt. Seine Fähigkeiten als Exorzist und Heiler scheinen erst mit der Aufnahme in die Familie von Amon und Mut aufzutauchen. Es gibt zahlreiche Geschichten über die Heilungswunder dieses Gottes mit Hilfe eines Fetisches oder einer Statue, von denen man glaubte, sie verkörperten die Essenz seiner Macht. Er wurde zudem in Ombos verehrt, wo er unter dem Namen Chons-Hor die dritte Person in der Triade von Sebek bildete und wo er als Mann mit einem Falkenkopf dargestellt wurde, gekrönt von einer Scheibe über einem Halbmond.

Der Falkenkopf erinnert an Horus, der ebenfalls für

seine Heilkräfte bekannt war, ebenso wie seine Schwester Bast. Mut und Chons haben offensichtlich viel mit Horus und Bast, Schu und Tefnut und Sechmet und Nefer-tem gemeinsam. Vielleicht wurden diese alten Archetypen einfach Amon zugeteilt, damit er der populären ägyptischen Forderung nach Familieneinheit entsprach.

Amon, Atum und Ra entstammen vermutlich einem einzigen monotheistischen Konzept, auch wenn gewisse Aspekte von Amon nach allgemeiner Ansicht der Gelehrten aus fremden Quellen stammen sollen. Budge zählt Amen und seine Gefährtin Ament zu den sehr frühen ägyptischen Göttern, da ihre Namen in den Pyramidentexten (*Unas*, Zeile 558) in Verbindung mit den Zwillingslöwengöttern Schu und Tefnut gefunden wurden. Schon während der fünften Dynastie wurden sie zu den urtümlichen Göttern gezählt, wenn nicht als Hauptgottheiten, dann zumindest als Unterformen.

Viele der geringeren Götter, die in diesem Kapitel noch keine Erwähnung fanden, können auf die ursprünglichen Gaugottheiten zurückgeführt werden: Mont; Wepwawet, der oft mit Anubis verwechselt wird; Chnum, der sanfte alte Töpfer, den man manchmal als Widder oder als Ziege abbildet, und seine beiden Frauen Anukis (Anuket), Göttin der Stromschnellen, und Satis (Satet), die Bogenschützin; Min, den man als den Pan Ägyptens betrachtet; Hapi, der göttliche Name für den Nil; Apet oder Taueret, Nilpferdgöttin der Mutterschaft; Renenet, die Ernährerin von Säuglingen; Sebek, die Krokodilgöttin, Schai, die Göttin des Schicksals; Renpet, Göttin des Frühlings und des Wachstums; Bes, Narr der Götter; Nehet, Göttin der Ewigkeit; Harmarchis, der Göttername für die Sphinx; Heket, die Froschgöttin, Schutzpatronin der Hebammen; Mertseger, wie Buto/Uadjet ebenfalls eine Schlangengöttin. Selkit, die Skorpiongöttin, die Schlangengöttin Buto/Uadjet und Nechbet, die geierköpfige Göttin der Geburt, sind bereits beschrieben worden.

Larousse nennt die folgenden Tiere, deren Köpfe bei ägyptischen Gottheiten auftauchen:

Esel	–	Seth (in späteren Zeiten)
Falke	–	Harachte-Ra, Horus, Mont, Chons-Hor, Quebhsnuf
Frosch	–	Heket
Geier	–	Nechebet
Hundegesichtiger Affe	–	Hapi, Thot
Ibis	–	Thot
Katze	–	Bast, Mut
Kuh	–	Hathor, Isis (aber nur,wenn sie fälschlich mit Hathor identifiziert wird), Nut
Krokodil	–	Sebek
Löwe	–	Nefer-tem
Löwin	–	Sechmet, Tefnut, Mut, Renenet
Nilpferd	–	Taueret
Schakal	–	Anubis, Duamutef
Schlange	–	Buto, Mertseger, Renenet
Skarabäus	–	Chepera
Skorpion	–	Selkit
Stier	–	Osorapis, Apis, Mont
Widder	–	Amon, Chnum, Herschef, Arsaphes
Wolf	–	Upuaut (Wepwawet), Chenti Amenti
Unbestimmtes, böses Tier	–	Seth[11]

Kollektive Gottheiten waren unter anderem die Hathors, die nicht mit der Göttin gleichen Namens verwandt waren, sondern eine Art Gruppe guter Feen bildeten, die unweigerlich bei der Geburt von Menschen auftauchten, denen Ruhm vorbestimmt war, und die vier Söhne des Horus, die die vier Elemente verkörperten (siehe Abb. 3.2).

Einer Legende zufolge sollen die vier Söhne des Horus von Isis abstammen, aber eine andere Geschichte erzählt uns, wie Sebek sie auf Befehl Ras in einem Netz fing und in einer Lotusblüte aus dem Wasser zog. Man übertrug ihnen die Verantwortung für die inneren Organe: Imsety wurde die Bewachung der Leber zugeteilt, Duamutef der Magen, Qebhsnuf das Gedärm und Hapi die Lungen.

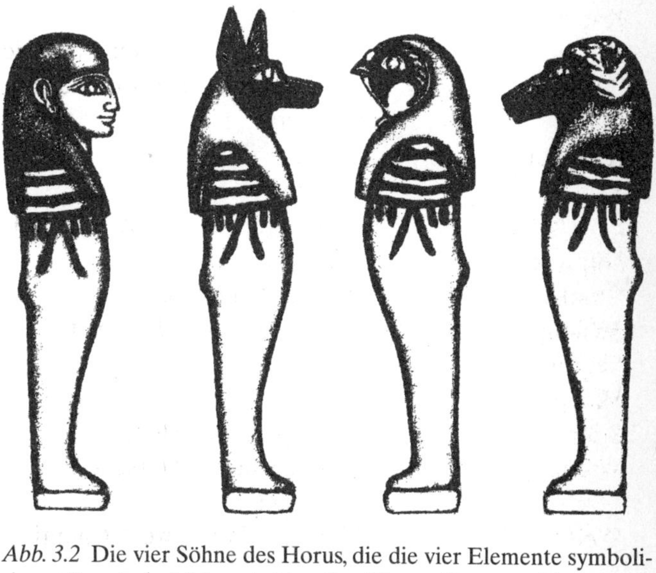

Abb. 3.2 Die vier Söhne des Horus, die die vier Elemente symbolisieren: Imsety (mit Menschenkopf) = Wasser; Duamutef (mit Schakalkopf) = Feuer; Qebhsnuf (mit Falkenkopf) = Luft; Hapi (mit Affenkopf) = Erde

Diese vier Halbgötter werden auch rituell mit den Kardinalpunkten des Kompasses verbunden, aber die Meinungen über die genaue Zuordnung gehen so sehr auseinander, (siehe Kapitel 6), daß man nur raten kann, welche Version die richtige ist.

Eine sorgfältige Prüfung ergibt nun als diejenigen Gottheiten, die stellare Verbindungen haben, Thot, seine Gemahlin Seschat, Sechmet, Ra, Sah (Orion) und so weiter (siehe Kategorie 5, Seite 73 f.). Sie tauchen entweder in einem extraterrestrischen Kontext auf, da sie aus einem höheren, unirdischen Reich stammen, oder sie waren Gottheiten von Sternen und Planeten, im Unterschied zu den Gaugöttern und -göttinnen sowie denjenigen Gottheiten, die von benachbarten Kulturen, Eroberern oder berühmten Besuchern übernommen wurden.

Anmerkungen

1 E. A. Wallis Budge: *The Gods of the Egyptians,* Bd. 1, S. 96–100.
2 Ebda., S. 63.
3 Ebda., S. 67.
4 *The Larousse Encyclopedia of Mythology,* S. 13.
5 Wallis Budge, Op. cit., S. 429.
6 E. A. Wallis Budge: *Ancient Egyptian Theology,* S. 29.
7 Wallis Budge, Loc. cit., S. 401.
8 Anmerkung der Autorin: Professor Stewart hat neulich vorgeschlagen, daß das immer wieder auftretende Schlangenthema in den alten Texten ein verschlüsselter Hinweis auf die moderne Superstring-Theorie sein könnte, was im Kontext von Ra/Apep einen Sinn ergibt, da es den Kreislauf von der Entstehung bis zum »großen Knall«, dem eventuellen Untergang des Universums, spiegelt.
9 J. Bonwick: *Egyptian Belief and Modern Thought,* S. 125.
10 Larousse, Op. cit., S. 34.
11 Larousse, Loc. cit., S. 48.

KAPITEL 4

Sirius und die fünf epagomenalen Götter

Die Annahme, daß Thot früher auftrat als die fünf epagomenalen Gottheiten Isis, Osiris, Nephthys, Seth und Horus, wirft verschiedene Fragen und Möglichkeiten auf. Nehmen wir an, daß der ursprüngliche Thot oder Tehuti tatsächlich lange vor der Ankunft der Isis/Osiris-Gruppe Ägypten besucht und eine Priesterschaft aus Heilern und Wissenschaftlern gegründet hatte, die später seinen Namen trug. Viele Jahre später stellten gelehrte Männer und Frauen aufgrund astronomischer Beobachtungen und anderer wissenschaftlicher und intuitiver Mittel fest, daß der Erde ein großes Unglück bevorstand, und sie kamen gemeinsam mit den ihnen verbundenen Priestern aus dem Alten Land überein, bestimmte Mitglieder der Königsfamilien aufzunehmen, denen man geraten hatte, Zuflucht in den Kolonien von Atlantis zu suchen. Als die ersten Anzeichen für die bevorstehende Katastrophe auftraten, stellten sich Königin Isis mit ihrem Mann Osiris, ihrem Sohn Horus, der Schwester Nephthys und deren Mann Seth wie vereinbart bei den Priestern und Beamten in dem Land ein, das zu ihrer neuen Heimat werden sollte – Ägypten. Aber bald nach ihrer Ankunft ereignete sich eine größere interplanetarische Katastrophe, in die die Erde, der Mond und zweifellos auch andere Planeten im Sonnensystem verwickelt waren, was die Stellung unseres Planeten zur Sonne veränderte, das Klima beeinflußte und dem Kalender fünf Extratage hinzufügte! Das damalige gewöhnliche Volk und einige Priester brachten natürlich sofort die Ankunft der neuen Königsfamilie mit diesen Zusatztagen in Verbindung.

Doch die Vorstellung, daß diese fünf Königlichen allein ankamen – ohne Diener, Wächter und die gewöhnlichen Begleiter bei Personen von solchem Rang und Vermögen –, wirkt auf mich unglaubwürdig. Gibt es also eine andere Erklärung? Ja, vielleicht, aber sie wirkt etwas beunruhigend. Der amerikanische Gelehrte Robert K. G. Temple war allerdings mutig genug, sie in seinem kontroversen Buch *The Sirius Mystery* (dt.: *Das Sirius-Rätsel*) zu veröffentlichen. Temple war jedoch keineswegs der erste mit seiner Idee, daß in grauer Vorzeit Wesen von Planeten aus dem Siriussystem die Erde besuchten. Mehrere afrikanische Stämme, besonders die Dogon aus Mali, wie auch die Hopi-Indianer in Nordamerika, haben dies immer als eine Tatsache betrachtet. Die meisten Forscher sind jedoch der Meinung, daß die afrikanische Version dieses Wissens aus Ägypten stammt. Die Tatsache, daß die alten Ägypter über die Fixsterne und die Planeten unseres Sonnensystems Bescheid wußten, läßt sich in der folgenden Abbildung erkennen (siehe Abb. 4.1). Hierzu Schwaller de Lubicz:

> Isis hält hier das *wadj*-Szepter und das *ankh,* die Auflösung oder Spiritualisierung des Lebens. Orion hält das *uas*-Szepter, den Fluß des Safts, steht Isis gegenüber und präsentiert das Leben mit der Linken. Mit anderen Worten, Orion bietet das Leben dar, das er von Sirius erhält.[1]

Isis scheint Kraft von Sirius zu beziehen – oder ist sie selbst sirianischen Ursprungs? –, von dem Stern, von dem unser Sonnensystem seinen Ausgang nahm, und überträgt sie über Orion als Vermittler an die Kinder unserer eige-

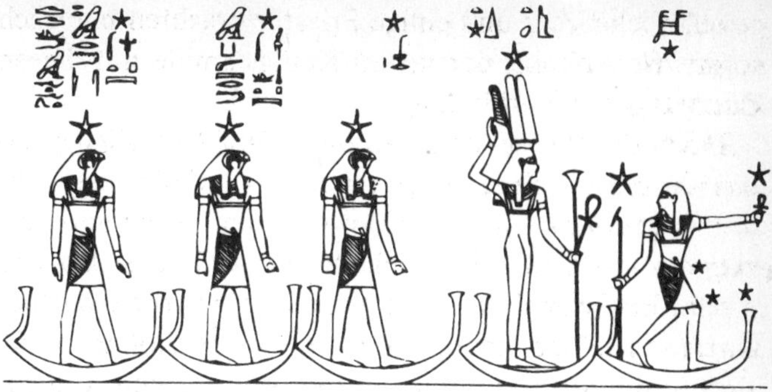

Abb. 4.1 Orion gibt das Leben von Sirius an Isis weiter, die von Jupiter, Saturn und Mars gefolgt wird

nen Sonne. Könnte diese Energie irgendwo auf diesem Kommunikationsweg fehlgeleitet worden sein? Wenn das der Fall ist, wer oder was ist dafür verantwortlich? Ich nehme an, Orion, aber beweisen kann ich dies nicht, und ich bezweifle, ob dies irgend jemand *zu diesem Zeitpunkt* kann, auch wenn bestimmte gegenwärtige Forschungsrichtungen mich zu der Annahme veranlassen, daß die Übertragung subtiler Energien von einem planetaren oder stellaren Körper zu einem anderen bald wissenschaftlich entdeckt und in allen Variationen untersucht wird. Immerhin weiß die Wissenschaft inzwischen, daß winzige Partikel über riesige Entfernungen hinweg miteinander kommunizieren können und den beiden alten Konstanten Raum und Zeit zu trotzen scheinen. Wenn solche winzigen Strukturen zur Interkommunikation und Interaktion fähig sind, warum dann nicht auch größere Körper? Es ist meine Überzeugung, daß die Alten sich solcher Dinge durchaus bewußt waren, aber ihr Wissen ging verloren, als unser Planet langsam in den Brackwassern der gegenwärtigen evolutionären Regression versank.

Die Verbindung zwischen dem alten Ägypten und Sirius reicht viele Tausende von Jahren zurück. Für die Festlegung des Jahres wählte dieses alte Volk bewußt den heliakischen Aufgang von Sirius, dem einzigen Stern, der periodisch alle 365 ¼ Tage wiederkehrt. Schwaller de Lubicz lenkt unsere Aufmerksamkeit auf die Tatsache, daß man im pharaonischen Kalender trotz der Auswirkungen auf die Landwirtschaft nicht versuchte, den Jahreszeiten zu entsprechen. Er sagt dazu:

> Während für uns die Sommersonnenwende Jahr für Jahr am 21. oder 22. Juni stattfindet und einen festen Punkt bildet, rückte im pharaonischen, sothischen Zyklus von 1460 Jahren die Sommersonnenwende in bezug auf den Sirius-Aufgang um 11 ½ Tage nach vorn. Daß diese Tatsache den alten Völkern wohlbekannt war, zeigt sich an der Zeitkorrektur, die sie zur Feier der Sommersonnenwende, der »Geburt Ras« einführten.
>
> Die wichtigsten Fakten sind wie folgt:
>
> 1. Der erste Tag des ersten Monats des feststehenden Jahres, das Fest des Neujahrs, wurde stets durch den heliakischen Aufgang von Sirius bestimmt.
>
> 2. Im Jahr 4240 v. Chr. fiel die Sommersonnenwende auf sechs bis neun Tage *nach dem Neujahr* und wurde daher als Geburt Ras im ersten Monat des feststehenden Jahres gefeiert. Aber da die Sonnenwende in jedem sothischen Halbzyklus fünf bis sechs Tage früher stattfand, fiel der »Geburtstag Ras« im Jahr 3400 zufällig mit dem Neujahr zusammen. Im Jahr 2780 fiel die Sonnenwende auf die »fünf Tage der Geburt der Neter« *(Epagomenen)*. Dies entsprach weiterhin dem Kalender der Feste, weil man diese Tage als die »fünf Tage jenseits des Jahres« betrachtete …
>
> Es ist auch von Bedeutung, daß schon die alte Tradition den heliakischen Aufgang von Sirius mit dem Beginn der Überflutung des Nils und mit dem Sternkreiszeichen des Löwen gleichsetzte. Seit der Festlegung des Kalenders zu Beginn unserer Zeit *stand in Ägypten die Sonne zum Zeitpunkt des heliakischen Aufgangs von Sirius stets im Zeichen des Löwen* [kursiv v. Verf.]. Das ist der Grund, warum die Wasserspeier an ägyptischen Tempeln seit dem Alten Reich stets die Form von Löwenköpfen haben.

Im Kreis der Sternzeichen steht der Löwe dem Wassermann gegenüber und ergänzt diesen, ein Zeichen, das im Sternkreis von Dendera durch zwei Vasen dargestellt wird, aus denen Wasser fließt. Dieses Symbol befindet sich in den Händen des Nilgottes Hapi. Im fünften Jahrtausend v. Chr. fand der heliakische Aufgang von Sirius im Zeichen der Jungfrau statt; dies kann, in Verbindung mit der mythischen und lebenswichtigen Bedeutung von Isis' Stern Sothis (Sirius), den man auch den »Großen Versorger« nannte, bewirkt haben, daß man Sirius Isis zuschrieb.

... Der präzessionale Zyklus entspricht also einer Zeitspanne von etwa 26000 Jahren, in der der Frühlingspunkt diejenigen zwölf Abschnitte des Himmels durchwandert, die den entsprechenden Konstellationen zugeschrieben sind. Dieser Zyklus besteht aus zwölf Monaten, jeder mit einer Dauer von 2160 Jahren. Jeder Monat ist in drei Dekane von 720 Jahren unterteilt. Diese präzessionalen Monate bezeichnen den *großen Neter des Kults*, der alle anderen Prinzipien beeinflußt.[2]

Während ich dieses Buch schrieb, hatte ich das Privileg, mit gelehrten Ägyptern in Kontakt zu kommen, die im-

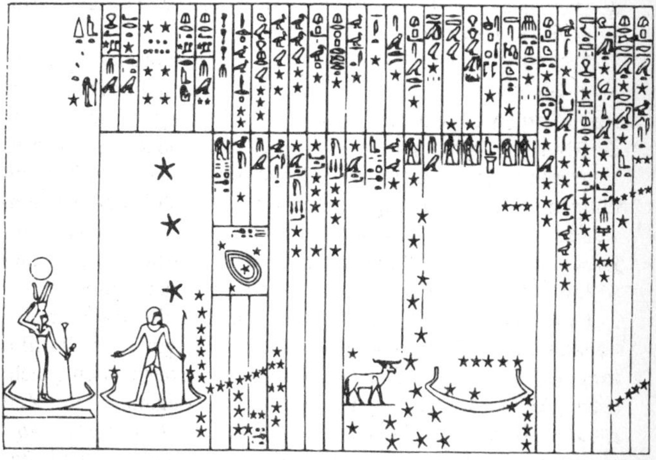

Abb. 4.2 Liste der Dekane vor Orion und Sirius. Decke des Grabes von Senmut. Deir el-Bahari, 18. Dynastie

mer noch dem alten Glauben anhängen, wenn auch in aller Verschwiegenheit, da der Islam, die Staatsreligion des modernen Ägyptens, die alten Lehren nicht duldet und das Leben von »Ketzern« oder »Heiden« sehr unangenehm machen kann. Als Antwort auf meine aufrichtige Bitte um Informationen über Sirius, die sich vielleicht in ägyptischen Esoterika verbergen, erhielt ich die folgende Botschaft. Sechmet Montu ist die regierende Hohepriesterin der Göttin des gleichen Namens, und Sau-Tahuti, ihr Astrologe/Mathematiker, soll hundert Jahre alt sein. Die Botschaft wurde mir von ihrem offiziellen Schreiber übermittelt, dessen Namen ich aus offensichtlichen Gründen nicht nennen möchte. Die anderen Namen sind, wie leicht zu erkennen ist, reine Anredeformen:

Geschrieben im Namen des Großen Hauses (LHS), Ihrer Exzellenz Sechmet Montu (LHS), im Jahre 20 450, im Monat Neb Ptah, in der Jahreszeit Pert, am zehnten Tag der ersten Woche für Murry Hope aus Großbritannien, verfügt von ihrer Exzellenz und auf direkten Befehl des Tempels Tahuti (Thot) durch dessen Hohepriester Sau-Tahuti, Astrologe und Mathematiker des Großen Hauses. Der Text lautet wie folgt:

»Das Sternensystem, das auch als Stern von Auset (Isis) oder Sebu-em-Auset bekannt ist.

Anerkennung in der esoterischen Geschichte der Ammoniter: Bekannt bei uns als Stern des neuen Tages (oder Jahres) und als Gedenkstern des Aufstiegs unserer Herrin Auset (Isis) auf den Lotusthron des Großen Hauses (LHS) vor knapp 10 450 Jahren. Außerdem als Stern des Gedenkens an die Geburt der fünf großen Neter auf dem Berg der Schöpfung in Sinai, Ägypten, nämlich Us-Ar (Osiris), Auset (Isis), Setech (Seth), Nebt, Het (Nephthys) und Heru (Horus). Der Stern der angehängten Tage der Epakte, das heißt fünf Tage für jeweils drei Jahre und sechs Tage im vierten Jahr.

Esoterisch als die Quelle bekannt, von der aus die Neter aus dem Universum zu unserem Volk kamen, den Ammonitern, und zu unseren Vettern, den Tutsi. Die Tutsi halten wir, die Ammoniter, für die Nachfahren derjenigen mit den glänzenden Gesichtern, die ihre Spuren durch den Ton aus ihrem Mund auf dem Berg aus Stein hinterließen, die den »Berg der Perfektion« im Norden erschufen und deren Stimme selbst Gott Respekt gebot, der von uns (den Tutsi) ging und aus unserem geliebten Land nach Osten zog, um von den Wilden (Arabern) vernichtet zu werden, die aus dem Land im Osten kommen. Die Ammoniter schrieben auf die Felsen des Bergs mit Fingern aus Feuer, zogen ohne Flügel durch die Luft, bewegten Flüsse durch ihre bloßen Gedanken aus ihrem Bett und gaben uns (den Tutsi) und unseren Vettern (den Dogun) das Geschenk unseres Ursprungs und großen Zauber. Und als sie gingen, herrschte große Trauer unter unserem Volk (den Tutsi). Einige zogen nach Osten zum Land der Berge beim Meer, andere gingen zurück zur Quelle im Himmel, wo die spirituelle Geschichte ihrer Welt stattfand, wie sie sich bei ihren und unseren Stämmen auf der Erde auswirkt. Darüber wissen unsere Vettern, die Dogun, mehr, denn wir befaßten uns mehr mit den Hekau, »Worten«, die etwas in Gang setzen, und sie, die Dogun, mehr mit den Dingen des Ursprungs. Obwohl unsere Hautfarbe unterschiedlich ist, sind wir eine Rasse, denn wir haben mit den Glänzenden im Land unserer Vorfahren geliebt und geheiratet, und sie sagten die Ankunft der Wilden voraus, die dafür sorgten, daß der Name ihres Führers, des Bösen, im Heiligen Land als Gott selbst bekannt wird, aber dieser wird sich irgendwann den Glänzenden ergeben, die sich verbergen, aber wieder zu unserem Volk stoßen, wenn ein neues Zeitalter beginnt. Ende des Edikts.

Wir sprechen auch von der Ankunft von Nebt Sechmet Montu in den südlichen Teilen Ägyptens, als der Stern Sirius aufging, aber das wird für Sie wohl nicht so wichtig sein. Sollten Sie es benötigen, wird Ihnen ein Brief über diesen Bericht nach H. G.s (LHS) Zustimmung zugehen.

(Der Schreiber entschuldigte sich für seine fehlerhafte englische Grammatik. Aber wie viele von uns sprechen schon seine Sprache? Daher sollte man ihn wohl eher zu einer so klaren Beschreibung der alten Sirius-Verbindung beglückwünschen.)

Diese Botschaft steckte voller Informationen. Gehen wir der Reihe nach vor. Das Datum 10450 bezieht sich offensichtlich auf den sirianischen Kalender und sagt uns, daß sich irgendwann um 8000 v. Chr. – im Zeitalter des Krebses – größere Veränderungen auf unserem Planeten ereigneten. Diese wurden von der Ankunft der fünf Neter begleitet, von denen ich jede als ein Prinzip betrachte. Selbst Seth spielt hinsichtlich des prophetischen Inhalts der Geschichte eine bedeutsame Rolle. Das »Schreiben auf die Felsen mit Fingern aus Feuer« deutet auf Laser hin, während die Beschreibung der Luftreise, vermutlich eher leise als mit Düsenantrieb, auf ein Volk mit extrem fortschrittlicher Technologie hinweist, das sich der Schwerkraft oder sonstiger Energien bedienen konnte, die die heutige Wissenschaft noch nicht nutzen kann. Die Dogon erbten anscheinend das Wissen um die Sternenregionen, aus denen diese Wesen stammten, während die Ammoniter die Hekau lernten: »Worte, die etwas in Gang setzen« (Schall?). Die Tatsache, daß diese Wesen sich mit einheimischen Völkern Afrikas paarten und Kinder zeugten, legt den Schluß nahe, daß sie menschenähnlich waren, was uns zu der ewigen Frage zurückbringt: Waren es Menschen aus Atlantis oder von Sirius oder eine Kombination von beidem? Vielleicht verfügten die Atlanter nicht über Flugzeuge, wurden aber aus genetischen Gründen vor der Katastrophe gerettet – vielleicht durch extraterrestrische Helfer? Mir sind Spekulationen über eine ähnliche Situation bekannt, falls sich aufgrund der Erderwärmung oder durch den Aufprall eines außerirdischen Körpers die Erdachse verschieben sollte. Allerdings bin ich in bezug auf ein solches Szenario ein wenig skeptisch. Über die Dogon habe ich in Kapitel 5 noch einiges mehr zu sagen.

Die Tutsis könnten sehr wohl die rätselhaften Garamanten der Oase von Djerma in Fezzan sein, deren Eroberungszüge Herodot 450 v. Chr. beschrieb und die moderne Gelehrte zweifelsohne mit den Tuareg gleichsetzen würden. Herodot behauptete, von zuverlässigen ägyptischen Priestern zu wissen, daß »Zeuskulte der schwarzen Taube und der sprechenden Eiche bei Ammon in der libyschen Wüste und in Dodona aus der gleichen Zeit stammen ...« – »Die Ammon-Eiche befand sich in der Obhut des Stammes der Garamanten«, die behaupteten, ihr Vorfahr sei der erste Mensch gewesen. Es wurde auch darauf hingewiesen, daß eine Ähnlichkeit besteht zwischen »Tutsi« und »Watusi«, einem Hirtenvolk, das sich durch seine hochgewachsene Gestalt auszeichnet und ebenfalls aus Ruanda und Burundi stammt. Man muß sich fragen, ob die sporadische Gewalt zwischen den beiden ethnischen Hauptgruppen in Ruanda, den Tutsi und den Hutu, die um 1959 begann und vor kurzem extreme Ausmaße erreichte, etwas mit diesen Traditionen zu tun haben könnte. Ich habe 1960 schon immer als das Jahr betrachtet, in dem der Abstieg der Erde ins Chaos zum erstenmal kosmisch verstärkt wurde.

Temple verweist auf einen Artikel der französischen Anthropologen Marcel Griaule und Germaine Dieterlen mit dem Titel »A Sudanese Sirius System«[3]. Dabei handelt es sich um den ehemals französischen Sudan und nicht um die Republik Sudan, die über tausend Meilen weiter östlich unterhalb Ägyptens liegt. Griaule und Dieterlen beschreiben vier Stämme, die Dogon und drei mit ihnen verwandte, in deren heiligster religiöser Lehre es um das Siriussystem und den Stern Sirius geht.[4] Zu diesen Stämmen gehörten zweifelsohne die Tutsi unseres ägyptischen Freundes, während es sich bei den anderen vermutlich um die Bambara und Bozo handelt.

Mich beeindruckt besonders die Prophezeiung am Ende des ägyptischen Briefes: daß die Bösen schließlich den Glänzenden unterlegen sein werden, die sich jetzt noch im verborgenen halten, woraufhin ein neues Zeitalter heraufziehen wird. Es überrascht nicht, die gleiche Überzeugung bei den Dogon zu finden – daß ihre sirianischen Besucher eines Tages zurückkehren werden, ein »bestimmter Stern« wieder am Himmel auftauchen und dies ein Zeichen für die Auferstehung des Nommo sein wird.[5] Sprechen wir hier vom Zeitalter des Wassermanns? Und wenn das zutrifft, könnten diese »verborgenen Glänzenden« sich auf eine sirianische Zeitkapsel beziehen? Immerhin trat Uranus, der Herrscher des Wassermanns am 12. Januar 1996 in sein eigenes Zeichen ein.

Waren die fünf Neter also Extraterrestrische vom Sirius, Angehörige des Königshauses in Atlantis – oder einfach nur Gleichnisse für eine kosmische Katastrophe? Es scheint, daß nichts davon zutrifft, denn Budge zufolge wurden sie nicht alle am gleichen Tag geboren; außerdem hat die Reihenfolge ihrer Ankunft beträchtliche Bedeutung (siehe auch S. 45 f.) – aber mehr davon in Kapitel 9. Es gibt jedoch einen bestimmten Hinweis – im *Hermes Trismegistos,* der vielleicht ein Licht auf diesen leicht verschwommenen Bereich wirft. In dem Buch *The Virgin of the World,* in dem Isis (oder ein stellvertretender Lehrer die Unterweisung von Horus vornimmt (dem Schüler oder Anhänger?), lautet der Text wie folgt:

> So sprachen die Elemente, und Gott, der alle Dinge mit dem Laut seiner heiligsten Stimme erfüllt, sprach folgendes:
>
> »Gehet hinweg, ihr Heiligen, ihr Kinder eines mächtigen Herrn, und versucht nicht, auf irgendeine Weise diese meine Welt ohne euren aktiven Dienst zu lassen.
>
> Denn nun herrscht eine weitere Ausströmung meines Wesens

unter euch, und er soll ein frommer Wächter über alle Taten sein – ein unbeirrbarer Richter aller Lebenden und ein absoluter Herrscher über alle auf Erden, der ihnen nicht nur Furcht einflößen, sondern auch Rache an ihnen ausüben soll. Durch den Rang seiner Geburt soll das Schicksal, das er verdient hat, jeden Menschen treffen.«

Und so ließen die Elemente auf Befehl des Herrn von ihren Klagen ab und schwiegen, und jeder von ihnen fuhr in der Ausübung seiner Autorität und Herrschaft fort.

Darauf sagte Horus:

»Wie kam es, Mutter, daß die Erde Gottes Ausströmung erhielt?«

Und Isis sagte:

»Ich darf dir die Geschichte dieser Geburt nicht erzählen, denn der Ursprung deiner Abstammung darf nicht beschrieben werden, o Horus, Sohn der mächtigen Kraft, damit die Geburtsweise der unsterblichen Götter nicht den Menschen bekannt wird – außer daß Gott der Herrscher, der Universalerbauer und Architekt, auf kurze Zeit den mächtigen Herrn Osiris und die mächtigste Göttin Isis schickte, damit sie der Welt halfen, denn alle brauchten sie.

Sie sind es, die das Leben erfüllten. Sie sind es, die bewirkten, daß das blutige Gemetzel zwischen den Menschen aufhörte. Sie sind es, die die Stätten für die Götter, ihre Ahnen, und für heilige Rituale weihten. Sie sind es, die den Menschen Gesetze, Nahrung und Obdach gaben.

Sie sind es, die, wie Hermes sagt, die Geheimnisse meiner Aufzeichnungen erfahren werden; sie werden sie unterteilen, und manche werden sie für sich behalten, während sie jene, die am besten für das Wohlergehen der Sterblichen geeignet sind, auf Tafeln und Obelisken aufzeichnen werden.

Sie sind es, die den Menschen beibrachten, die Verstorbenen einzubalsamieren, wie es angemessen ist.

Sie sind es, die die Grausamkeit des Todes untersuchten und erfuhren, daß der Geist, der entflieht, sich danach sehnt, wieder in einen Menschenkörper zu gelangen, aber nie die Macht hat, dies zu tun; und daher verliert man das Leben.

Sie sind es, die von Hermes erfuhren, daß der sie umgebende Raum voller Dämonen ist, und die die Geheimlehren auf verborgene Tafeln schrieben.

Sie allein sind es, die durch Hermes in Gottes geheimen Zeichen unterrichtet wurden, die Meister der Künste und Wissenschaften und aller Dinge wurden, die die Menschen ausüben, und die ihnen ihre Gesetze gaben.

Sie sind es, denen Hermes beibrachte, daß die unteren Dinge von Gott im Einklang mit jenen darüber geschaffen wurden und die deshalb auf der Erde die heiligen Riten über die Mysterien einführten, die im Himmel geschehen.

Sie sind es, die die Verletzlichkeit aller Sterblichen kennen und deshalb die Propheten erschufen, die in allem perfekt sind, so daß kein Prophet, der seine Hand zu den Göttern ausstreckt, etwas nicht weiß, so daß Magie und Philosophie die Seele nähren und die Medizin den Körper bewahrt, wenn er Schmerz erleidet.

Nachdem sie all dies getan hatten, mein Sohn, sahen Osiris und ich, daß die Welt recht vollkommen schien, und so wurden wir von jenen, die im Himmel weilen, zurückbeordert, aber wir konnten erst gehen, als wir unseren Herrscher angefleht hatten, daß der umgebende Raum auch mit diesem Seelenwissen gefüllt würde, und es uns selbst gelang, ihm unseren Aufstieg angenehm zu machen.[6]

Der Aufstieg eines Körpers in einem Raumschiff oder der einer Seele durch den Tod? Was meint der Text hier? Vielleicht findet Thot, der Herr der Zeit, es in seiner Weisheit eines Tages angemessen, uns aufzuklären. Das Wort »Dämon« bezieht sich hier auf die verschiedenen Klassen von Geistern, wie die des Deva-Reiches, der Elemente und jene Intelligenzen, die die richtungweisende Vernunft hinter allen atomaren und molekularen Strukturen bilden, und meint nicht die üblen Gestalten der populären Weltreligionen.

Was sie auch waren, woher sie auch stammten, Osiris und ihre Verwandten kamen sicherlich in guter Absicht und mit einer Lehre des Lichts. Ob sie vom Sirius oder aus Atlantis kamen, vermögen wir nicht mit Sicherheit zu sagen, aber wir können einen Blick auf das Schicksal werfen, das diese unglückliche Familie den Mythen zufolge später erlitt, nachdem sie auf ägyptischem Boden gelandet waren. Dies bringt uns zu der Annahme, daß sie eher irdische Hominide waren als gottähnliche Wesen oder Sirianer. Vielleicht können die Legenden uns weitere Hinweise geben.

Königin Isis, so heißt es, war eine große, eigenständige Herrscherin. Sie war keine bloße Gemahlin, sondern eine Magierin mit beträchtlichen Fähigkeiten, die den Menschen beibrachte, Getreide anzubauen, Gewänder herzustellen und sich zu kleiden. Sie setzte die Ehezeremonie ein und unterwies ihr Volk in der Heilkunst. Akademisch Geneigte können sich an Plutarch wenden, um weitere Einzelheiten zu erfahren; hier sind nur die Grundzüge ihrer Geschichte:

Osiris und seine Gemahlin herrschten über das Land, das man später Ägypten nannte, aber niemand weiß genau, ob es sich bei ihrem Reich um ein irdisches Land handelte oder ob sich ihre Geschichte und ihre Taten auf ein weiter entferntes Reich beziehen. Der Mythos berichtet, daß sie Gottheiten aus dem Himmel waren (Sternenmenschen?), die auf die Erde herabstiegen, um der Menschheit in ihrer Entwicklung zu helfen. Osiris hatte einen Bruder namens Seth (Typhon), und die beiden Brüder lebten friedlich in Abydos mit ihren Frauen Isis und Nephthys, die ebenfalls Schwestern waren. Osiris war ein milder König, den sein Volk sehr liebte, weil er ihnen die Künste der Zivilisation beibrachte und sich für Frömmigkeit, Sanftheit, Gesundheit und Wohlergehen unter ihnen einsetzte. Während einer Reise nach Südostasien (einigen Experten zufolge war es Indien) mit seiner Frau, wurde Osiris plötzlich von seinem Bruder zurückgerufen. Seth war, ohne daß Osiris es wußte, sehr eifersüchtig auf die Beliebtheit seines Bruders und hatte sich mit zweiundsiebzig anderen verschworen (wieder die Zahl 72!), ein Bankett zu veranstalten, um die Heimkehr des Königs zu feiern. Als Unterhaltung wurde ein seltsamer Kasten hereingetragen, und man bat die Gäste einen nach dem anderen, ihn auszuprobieren. Nur Osiris konnte sich bequem hineinlegen, aber daraufhin schlossen die Verschwörer den Deckel und versiegelten ihn. Wir erfahren, daß Osiris sich am 7. Athyr (13. November) in diesen Kasten (sein Grab) legte – der genaue Tag und Monat, an dem Noah angeblich die biblische Arche betrat! Dann wurde der Kasten in den Nil oder ins Meer geworfen und von der Strömung fortgetragen, bis er sich schließlich in einem Tamarisken-Baum fing. (Ist dies ein weiterer Sintflut-Mythos?)

Isis, die zu Besuch bei Chemnis gewesen war, erfuhr, was sich ereignet hatte. In Begleitung von Nephthys' Sohn Anubis machte sie sich auf die Suche nach dem Leichnam ihres Gatten. Sie fand den Baum, aber er wurde von einer Zaubermacht bewacht, so daß sie sich ihm nicht nähern konnte. Während sie ängstlich davorstand, kam der König von Byblos auf der Suche nach einem Baum, den er als Säule für seinen Palast einsetzen wollte, und wählte zu Isis' Bestürzung genau denjenigen aus, in dem der Leichnam ihres Gatten hing. Mit Hilfe ihrer magischen Kräfte verwandelte sich Isis in eine Taube und stieß jämmerliche Schreie aus, um zu verhindern, daß die Männer den Baum fällten. Aber es war vergebens. Also nahm sie wieder ihre menschliche Gestalt an und bot sich im Palast als Amme für das Königskind an. So konnte sie sich dem Baum nähern, den bösen Zauber Seths auflösen und den Kasten retten.

Aber ihre Sorgen waren noch nicht vorbei, denn Seth hatte von ihrer Tat gehört, und es gelang ihm mit Tricks, ihr im Schlaf den Kasten zu rauben. Damit Isis ihren Mann nie wiederfand, schnitt Seth den Leichnam in vierzehn Teile, die er an verschiedenen Stellen verstreute. Isis jedoch ließ sich davon nicht abschrecken. Zusammen mit ihrer Schwester Nephthys, die ihren Mann wegen seiner schlimmen Tat verlassen hatte, ihrem Neffen Anubis und ihrem Onkel Thot wanderte Isis umher, bis sie alle Teile des Leichnams gefunden hatte, außer dem Phallus, der von einem respektlosen Oxyrhinchid (manche sagen, von einer Spinne) verzehrt worden war. Daher fertigte Isis ein hölzernes Glied an, fügte den Körper wieder zusammen und brachte ihn zur Bestattung nach Abydos. Zusammen mit Nephthys, Anubis und Thot weinte Isis nun bitterlich über den sterblichen Überresten ihres Gatten und sang dabei magische Worte. Auch Thot stellte ihr seine volle magische Kraft zur Verfügung, und so wurde Osiris vorübergehend wieder zum Leben erweckt, damit Horus gezeugt werden konnte. Dann stieg Osiris in den Himmel auf und bewachte von dort aus Isis, bis sie seinen Sohn gebar.

In einer anderen Version blieb Osiris drei Tage und drei Nächte lang in dem Kasten auf dem Tamariskenbaum, aber am dritten Tag erhob er sich und stieg in den Himmel auf – zu einer Zeit, die mit dem heutigen Weihnachten zusammenfiel. Man hält den tiefsten Punkt der Sonne am 22. Dezember für den Todestag von Osiris, und seine Auferstehung oder Wiedergeburt wurde drei Tage später, am 25. Dezember, Wirklichkeit. In dieser Version der Geschichte ist Isis die jungfräuliche Mutter von Horus, denn der Geist von Osiris hat die Empfängnis von »oben her« bewirkt.

Eine dritte Legende berichtet, wie Horus von Isis und Osiris gezeugt wurde, während sie selbst noch im Schoß ihrer Mutter Nut (Himmel) waren. Als Thot die Geburt an den fünf Schalttagen arrangieren konnte, bekamen Geb und Nut die fünf Kinder Isis, Osiris, Nephthys, Seth und Horus. Manche Experten meinen, daß der Horus in dieser Geschichte entweder eine frühere Gottheit war, dem später dieser Name gegeben wurde, oder einer der anderen Götter – Sechmet oder Hathor vielleicht, oder sogar Thot oder Anubis. Ohne Zweifel werden sich Anhänger der extraterrestrischen Theorie über diese Version freuen, denn die Vorstellung, daß Horus auf einer Reise vom Sirius zur Erde gezeugt wurde, bietet eine interessante Alternative zur üblichen Erklärung dieses schwierigen Mythos.

Esoteriker fragen sich oft auch, wie die Energien dieser Neter, wenn sie tatsächlich Menschen waren und keine Sternenwesen oder gottähnlich, so viele Jahrhunderte überdauern konnten? Warum funktionieren Anrufungen oder Rituale, die man ihnen widmet? Wir kommen hier wieder zu dem Konzept von »Aspekten des Selbst«. Natürlich haben wir gottähnliche Energien in uns – wir resonieren als Kinder des Universums mit zahllosen Aspekten der Schöpfungskräfte, und da wir »werdende Götter« sind, die zu diesem Zeitpunkt noch durch unsere physische und spirituelle Entwicklung beschränkt sind, können einige dieser Gottenergien in unserer Psychologie wirksamer sein als andere. Jung nannte sie Archetypen, und die verschiedenen archetypischen Energien spielen je nach Bedarf unterschiedliche Rollen in unserem Leben. Solche archetypischen Essenzen können sich aber sehr wohl in einem parallelen, komplementären Universum individuell manifestieren, so daß man sich um Hilfe und Rat an sie wenden kann. Das entspricht der Vorstellung, daß jeder, der um Hilfe und Rat bittet oder mit den subtileren Dimensionen kommuniziert, dabei automatisch sein oder ihr eigenes »höheres Selbst« kontaktiert. Die Logik verlangt allerdings, daß man die folgende Frage stellt: Sind diese höheren »Selbste« eigenständige Inseln, die nicht miteinander kommunizieren? Isis, Osiris, Horus und Sechmet können wohl frühere Inkarnationen gewesen sein, ob aus Atlantis oder vom Sirius, aber als Personen tragen sie die Verkörperung bestimmter Prinzipien in sich, die für die Evolution der Menschheit und für alle anderen Lebensformen auf diesem Planeten von Bedeutung sind. Wenn wir sie anrufen, regen wir die Isis-, Osiris- und Horusaspekte in uns selbst an, die dann mit der ursprünglichen Quelle dieser archetypischen Energien schwingen, und so enthalten beide Thesen eine gewisse Wahrheit.

Doch kehren wir zur Isis-Familie zurück: Nach dem Aufstieg des Osiris in höhere Reiche erkannte der böse Seth, daß das Kind Osiris rächen soll, und beschließt, beide zu vernichten. Doch Isis, die in der Magie wohl bewandert war, konnte die Verfolger abschütteln. An einem einsamen Ort, wo niemand sie finden konnte, brachte sie, nur unterstützt von Tieren und Naturgeistern, ihren Sohn zur Welt, der in seinen ersten Jahren kränklich war, später aber zu einem starken und schönen jungen Mann heranwuchs. Als Horus herangewachsen war, zog er los, um die Taten Seths an seinem Vater zu rächen – wie alle Helden in Mythen und Märchen, seit der Mensch die Kunst des Geschichtenerzählens erfand. Der Legende nach fand eine große Schlacht statt, in der Seth alle vorstellbaren diabolischen Waffen einsetzte, während Horus rechtschaffen und klug kämpfte. Der Kampf wurde von Thot, dem Herrn der Zeit, beurteilt, und Horus errang den Lorbeer. Seth wurde für einige Zeit verbannt, um seine Fehler zu bereuen. Horus bot Isis die Krone an, aber sie lehnte ab und zog es vor, ihren Sohn als Herrscher einzusetzen.

Dann stieg sie in den Himmel auf, um sich ihrem Gemahl anzuschließen.

Die alten Ägypter fürchteten Seth trotz des Sieges von Horus. Was sagt uns also diese seltsame Geschichte? Jahrelange Forschung hat mich zu der Überzeugung gebracht, daß die Isis/Osiris-Geschichte sich nicht in der Vergangenheit abspielte, sondern sich seit der Einführung der fünf Schalttage über die Jahrhunderte hinweg immer wieder ereignet. Mit anderen Worten, wir haben Anteil daran, und das bleibt so bis zur Rückkehr von Horus, wenn unser Planet wieder an seine ursprüngliche Position im Verhältnis zur Sonne gerückt wird. Der lange Zeitraum, da Isis in der Wildnis versucht, ihr kränkliches Kind großzuziehen, umfaßt alle Jahrhunderte seit dem mythischen »Sündenfall«, seit Krankheit, Leid, Ignoranz und Chaos unseren Planeten beherrschen. Isis (das sanfte weibliche Prinzip) wandert hungrig und heimatlos umher und versucht, ihr Kind großzuziehen, das dazu bestimmt ist, die durch ihren Gatten Osiris vertretene Ordnung in einer leidenden Welt wiederherzustellen.

Diese Geschichte wird mit gleicher Bedeutung im gnostischen Mythos von der Sophia (Weisheit) erzählt, dem weiblichen Aspekt oder der *Anima* des göttlichen Christus, der in die »niederen Reiche« (zur Erde) hinabstieg, um der Menschheit zu helfen, aber dort von Ildabaoth (Chaos) gefangengenommen wurde. Doch der Leser sollte nicht verzagen. Das Zeitalter des Wassermanns wird von vielen als das Äon des Horus betrachtet, in dem das Pendel wieder von Chaos in Richtung Ordnung schwingt. Seths Verbannung, die in mehreren Versionen des Mythos erwähnt wird und die zwischen 1000 und 10000 Jahren dauern sollte, stellt daher in der Geschichte unseres Planeten eine Phase dar, in der die Ordnung wiederum das

Chaos unter den Nationen der Welt und damit auch im Herzen der Menschen ersetzt. In einer alten griechischen Legende heißt es, daß die Welt alle 10 000 Jahre ihre Achse verschiebt. Die Chaostheorie bestätigt, daß zwischen Ordnung und Unordnung regelmäßige Wechsel stattfinden, und zwar häufig auf eine höchst unerwartete Weise, die allen Gesetzen der Physik zu trotzen scheint.

Horus erinnert auch an die archetypische Gestalt des jungen Prinzen in Kindermärchen, den die Feinde seiner Eltern um das Erbe bringen und der gezwungen ist, durch seine eigene Weisheit und Kraft das Reich zurückzugewinnen. Er wächst unter dem einfachen Volk auf, ohne kulturelle oder bildungsmäßige Privilegien, doch das Verständnis für ihre Gefühle, Leiden und Fähigkeiten hilft ihm bei seiner Aufgabe. Als er bereit scheint, macht er sich auf den Weg, gleicht das vergangene Unrecht wieder aus, befreit die Unterdrückten und stellt Frieden, Ordnung und Harmonie im Land wieder her. Mit anderen Worten, er verbannt das Chaos. Bonwick erinnert uns daran, daß die sanfte, weibliche Seite in Horus' Charakter als Löwe mit dem Gesicht einer Jungfrau dargestellt wird, was auch einen Hinweis auf das Sternkreiszeichen der Jungfrau bedeuten kann. Dem verstorbenen Alan Leo zufolge wurden alle Erlöser dieser Welt mit der Sonne in diesem Zeichen geboren. Die Forschung hat vor kurzem bestätigt, daß Jeshua, bekannt als Jesus Christus, am 15. September im Jahre 7 v. Chr. zur Welt kam. Doch wenn man diesen Irrtum korrigierte, müßte man den römischen Kalender überarbeiten, und aus dem Jahr 1996 würde 2003. Einer der beteiligten Forscher, David Hughes, ein Astronom an der Universität von Sheffield, untersuchte die zeitgenössischen astronomischen Aufzeichnungen und erkannte eine seltene Konjunktion von Jupiter und

Saturn im Zeichen der Fische im Jahre 7 v. Chr. als den Stern von Bethlehem. Das paßt genau zu den historischen Aufzeichnungen. Ein Grund, warum Joseph und Maria nach Nazareth aufbrachen, war die Zahlung der Steuern, die die Römer im Jahre 8 v. Chr. erhoben hatten. In siriaschen Begriffen ist die Kombination aus Löwe und Jungfrau ebenfalls höchst bedeutsam, wie wir im weiteren sehen werden.

Osiris erscheint vom Charakter her eher wie ein Priester als wie ein König. Esther Harding beschreibt ihn in *Women's Mysteries* (dt.: *Frauenmysterien einst und jetzt*) als einen Mondgott, was zur Thot-Chons-Tradition paßt, die unter den ägyptischen Göttern vorherrschte, die in Gesellschaft dominanter und magischer Göttinnen auftreten. Die Tatsache, daß er häufig mit grünem Gesicht oder grüner Haut abgebildet wurde, veranlaßte einige Experten, ihn zur Gattung der Fruchtbarkeitsgötter zu rechnen. Sir James Frazer beispielsweise betrachtete Osiris als einen primitiven Korngott oder Gott der guten Ernte und war der Meinung, daß die Geschichte seiner Auferstehung eng mit der alljährlichen Wiederbelebung der Vegetation zu tun habe, auf die die Ägypter ihre Hoffnung auf ein Leben nach dem Tode stützten. Im Laufe der Jahre haben sich die Ansichten allerdings verändert, und in neuerer Zeit hat W. B. Emery vertreten, daß der Osiris-Kult »zwar einige Kennzeichen von Naturverehrung hat, vornehmlich aber die Anbetung eines toten Königs bedeutet, und der Mythos von Osiris scheint der Nachhall lange vergangener Ereignisse zu sein, die tatsächlich stattfanden.«[7] Das Element Wasser, das grundsätzlich passiv ist, spielt im osirischen Archetypus ebenfalls eine wichtige Rolle, da er auf alten Abbildungen häufig auf einem Thron sitzt, der von Wasser umgeben ist, aus dem ein heiliger Lotus ragt, in dem die vier Söhne des

Horus (die vier Elemente oder die vier Himmelsrichtungen) stehen (siehe Abb. 4.3 sowie Kapitel 12).

Viele dieser frühägyptischen Schöpfungsgott-Mythen können auch im atomaren Kontext betrachtet werden, als die Fusion von Wasserstoff zu Helium und schließlich zum Kohlenstoff, der die grundlegende Molekularstruktur unseres Planeten bildet. Die Bedeutung von Schall und Klang ist im Isis-Mythos ebenfalls vertreten. Einer Legende nach erhielt Isis ihre magischen Kräfte von Ra statt von Thot. Der alte Gott wurde von einer giftigen Schlange gebissen, die Isis selbst herbeibeschworen haben soll. Ra ver-

Abb. 4.3 Der Thron von Osiris und die vier Söhne des Horus

stand den Grund seines Unwohlseins nicht und bat Isis um Hilfe, die sich aber weigerte, den alten Gott zu heilen, bis er ihr seinen geheimen Namen preisgab und damit seine Macht auf sie übertrug. Anschließend nahm seine Bedeutung ab. Im sirianischen Kontext könnte das bedeuten, daß Isis, die hier Sirius A darstellt – ein großer, blauweißer Stern an unserem Nachthimmel –, das Wissen oder die Energien ihres Doppelsterngefährten erbte, Sirius B, ursprünglich ein gelber Stern ähnlich unserer eigenen Sonne, bevor er kollabierte.

Manchmal wird Nephthys als verborgener Aspekt ihrer Schwester Isis betrachtet, während sie in Wirklichkeit eine eigenständige Göttin ist. Ihr Archetypus hängt mit dem tiefen Unbewußten zusammen, dessen Inhalt sich selten dem bewußten Selbst enthüllt. Wenn dies doch geschieht, kann die Wirkung sehr traumatisch sein. Nephthys ist gleichzeitig die Verhüllende und die Enthüllende, was bedeutet, daß für die Nichteingeweihten alles Schwierige im Unbewußten am besten verborgen bleibt, während der Eingeweihte ihre Kräfte der Enthüllung anrufen muß, um über einen gewissen Punkt auf dem Weg der inneren Erkenntnis hinausgelangen zu können. Ihre angebliche »Ehe« mit Seth, dem Herrn des Chaos, zeigt uns, wieviel die alten Ägypter über die menschliche Psyche und die entsprechenden kosmologischen Prinzipien wußten. Die verborgenen Aspekte, auf die sich ihr Archetyp bezieht, beinhalten oft auch den Schatten, das Es – jenen Aspekt des Selbst, dem man sich schließlich stellen und den man integrieren muß, wenn man das Chaos überwinden und die Früchte der Stabilität genießen will, die ein solcher Sieg bedeutet.

Psychologisch gesehen ist Seth ein interessanter Typus, da viele alte Philosophien und nun auch die Naturwissenschaften annehmen, daß das Universum auf ewig zwischen den Extremen von Chaos und Ordnung pendelt, wobei die Beherrschung des Chaos notwendig ist für den Fortschritt und die Stabilität, die die Ordnung schenkt. Die Tatsache, daß Seth, der das Chaos repräsentiert, zu den fünf sirianischen Netern zählte, ist höchst bedeutsam. Mir scheint, daß wahre Erkenntnis immer auf der Basis des freien Willens erfolgen kann, und diese Freiheit der Wahl kann zu evolutionärem Fortschritt in physischer wie spiritueller Hinsicht führen, sie kann aber auch Werkzeuge zur Vernichtung herstellen.

Diese Werkzeuge können sich kollektiv in der Technologie, Religion, Psychologie oder Politik des jeweiligen Zeitalters manifestieren oder aber auf subjektiver Ebene durch den Schatten, das Es, die niedere Natur des Individuums.

Die alten Ägypter (und ihre Lehrer aus Atlantis) waren sich dieser Tatsachen wohl bewußt. Um die Kontuinuität dieser Erkenntnisse zu garantieren, verschlüsselten sie sie in kryptischen Parabeln, die wir nun in späteren Zeitaltern entziffern können. Sie waren sich auch der Angst bewußt, die uns überfallen würde, wenn wir das Rätsel schließlich lösen würden, daher sorgten sie dafür, daß wir mit dem glücklichen Ende vertraut sind, das auf das anfängliche Leiden durch den gewaltsamen Ausschlag folgen wird.

Man ist zuweilen versucht, in Frage zu stellen, ob jeder der fünf epagomenalen Götter tatsächlich ein Vermittler von sirianischen Energien war, da Osiris häufig mit Orion in Verbindung gebracht wird, während Seth alte Assoziationen mit der Konstellation des Bären aufweist. Vielleicht sollte die Tatsache, daß man sie als Familie zusammenlegt, eher im galaktischen Sinne betrachtet werden und nicht als sirianisches Evangelium. Ich habe bereits darauf hingewiesen, daß da noch die Frage ihrer Geburt an unterschiedlichen Tagen offen ist (siehe Kapitel 9).

In den Mythen ist der Hauptteil von Seths Aktivitäten mit seiner unversöhnlichen Feindseligkeit gegenüber Osiris und Horus verbunden, den Vertretern von Fruchtbarkeit und Ordnung. In der Legende um Seths unweigerliche Niederlage durch Horus erfahren wir, daß Horus das Gesetz befolgte, während Seth mit Tricks, Täuschungen und brutaler Gewalt reagierte. Darin liegt eine Lehre, die besagt, daß in der Menschheit, wenn sie sich spirituell entwickelt, Gesetz und Ordnung – von der kosmischen Art natürlich – schließlich über Chaos und Brutalität triumphieren müssen. Die Konfrontation zwischen Horus und Seth wiederholt sich in den Mythen vieler späterer Kulturen: Apollo und Python in Griechenland, Michael und Luzifer in der Bibel und St. Georg und der Drache in der britischen Folklore zum Beispiel. Einige feministische und göttinnenorientierte Autoren neigen allerdings dazu, diese Allegorien als den Sieg des männlichen Prinzips über die alte Göttinnenverehrung zu sehen, die im matriarchalischen silbernen Zeitalter herrschte.

Die Neter wurden oft mit bestimmten Farben assoziiert. Seths Farbe war leuchtendrot, eine Tönung, die die alten Ägypter verabscheuten, weil sie sie mit dem Bösen verbanden, der der Legende nach leuchtendrotes Haar hatte. Für Interessierte habe ich die Einzelheiten über die magischen Farben, Eigenschaften und spirituellen Hieroglyphen der ägyptischen Hauptgötter in meinen Büchern *The Way of Cartouche* und *Practical Egyptian Magic* dargestellt.

Da Sirius in den Lehren und Überzeugungen der archaischen Vergangenheit eine so wichtige Rolle spielte, scheint dies eine gute Gelegenheit, dieses Doppelsystem nun einer genaueren Betrachtung im Licht moderner Erkenntnisse zu unterziehen. Da es zu diesem Thema umfangreiche Informationen gibt, ist es angebracht, ihm ein Extrakapitel zu widmen.

Anmerkungen

1 R. A. Schwaller de Lubicz: *Sacred Science,* S. 27.
2 Ebda., S. 174–177.
3 R. K. G. Temple: *The Sirius Mystery,* S. 194–195.
4 Ebda., S. 18.
5 Ebda., S. 32.
6 G. R. S. Mead: *Thrice Greatest Hermes,* Bd. 3, S. 121–123
7 W. B. Emery: *Archaic Egypt,* S. 122.

KAPITEL 5

Sirius, der Doppelstern

Sirius im Sternbild Canis Major, dem Großen Hund, ist einer der strahlendsten Sterne an unserem Nachthimmel. Er liegt nur achteinhalb Lichtjahre entfernt und ist damit gleichzeitig einer unserer nächsten Nachbarn. Der Astronom Bessel, der Mitte des letzten Jahrhunderts Sirius über einen längeren Zeitraum hinweg beobachtete, bemerkte eine Störung in dessen Bewegungen, die auf die Gegenwart eines anderen Körpers hinwies, der nahe genug war, um eine beträchtliche Schwerkraftanziehung auszuüben. Doch aufgrund der extremen Helligkeit des Sterns konnte Bessel keine Anzeichen für eine Masse finden, die groß genug war, um einen Stern von der Größe Sirius' zu beeinflussen. Ein paar Jahre später wurde ein sehr kleiner weißer Zwergstern entdeckt, der Sirius umkreiste. Seine Orbitalperiode wurde auf etwa fünfzig Erdjahre berechnet (technisch gesehen ist es so, daß nicht Sirius B Sirius A umkreist, sondern beide Sterne bewegen sich um ein gemeinsames Schwerkraftzentrum). Dieser zweite Stern, der in der Helligkeit seines Begleiters untergeht, wurde als Sirius B oder Digitaria bekannt und ist seitdem auch fotografisch erfaßt worden.

Heute wissen Astronomen mehr über die Eigenschaften von weißen Zwergen – Sternen, die nicht viel Licht abstrahlen, aber eine ungeheuer starke Anziehungskraft haben, weil ihre atomare Struktur so dicht ist. Ein weißer Zwerg ist ein Stern, der seine leichteren Wasserstoff- und

Heliumatome aufgebraucht hat und implodiert ist, was bedeutet, die restlichen Elemente sind so dicht, daß seine Substanz kaum noch als Materie, wie wir sie kennen, zu bezeichnen ist. Wenn Atome in diesem Ausmaß komprimiert werden, wird die entstehende Masse extrem schwer. Temple meint, ein Kubikfuß von der Oberfläche von Sirius B würde 2000 Tonnen wiegen, und eine Streichholzschachtel, die man mit dem Kernmaterial des Sterns füllte, wäre etwa 50 Tonnen schwer.

Einige Astronomen glauben, einen dritten Stern im Siriussystem entdeckt zu haben. Ein Mann namens Fox behauptete im Jahre 1920, ihn gesehen zu haben; 1926, 1928 und 1929 wurde er angeblich von van den Bos, Finsen und anderen am Union-Observatorium beobachtet. Doch dann verschwand dieser unberechenbare Stern plötzlich! Vor kurzem hat Irving W. Lindenblad vom amerikanischen Marineobservatorium in Washington das Siriussystem gründlich untersucht. Er konnte keinen dritten Stern entdecken, gewann aber zahlreiche neue Informationen über Sirius B.

Temple stellt in seinem umstrittenen Buch *The Sirius Mystery* (dt.: *Das Sirius-Rätsel*) die These auf, daß Wesen aus dem Siriussystem vor vielen Tausenden von Jahren die Erde besuchten und teilweise (wenn nicht sogar völlig) für den Sprung von der Primitivität zur Hochkultur und in die Zivilisation verantwortlich waren, die die Ägypter zwischen 4500 und 3400 v. Chr. erreichten. Seine Hypothese beruhte teilweise auf dem Wissen der Dogon über das Siriussystem. Die Dogon sind ein afrikanischer Stamm, der in Mali lebt (dem früheren französischen Sudan). Dieses Volk hält Temple für die direkten Nachfahren jener prädynastischen Ägypter, die die Ankunft von Fremden aus dem Siriussystem miterlebten, denn ihre Kenntnisse reichen weit zurück in jene Frühzeit, als ihre Ahnen sie direkt von den galaktischen Besuchern erhielten. Wie sonst, fragt er, sollten sie über die Existenz des unsichtbaren Digitaria oder über die anderen astronomischen Einzelheiten informiert sein, die sie offensichtlich seit Jahrhunderten über dieses ferne Sternensystem wissen? Im Licht der Informationen aus dem Brief meiner ägyptischen Kontaktperson – die übrigens noch nie von Temple und seinem Buch gehört hatte – erscheinen diese Schlußfolgerungen gar nicht so unwahrscheinlich. Wie schade, daß er die Tutsi-Daten nicht kannte, denn dies hätte ihm sicher geholfen, ein paar weitere Verbindungen zu machen.

Die Dogon-Religion und die dazugehörigen Riten gruppieren sich um das Konzept des Siriussystems. Die Dogon hielten Digitaria für wichtiger als seinen größeren und helleren Begleiter, auch wenn er für sie nicht sichtbar war. Sie wußten auch über den dritten Leuchtkörper Bescheid, den sie Sorghum-Frau nannten, *emme ya,* »Sonne der Frauen« oder »kleine Sonne« (Temple nennt ihn Sirius C) und der von einem Satellitenplaneten begleitet wird, den sie »Stern der Frauen« nennen. Sie glaubten, daß Sorghum-Frau größer ist als Digitaria und viermal leichter. Für sie war es der Aufenthaltsort der weiblichen Seelen aller lebenden und zukünftigen Wesen. Stern der Frauen wird durch ein gleichschenkliges Kreuz symbolisiert, Sorghum-Frau durch drei Punkte (ein männliches Autoritätssymbol), die von sieben Punkten umgeben sind – oder vier (weiblich) und drei (männlich), die man als die männliche und die weibliche Seele betrachtet. Das ganze System wird wie in Abb. 5. 1 repräsentiert. Das *bado*-Ritual der Dogon, ein Stammesritual, das die einjährige Achsenrotation des Sterns Digitaria (Sirius B) ehrt, enthält auch einen

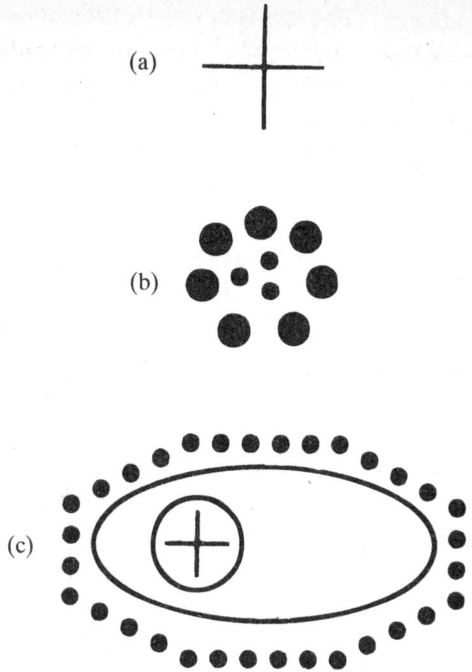

Abb. 5.1 a) Der Stern der Frauen b) Der Stern Sorghum-Frau
c) Das Sorghum-System

Hinweis auf das »Muster des Sterns als Meister der Schuhmacher«, was Temple so erläutert (siehe Abb. 5.2):

> … es besteht aus einer vertikalen Achse, die in zweidrittel Höhe eine Ausbuchtung, Sirius (S), stützt, unten im rechten Winkel abknickt und als verlängerter Fuß heraussteht und die Bahn des Sterns der Schuhmacher beschreibt (C). Darüber liegt ein Halboval, dessen Linien sich weit nach unten erstrecken; der Kontaktpunkt (D) mit diesem Oval symbolisiert Digitaria, dessen Bahn durch den rechten Arm angedeutet ist (F). Aber dieser Arm ist gleichzeitig der Stern der Frauen, während der linke Arm Sorghum-Frau (E) ist. Der untere Teil der Achse (SC), der länger

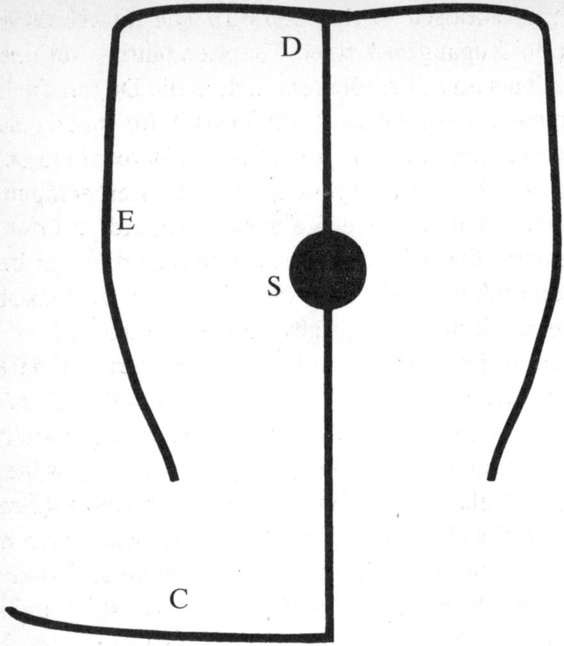

Abb. 5.2 Der Bewegungsverlauf der Sterne des Siriussystems

ist als der obere (SD), erinnert daran, daß Schuhmacher (C) weiter von den anderen Sternen entfernt ist als Sirius und in entgegengesetzter Richtung rotiert.[1]

Ich finde diese Beschreibung von »Schuhmacher« etwas verwirrend, weil Temple dies nicht näher erläutert und das Stichwort im Register nicht vorkommt. Entweder fehlt hier ein Teil der Information, oder es ging bei der Übersetzung etwas verloren. Interessierte Leser seien daher auf das Originalwerk verwiesen.

Die Dogon glaubten, daß Sirius nur ein Begleitstern des grundsätzlich »männlichen« Zwergsterns war, dessen

Orbit als elliptisch beschrieben wird. Die Tatsache, daß sie keinerlei Zugang zu Keplers Theorien hatten, fiel Temple als bedeutsam auf. Außerdem hielten die Dogon die Umkreisungszeit von Sirius B um Sirius A für fünfzig Jahre, was von modernen wissenschaftlichen Berechnungen bestätigt wurde. Die Zahl fünfzig spielt in ihren heiligen Riten eine wichtige Rolle. Sie wußten außerdem über das ungeheure Gewicht von Sirius B Bescheid, lange bevor Astrophysiker ihre Thesen über die Natur und Existenz der implodierten Zwergsterne aufgestellt hatten.

Eine weitere interessante Tatsache an den Überzeugungen der Dogon hinsichtlich Sirius findet sich in der Bedeutung ihres Sirius-Rituals, das in der folgenden Aussage der Dogon zusammengefaßt wird und die ewige Suche der Seele nach einem Zwilling einerseits beschreibt, andererseits aber das ewige Streben des Menschen nach Individuation (der Vereinigung von *Anima* und *Animus*) auf der Suche nach wahrer Erkenntnis, Weisheit und Perfektion. Die tieferen, offensichtlich alchimistischen Hinweise hier sprechen für die Weisheit der Urheber des Rituals und der dazugehörigen metaphysischen Philosophie, während die Ähnlichkeit zu Riten der gnostischen *Pistis Sophia* kaum ignoriert werden kann.

> Digitaria, als das Ei der Welt … wurde in zwei Zwillingsplazenten gespalten, die jeweils ein Paar von Nommolehrern zur Welt bringen sollten. Was jedoch geschah, war, daß ein einziges männliches Wesen aus der einen Plazenta auftauchte; um seinen Zwilling zu finden, riß dieses Wesen ein Stück seiner Plazenta ab, und daraus wurde die Erde. Dieser Eingriff störte die Schöpfungsordnung. Er wurde in ein Tier verwandelt, den hellen Fuchs, *yuruga,* und vermittelte seine eigene Unreinheit der Erde, so daß sie trocken und unfruchtbar wurde. Um diese Situation zu heilen, mußte sich einer der Nommolehrer aus der anderen Plazenta dem Himmel opfern und der andere Zwilling mit lebensspen-

> dendem, reinigendem Regen zur Erde niedersteigen. Das Schicksal von Yourougou ist es, bis zum Ende aller Zeiten seinen Zwilling zu suchen – denn der Zwilling ist gleichzeitig seine weibliche Seele. Auf der mythologischen Ebene ist Digitaria daher Yourougou, der durch Nommo im Weltraum gehalten wird und unablässig um Sirius (oder Yasigui) kreist, ihn aber niemals erreichen kann.[2]

Interessanterweise ist die Zahl fünfzig auch in vielen anderen offensichtlich nicht miteinander verbundenen Überzeugungen und magischen Systemen der Geschichte von Bedeutung. Der sumerisch-akkadischen Mythologie zufolge waren die fünfzig Anunnaki die großen Götter, die Söhne von An oder Anu, die gewöhnlich anonym waren, denn die Bedeutung lag in ihrer Anzahl und ihrem Einfluß auf alle lebendigen Wesen. Temple erwähnt die Konstellation Argo, die Jasons Schiff und seinen fünfzig Argonauten entspricht, wie auch Noahs Arche. Jasons Argo trug Danaos und seine fünfzig Töchter von Ägypten nach Rhodos. Temple zitiert hierzu Richard Hinckley Allen: »Die ägyptische Geschichte meint, es sei die Arche gewesen, die Isis und Osiris durch die Fluten trug, während bei den Hindus die Arche das gleiche für Isis und Iswara leistete.«[3] Iswara wird in der neueren Forschung als Ishwara bezeichnet, was das Sanskritwort *ishu* – Pfeil enthält. Pfeil- und Bogensymbole tauchen häufig in Verbindung mit Sirius und Orion auch in anderen Mythologien außer der ägyptischen auf, besonders in der chinesischen.

Die Zahl sieben gilt schon immer als heilig, und sieben mal sieben (neunundvierzig) wird daher besondere Bedeutung zugemessen, was jedem fünfzigsten Tag großes magisches oder esoterisches Gewicht verleiht. Die Essener folgten beispielsweise diesem numerologischen System. (Ich halte seit längerem Seminare und Vorträge über deren christlich-gnostische Verbindungen. Es reicht hier zu sagen, daß Jeshua/Jesus, der später als Christus bekannt wurde, sich in den Geheimlehren der Essener und Therapeutes gut ausgekannt haben soll und Zugang zu diesen Informationen gehabt haben muß. Ohne die gnostischen Fragmente, die die Verfolgung durch viele Jahrhunderte hindurch überdauert haben, hätten wir jedoch keine Ahnung, daß er mit solchen Kenntnissen vertraut war. Immerhin bedeutet das Wort »Pentecost« (engl. für Pfingsten) »der Fünzigste« = der fünfzigste Tag nach dem Passahfest.

Die Ägypter und die Dogon waren keineswegs die einzigen Stämme, die Sirius besondere Bedeutung zumaßen. Ein weiterer afrikanischer Stamm, die Bambara, nannten ihn den »Stern der Gründung«, *sigo dolo* (die Dogon benutzen die gleiche Bezeichnung), und erwähnen den Begleiterstern (Sirius B oder Digitaria) als *fin dolo.* Gemeinsam werden die beiden Sterne *fã dolo fla* genannt (die beiden Sterne des Wissens), weil sie »im Himmel den unsichtbaren Körper von Faro darstellen«, den man sich als ein Zwillingspaar vorstellt. Dabei wird impliziert, daß der Stern der Sitz aller Weisheit sei. Einer Bambara-Legende zufolge war Sirius Mousso Koroni Koundye, dessen Zwilling, Pemba, Erschafferin der Erde, eine mythische Frau war, die er unablässig durch den Raum verfolgte, aber niemals fangen konnte. Dies macht Mousso Koroni Koundye vergleichbar mit dem Yourougou der Dogon. Beide weiblichen Figuren sollen die Beschneidung eingeführt haben, woraufhin Sirius den Bambara wie den Dogon als »Stern der Beschneidung« bekannt wurde. Die Bozo waren ebenfalls mit diesem System vertraut. Sie nannten Sirius *sima kayne* (wörtlich: sitzende Hose) und seinen Satelliten *toñõ ñalema* (Augenstern). Können wir hier vielleicht eine Verbindung zwischen diesem Augenstern und dem berühmten Auge Ras herstellen, das zwischen den ägyptischen Gottheiten Hathor, Bast und Sechmet hin und her wanderte?

Abgesehen von anderen Kenntnissen, die mit moderner Astrologie und Astronomie vergleichbar sind, kannten die Dogon die vier Hauptmonde Jupiters, die sie *dana tolo unum* nannten (Kinder von *dana tolo* – Jupiter) und die Ringe des Saturns, die nur mit einem Teleskop zu erkennen sind. Saturn, den sie mit der Milchstraße in Verbindung brachten, nannten sie »Stern, der den Ort begrenzt« – wie astrologisch passend! Das sind nur kleine Bruchstücke der ungeheuren astrologischen Kenntnisse, über die dieses Volk verfügte, und sie bestehen darauf, daß sie diese vor vielen Jahrhunderten von den sirianischen Besuchern erhielten. Außerdem haben sie genaue Kenntnisse über das menschliche Kreislaufsystem und über die Existenz von Leben in anderen Teilen des Universums. Ihrer Überlieferung zufolge gab es viele bevölkerte Sterne, und die intelligenten Lebensformen auf ihnen waren nicht immer hominid. Sie sagen, daß die Menschheit, wie wir sie kennen, auf der Vierten Erde lebt, aber auf der Dritten Erde gab es »Männer mit Hörnern«, *inneu gammurugu* (Satyre?), auf der Fünften Erde »Männer mit Schwänzen«, *inneu dullogu* (Katzenmenschen?) und auf der Sechsten Erde »Männer mit Flügeln«, *inneu bummo*. Sie behaupten, diese Informationen seien ihnen von Wesen höherer Intelligenz (Göttern) gegeben worden, die in uralter Zeit vom Siriussystem auf die Erde kamen.[4]

Ein Fragment offensichtlich entsprechender Informationen fand seinen Weg in den *Hermes Trismegistos*, vermutlich über alte ägyptische Quellen, denn die Versionen unterscheiden sich leicht. Eine taucht in Band 3 von G. R.

S. Meads Übersetzung unter dem Material *»The Virgin of the World«* auf, das die Form von Anweisungen Isis' an ihren Sohn Horus hat (die initiierte Priesterin der Göttin an ihren Schüler?). Der Text liest sich wie folgt:

> Eure Reinkarnationen werden sich, wie ich gesagt habe, in den Körpern unterscheiden, und dessen [letztendliche] Auflösung wird eine Erlösung sein und eine Rückkehr zum Glück vergangener Tage ...
>
> Aber die Rechtschaffeneren unter euch, die auf der Schwelle zum Wechsel in einen göttlicheren Zustand stehen, sollen die rechtmäßigen Könige unter den Menschen sein, die echten Philosophen, Staatsbegründer und Gesetzgeber, die echten Kräuterkundigen und wahren Propheten der Götter, die besten Musiker, fähigsten Astronomen und weisesten Seher ...
>
> Unter den geflügelten Stämmen werden sie die Adler sein, denn diese werden weder die eigene Art vertreiben noch sich von ihnen ernähren; wenn sie da sind, wird auch nicht zugelassen, daß ein schwächeres Tier leidet, denn das Wesen des Adlers ist es, gerecht zu sein.
>
> Unter den vierfüßigen Wesen [werden sie die] Löwen sein – ein Leben der Kraft und von einer Art, die gewissermaßen keinen Schlaf braucht, die im sterblichen Körper die Möglichkeiten des unsterblichen Lebens lebt – denn sie werden weder erschöpft, noch brauchen sie Schlaf.
>
> Und unter den kriechenden Wesen werden sie die Drachen sein, denn dieses Tier hat ebenfalls große Kraft und lebt lange, schadet niemandem, ist ein Freund des Menschen und läßt sich zähmen; es besitzt kein Gift und wechselt seine Haut, wie es dem Wesen von Göttern gemäß ist.
>
> Unter den Wesen, die schwimmen, werden sie die Delphine sein, denn Delphine haben Mitleid mit jenen, die ins Meer fallen; wenn sie noch atmen, bringen sie sie an Land, und wenn sie tot sind, rühren sie sie nicht an, auch wenn sie die gefräßigsten Wasserbewohner sind.[5]

Man könnte dies und die Bemerkung der Nommo als einen Hinweis auf die höchstentwickelten Spezies der Erde betrachten, aber ich neige zu der Annahme, daß beides sich auf Lebensformen bezieht, die *außerhalb der Erde* existieren und hochentwickelten Seelen, die anhand der menschlichen Erfahrung auf diesem Planeten so viel wie möglich gelernt haben, weiteres Training bieten. Der Hinweis auf Drachen und Löwen könnte Verbindungen zu Sirius haben, denn erstere beziehen sich offensichtlich auf die Familie der Eidechsen und nicht die Drachen, die wir aus Märchen kennen.

Alle traditionellen archetypischen Gestalten sind in der Nommo-Mythologie vorhanden: der Gott (Nommo), der zur Reinigung und Neuorganisation des Universums geopfert wird:

> Er wird in menschlicher Gestalt auferstehen und auf die Erde herabsteigen, in einer Arche mit den Ahnen des Menschen … er wird seine ursprüngliche Gestalt annehmen, aus den Wassern heraus herrschen und vielen Nachfahren das Leben schenken … Der Nommo verteilte seinen Körper unter den Menschen, um sie zu speisen, daher heißt es, wie das Universum »von seinem Leib getrunken hat«, so gab der Nommo den Menschen zu trinken … Er wurde an einem Kilena-Baum gekreuzigt, der ebenfalls starb und auferstand.[6]

Dann haben wir Ogo, den chaotischen Störenfried. Bereits als er erschaffen wurde, rebellierte er gegen seinen Schöpfer und führte die Unordnung ins Universum ein. Er wird schließlich zum »Hellen Fuchs« *(le renard pâle),* ein Bild für seinen Sturz. Der Planet im Siriussystem, aus dem der Nommo kollektiv erstand, soll rein gewesen sein, im Gegensatz zu unserem eigenen Sonnensystem, das den Dogonlehren zufolge ausgesprochen unrein sein soll und das man als Plazenta des bösen Ogo bezeichnet. Unser eigener Planet Erde ist bedeutsamerweise »der Ort, an dem die Nabelschnur des Ogo mit der Plazenta verbunden war …«[7]

Ich finde es faszinierend, daß diese einfachen afrikanischen Stämme derart grundlegende und genaue kosmische Lehren über so viele Jahrhunderte hinweg bewahren konnten, und man muß sie genau wie die mystisch gebildeten ägyptischen Seelen, die mir so großzügig ihre inneren Lehren anvertrauten, als die würdigen Bewacher des Lichts und des Wissens der Sterne ansehen. Orthodoxe Astronomen neigen natürlich dazu, dies alles mit beträchtlicher Skepsis zu betrachten, doch gleichzeitig würden sie es schwierig finden zu erklären, wie die Dogon an ihre Kenntnisse gelangt sind.

Es scheint kaum ein Unterschied zu bestehen zwischen diesen Berichten über eine sirianische Landung und der Information, die diese freundlichen Besucher ihren Gastgebern mitteilten. Die Tatsache, daß sie ein Gefühl von Liebe und Sehnsucht nach ihrer Rückkehr hervorriefen, kann vielleicht als Beweis für ihre Freundlichkeit, Großzügigkeit und Reife betrachtet werden. Der Ogo der Dogon und der ägyptische Seth haben viel miteinander gemein, während Yourougous ewige Suche nach seiner *Anima* an die Isis-Osiris-Geschichte und die des gnostischen Christus und der Sophia denken läßt.

Sirius A ist immer schon mit Isis assoziiert worden, und die Informationen der Dogon scheinen die weibliche Natur dieses schönen blauweißen Sterns zu bestätigen. Osiris könnte daher als Sirius B betrachtet werden. Könnte die Isis-Osiris-Legende eine Reihe von tatsächlichen Ereignissen beschreiben, die im Siriussystem vor dem Zusammenbruch von Sirius B stattfanden, und welche Rolle spielt in dieser Geschichte der dritte Stern?

Sirius C wird manchmal mit Nephthys, der Verborgenen, in Verbindung gebracht, oder aber mit ihrem Sohn Anubis. Temple vermutet dagegen, daß die drei Sterne möglicherweise mit den drei ägyptischen Gottheiten Isis, Anukis und Satis gleichgesetzt werden können. Er zitiert Neubauer, der sagte: »Die Göttin Satis kann wie ihr Gefährte Anukis kaum als unabhängige Konstellation betrachtet werden, sondern eher als Verbündete von Sothis« (Sirius).[8] Anukis und Satis, die Gemahlinnen von Chnum, wurden häufig zusammen mit Sothis abgebildet, wie sie gemeinsam in der gleichen Himmelsbarke fahren. Es gibt eine in Europa verbreitete Theorie, die besagt, daß Seth, als er den Thron von Osiris eroberte und Isis und ihren kleinen Sohn Horus in die Wildnis verbannte, sie auf einen Planeten mit einer rauhen Umwelt außerhalb des Siriussystems sandte, etwa auf die Erde in einem frühen Entwicklungsstadium. Und da aus metaphysischer Sicht wie auch nach dem wissenschaftlichen Konzept der Raumlosigkeit alle Zeit eins ist, ist Isis immer noch bei uns, wenngleich unerkannt und abgelehnt (das weibliche Prinzip in einer von Männern beherrschten Welt), und versucht, ihren Sohn Horus großzuziehen (das Wissen, die Schönheit und die Weisheit des Wassermann-Zeitalters?). Das ist eine Überlegung wert.

Da man allgemein dazu neigt, Sirius A als Träger weiblicher Energien zu betrachten, Sirius B als maskulin und Sirius C oder Sorghum-Frau (wenn es tatsächlich ein Stern ist und nicht ein großer Planet) ebenfalls als weiblich, würde die Schlußfolgerung lauten, daß der weibliche Einfluß in diesem System vorherrscht. Wenn man davon ausgeht, daß unser Sonnensystem von Sirius seinen Ausgang nahm, wäre dies sicher ein Argument für die Große Mutter als Prinzip der Schöpferin statt für einen männlichen Vatergott, wie ihn gewisse Religionen verehren. Ich habe mit Interesse registriert, daß Bauval und Gilbert Osiris mit Orion oder Sah assoziieren, wobei die Sahu die höchsten der subtilen »Körper« sind, die ich Osiris zuteilen würde (siehe *The Way of Cartouche*). In metaphysischen Begriffen bedeutet »Osirifizierung«, daß die Seele eine erhabene Position in der spirituellen Hierarchie erreicht hat. Meine ägyptischen Kontakte teilten mir auch mit, daß ihrer uralten Überzeugung nach nicht jeder ein BA oder eine Seele hat – das subtile Vehikel, das für den Aufstieg auf die nächste Ebene der spirituellen Entwicklung nötig ist. Dieses muß über viele Leben hinweg verdient werden, und bis man dies erreicht hat, ist man an die Erde gebunden. Das entspricht Informationen parapsychologischer Natur, wie ich sie in meinem Buch *Cosmic Connections* beschrieben habe.

Da Sirius für die alten Ägypter der wichtigste Stern war, bekamen die vorangehenden vier Dekane, die die Konstellation Orion bilden, wie Bauval und Gilbert vorgeschlagen haben (siehe *The Orion Mystery,* dt.: *Das Geheimnis des Orion*) ebenfalls eine Bedeutung in ihrem Glaubenssystem. Der letzte Teil Orions erhebt sich eine »Stunde« vor Sirius über den Horizont und erweckt so den Anschein, als sei er eine Vorhut. Sirius war auch als *Sept, spd* oder *spdt* bekannt, wobei die »t«-Endung auf eine weibliche Form hindeutet, während der alte Name für Orion Sah war.

Eine weitere Interpretation ist, daß die Isis/Osiris-Episode ein kosmologisches Drama veranschaulicht, wobei Isis als »göttliche Mutter« die Erde repräsentiert, die auf wundersame Weise vom toten Osiris geschwängert wird (Sirius zeugt unser Sonnensystem und besonders unseren Planeten) und Horus zur Welt bringt (die Menschheit). Dieser muß in seiner Jugend gegen seine Kränklichkeit ankämpfen (lernen, sich selbst zu heilen), ehe er stark genug ist, das Böse von Seth zu überwinden (seine eigene niedere Natur und andere fehlplazierte Energien), um das

Reich seines Vaters auf der Erde zu errichten (die spirituelle Reife des *Homo sapiens*).

Der kollabierte Sirius B könnte sehr gut Ägyptens Osiris darstellen, daher die Assoziation dieses Gottes mit den Toten oder jenen, die in eine andere, subtilere Dimension übergegangen sind. Wenn ein großer Stern implodiert (stirbt), steigt sein Deva (die das Wachstum und die Entwicklung leitende Essenz) auf eine höhere Ebene auf oder tritt in eine Zeitzone ein, die dichter am Zentrum der kreativen Macht liegt. Das gleiche Prinzip könnte aber auch für Ra gelten, dessen Energien ebenfalls zurückgezogen wurden, wobei dann Sechmet oder eine der Löwengöttinnen Sirius entspräche.

Ein Aspekt der sirianischen Frage beschäftigt mich besonders, und zwar die Beschreibung der stellaren Besucher, die zu uns kamen. Die Dogon versichern uns, daß es im Universum andere entwickelte Lebensformen gibt, die den Hominiden nicht ähneln, doch scheinen ihre Lehrer menschliche Züge getragen zu haben, obwohl sie auch Unterschiede aufwiesen. Ihre Nommo-Besucher jedoch, die als Amphibien bezeichnet werden und die in einer »Arche« aus dem Himmel kamen, scheinen viel mit den babylonischen Oannes gemein zu haben. Temple sagt dazu:

> Sie sollen in einer Arche herabgekommen sein, die bei der Landung wie auf Abb. 5.3 aussah (Darstellung des Wirbels oder Strudels beim Abstieg der Arche). Der Gott des Universums, Amma (dessen Name sicher ein Überrest des Gottes Ammon von der Oase von Siwa ist), schickte seine Amphibien auf die Erde. Sie heißen »die Nommos«. Aber genau wie die Babylonier dazu neigten, von dem Führer Oannes zu sprechen statt stets allgemein von den »Annedoti«, sprechen die Dogon von Nommo oder dem Nommo als einem Individuum. Die Nommos nennt man kollektiv »die Herren des Wassers«, aber auch »Lehrer« oder »Überwacher«. Sie müssen im Wasser leben. »Die Heimat der Nommo

ist das Wasser.« Letzteres ähnelt der babylonischen Tradition des Gottes Ea (Enki bei den Sumerern), dessen Heimat ebenfalls im Wasser war und der manchmal mit Oannes verbunden wird.[9]

Ich möchte hier meine frühere Bemerkung über den Thron des Osiris ins Gedächtnis rufen, der stets »im Wasser« abgebildet wird.

Aber waren diese Sirianer tatsächlich Fischmenschen, oder waren es ihre Gewänder, die ihnen dieses Aussehen verliehen? Die Antwort liegt vermutlich in Berossus' Bericht über den chaldäischen Schöpfungsmythos, wenn er über die Primitiven sagt:

> Zuerst führten sie ein ziemlich elendes Dasein und lebten ohne Regeln wie die Tiere. Aber im ersten Jahr erschien ein Ungeheuer mit einem menschlichen Verstand namens Oannes, das sich aus dem eriträischen Meer erhob, dort, wo es an Babylonien grenzt. Es hatte den Körper eines Fischs, aber über dem Fischkopf einen weiteren Kopf, der menschlich aussah, und unter seinem Fischschwanz hatte es menschliche Füße. Es hatte eine menschliche Stimme, und sein Bildnis hat sich bis auf den heutigen Tag erhalten.[10]

Könnte dies nicht jemanden beschreiben, der eine Art Schutzanzug und einen Helm oder eine Maske trägt? Ich fürchte, die Vorstellung von einem Fischmann regt meine Phantasie kaum an, und ich bin nicht einmal sicher, daß ich Oannes in eine extraterrestrische Kategorie einordnen würde. Ich kann mich natürlich irren. Aber ich sehe dieses Wesen eher als einen U-Boot-Taucher aus Atlantis, der entsprechend gekleidet ist. Die Tatsache, daß seine Erscheinung wirken sollte, als sei er ein Wasserwesen, paßte vermutlich zur Mode des Tages, genau wie wir unsere Schutzkleidung der allgemeinen Mode und der Ära, in der wir leben, anpassen.

Berossus fährt fort:

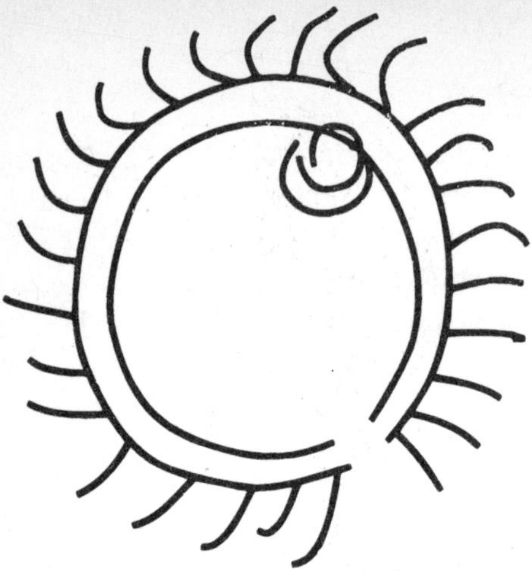

Abb. 5.3 a) Der wirbelnde Abstieg des Raumschiffs der Nommo (Zeichnung der Dogon)

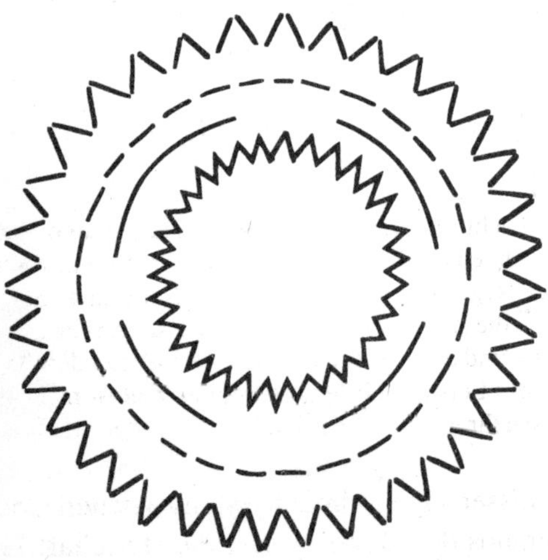

Abb. 5.3 b) Abstieg der Nommo vom Himmel (Zeichnung der Dogon)

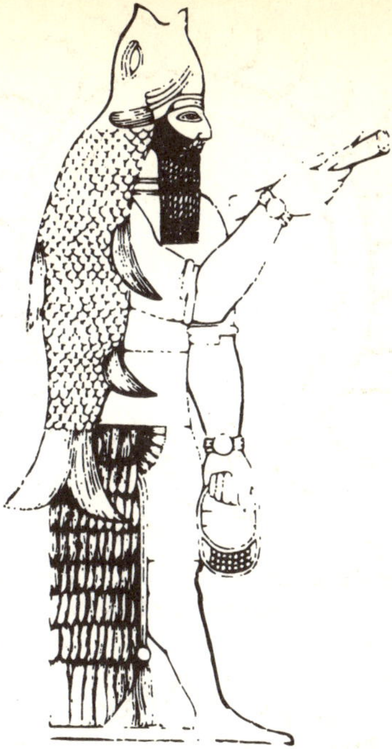

Abb. 5.4 Der babylonische Wassergott Oannes

> Er verbrachte den Tag unter den Menschen, ohne zu essen; er brachte ihnen die Buchstaben, Wissenschaften und Künste aller Art bei, Regeln zur Gründung von Städten, zum Bau von Tempeln und die Prinzipien der Landvermessung; er zeigte ihnen, wie man säte und erntete; er gab ihnen alles, was zu den Bequemlichkeiten des Lebens beiträgt. Seit dieser Zeit ist nichts Herausragendes mehr erfunden worden.[11]

Trotz gewisser vager Ähnlichkeiten zwischen Oannes und den Nommos der Dogon lautet die Botschaft hier völlig anders. Oannes befaßte sich mit dem zivilisierenden Einfluß, der der modernen Welt den Weg bereitete, während die Nommolehrer sich mehr um mystische und kosmologische Aspekte kümmerten – das Universum außerhalb des Planeten Erde. Die Nommo waren anscheinend weniger Wasserwesen als Menschen, die normalerweise in einem feuchteren Klima lebten als dem, das zu der Zeit herrschte, als sie in jenen Teilen Afrikas landeten. Der Hinweis auf die Nahrungsverweigerung kann so verstanden werden, daß sie an das Essen, das ihnen die Eingeborenen anboten, nicht gewöhnt waren.

Man hat ausgiebig spekuliert, wie die Bewohner des Sirius eigentlich aussehen – oder aussahen – und wie viele verschiedene Rassen diese Ecke der Galaxis ursprünglich bewohnten. Ich habe vor kurzem einen Artikel in einem populären Magazin gelesen, in dem zwei Stämme beschrieben werden, von denen der eine hominid war: »Ihre Hautfarbe war vorwiegend hell, mit lavendelfarbenen Augen ...« und der andere einem Tier ähnelte. Der Autor meinte, »daß Herne der Jäger vielleicht ihr Archetypus sei«.[12] Die beiden Hauptstämme kann ich akzeptieren, und die hellhäutigen und blauäugigen Menschen belasten meine Gutgläubigkeit auch nicht sonderlich, da man sie leicht mit den Kristallmenschen assoziieren kann, diesem sehr schönen und hochentwickelten Stamm von Hominiden, die einen Planeten im sirianischen System bewohnt haben sollen, der unter einigen Hellsichtigen als Ishna (oder ähnlich klingend) bekannt ist. Der Name bezieht sich auf die Struktur ihres Planeten, der aus einer kristallinen Materie von großer Schönheit bestehen soll, nicht auf die Bewohner selbst. Diese »Kristallmenschen« oder Ishnaaner werden als schlank und mit langem, hellem Haar beschrieben, mit schrägen blauen, grünen oder gelben Augen und goldenem Teint. Es gibt Männer und Frauen, aber in jedem Geschlecht sind *Anima* und *Animus* so perfekt ausgewogen, daß ihr äußeres Erscheinungsbild es uns Erdlingen schwer macht, sie auseinanderzuhalten. Ihre planetarischen Nachbarn, die später den Planeten mit ihnen teilten, sind von einer anderen Gattung, und ihr Aussehen wiederholt sich in den Löwenstatuen und -abbildungen des alten Ägyptens.

Ishna soll einigen Experten zufolge in einer anderen Zeitzone oder Dimension existieren, einer, die man mit unserer Zukunft gleichsetzen könnte. Doch bis wir konkretere Beweise dafür haben, müssen solche »Überzeugungen« im Reich der Vermutung bleiben. Nach einer Bemerkung des anerkannten Experten der Kosmologie und der theoretischen Physik, Stephen Hawking, könnten Zeitreisen bald zur konkreten Möglichkeit werden. So wird die Geschichte des sirianischen Systems und seine Rolle für unser aller Leben im kommenden Jahrtausend wohl erhellt werden.

Falls wir unseren ägyptischen Freunden sowie den Forschungsergebnissen von Schwaller de Lubicz und anderen seriösen und gleichzeitig intuitiven Forschern glauben wollen, dann wurden die Neter des Zwillingszeitalters, die Zwillinge Schu und Tefnut, wie bereits erwähnt, stets als Löwe und Mensch dargestellt. In Ägypten stand die Sonne zum Zeitpunkt des heliakischen Aufgangs von Sirius stets im Zeichen des Löwen. Im *Trismegistos* heißt es:

> Von den Sternen halten sie Sirius für den Stern von Isis – für einen Wasserbringer. Und sie ehren den Löwen und schmücken die Tempeltore mit offenstehenden Löwenmäulern, da der Nil über die Ufer tritt, *wenn die Sonne sich mit dem Löwen vereint.*[13] (Kursiv v. Verf.)

Es gibt zahlreiche weitere Beweise, besonders aus ägyptischen Quellen, die diese Vorstellung vom Löwen stützen, am stärksten wohl die Sphinx selbst, deren Kopf menschlich und deren Körper der eines Löwen ist. Temple sieht jene »feuchten Gebiete«, die in ägyptischen Mythen beschrieben und normalerweise mit dem Niltal verbunden werden, als Hinweis auf einen Planeten im Siriussystem, ein feuchtes Paradies mit üppiger Vegetation und hohem Wasseranteil auf der Oberfläche wie auch in der Atmosphäre.

Bis wir substantiellere Beweise haben, kann man in solchen Dingen nur der Intuition folgen, und ich neige dazu, die hellhaarigen (Kristall)menschen und die Leoniden (Paschaten) als die beiden Hauptstämme des sirianischen Sternensystems zu betrachten, obwohl auch angenommen wird, daß es auf dem kleineren Planeten, der Sirius B umkreist haben soll, hochentwickelte Pflanzenformen und amphibisches Leben gab. Daher sprechen wir hier vielleicht über unterschiedliche Planeten und eine andere Sonne im sirianischen System (siehe mein Buch: *The Lion People)*. Doch an diesem Punkt müssen wir Vorsicht walten lassen, denn es besteht eine Grenze zwischen logischer Spekulation und Phantasie, die leicht und manchmal unfreiwillig überschritten wird. Außerdem haben wir es möglicherweise mit anderen Zeitbegriffen zu tun als denen, die normalerweise von der modernen Naturwissenschaft akzeptiert werden. Da die Leonidenlegenden weit in die Zeit vor der Implosion von Sirius B reichen, was nach unserem Konzept der linearen Zeit Millionen von Jahren bedeuten würde, könnten diese Wesen nun zum Beispiel aus für uns subtileren Dimensionen wirken oder in einem Universum existieren, das parallel zu jenem existiert, das wir durch unser Teleskop betrachten. Wenn das alles etwas unglaubwürdig klingt, sollte man Professor Fred Hoyles Panspermien-Theorie bedenken, die von fremden Mikroorganismen ausgeht, die im gesamten interstellaren Raum verstreut sind und auch in die Erdatmosphäre eindrangen. Hoyles Antwort darauf, ob das Leben auf der Erde seinen Ursprung nahm, würde dann eindeutig »Nein!« lauten.[14]

Da ich auf dem Feld der Astrologie gut bewandert bin, wird mir häufig die Frage gestellt: Welche Wirkung hat Sirius auf das Geburtshoroskop? Die Frage nach dem Einfluß der Fixsterne wird in mehreren ausgezeichneten Büchern zu diesem Thema abgehandelt. Ich selbst stütze mich auf Vivian Robson, die über Sirius sagt:

> Ptolemäus zufolge hat er die Natur von Jupiter und Mars, Alvidas zufolge die von Mond, Jupiter und Mars. Er verleiht Ehre, Berühmtheit, Reichtum, Leidenschaft, Treue, Ergebenheit, Heißblütigkeit und Groll und macht die unter ihm Geborenen zu Wächtern, Kuratoren und Mentoren ...[15]

Sein magisches Siegel wird so dargestellt: 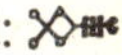; sein Stein ist der Beryll, seine Pflanzen sind Beifuß, Drachenwurz und Schlangenzunge, und er sichert den guten Willen der Luftgeister.

Kehren wir einen Moment lang zu den epagomenalen Göttern zurück, die, wie einige glauben, vom Sirius stammen sollen. Nehmen wir an, daß die fünf Namen, die mir von meinen ägyptischen Quellen übermittelt wurden, die vollständige sirianische Gruppe darstellen (Isis, Osiris, Nephthys, Seth und Horus) – wohin gehört dann Anubis? Denn er kommt wie Thot in den alten Mythen häufig vor und scheint einen essentiellen Teil der osirischen Familie zu bilden. Ich habe darüber alle möglichen Erklärungen gehört, von denen ich hier einige darlegen möchte.

Anubis war der Sohn von Osiris und Nephthys. Die metaphysischen Implikationen dieser Konstellation haben wir bereits in Kapitel 3 diskutiert. Daher hatte er offensichtlich sirianische oder atlantische Gene, je nachdem. Kann es sein, daß er nach der Ankunft der berühmten Fünf geboren wurde? Oder wurde er später in diese Familie aufgenommen, als die Verkörperung eines Prinzips, das den Priestern zu der Situation zu passen schien, der sie zu jener Zeit gegenüberstanden? Seine Rolle als Psychopompus muß darauf Einfluß gehabt haben, da Osiris »in den Himmel« aufstieg (in eine subtilere Dimension übertrat) und ein Vermittler zwischen den Hallen des Osiris und unserer eigenen Welt offensichtlich nötig war.

Plutarch schrieb über Anubis:

> Unter Anubis verstehen sie einen horizontalen Kreis, der den unsichtbaren Teil der Welt, den sie Nephthys nennen, vom sichtbaren trennt, den sie Isis nennen, und da dieser Kreis gleichermaßen die Bereiche von Licht und Dunkelheit berührt, kann man sagen, daß er zu beiden gehört – und aus diesem Umstand ergab sich die Ähnlichkeit von Anubis zu einem Hund, denn man weiß von diesem Tier, daß es bei Tag ebenso wachsam ist wie bei Nacht.[16]

Diese und ähnliche Bemerkungen haben Temple und andere veranlaßt, Anubis in der Rolle eines Boten zwischen den beiden Sternen zu sehen. Temple betrachtet Plutarchs Beschreibung als Hintergrund dafür, warum man Sirius den »Hundsstern« nannte, denn seine Ausstrahlungen haben sicherlich nichts Hundeartiges, weder exoterisch noch esoterisch gesehen. Hundegötter und -göttinnen sind immer schon mit der Unterwelt in Verbindung gesehen worden. Da gibt es zum Beispiel den griechischen Zerberus, der die Tore zum Hades bewachte, den Hundegefährten der Eskimogöttin Sedna, der mit ihr am Grund des Meers lebte, die sumerische Bau, die Tochter von An, und Merlins schwarzen Hund der keltischen Mythologie, der ihn auf seinen nächtlichen Streifzügen ans Meeresufer begleitete, wo er die Ingredienzen für seine Zaubertränke sammelte. Dabei fällt auf, daß sich der Name von Baus Vater, An, und Anpu, der ägyptische Name für Anubis, stark ähneln, was sicher auf eine gemeinsame Wurzel irgendwann in grauer Vorzeit hindeutet.

Dr. R. A. Witt widmet in seinem Buch *Isis in the Graeco-Roman World* Anubis ein gesondertes Kapitel. Er sagt, daß in den Pyramidentexten Anubis zwar kein Mitglied der Gruppe von Heliopolis war, aber sehr wichtig als Wächter von Osiris und Führer der Toten:

> Er kommt den Toten als ein Führer vom Horizont entgegen. In der bildreichen Sprache des alten Ägyptens wird er als Zähler der Herzen und Erster der Westlichen beschrieben. Wenn der wiederbelebte König als Anubis aufersteht, erzittert die Göttergruppe vor ihm. Er kann befehlen, daß der Tod als ein Stern erscheint.[17]

Die Bezeichnung »Erster der Westlichen« fesselte in diesem Zusammenhang meine Aufmerksamkeit, denn sie könnte auf eine Verbindung zu Atlantis hinweisen. Anubis könnte wie Thot den sirianischen Netern vorangegangen und zugegen gewesen sein, um sie zu begrüßen, da er zuvor von stellaren Quellen über Sirius und dessen kosmische Verbindung mit der Erde unterrichtet worden und daher auf ihre Ankunft vorbereitet war. Anubis und Thot werden häufig zu einer einzigen Gottheit verschmolzen, die später als Hermanubis bekannt wurde. Beide Gottheiten haben eine gemeinsame Assoziation mit der Bewältigung des Zeit-Raum-Kontinuums wie auch mit der Heilkunst. Das macht sie zu einem der folgenden:

- Wissenschaftspriester, entweder in Frühägypten oder in Atlantis, die den entsprechenden Namen als Anrede führten und die dafür verantwortlich waren, die Eingeborenen über die fünf zusätzlichen Tage aufzuklären.
- Gottheiten in Verbindung mit bestimmten mathematischen Prinzipien oder Pfaden im Raum, wie dem elliptischen Orbit von Sirius.
- Allegorische Parabeln, um den Ungebildeten fortgeschrittene wissenschaftliche Prinzipien zu vermitteln.
- Zeitessenzen, die aus bestimmten Gründen in menschlichen Körpern geboren wurden (siehe *Cosmic Connections*).

Als jemand, der sich häufig mit ihnen beschäftigt und stets positive Reaktionen erhalten hat, kann ich bezeugen, daß sie eine eindeutige Realität besitzen, auch wenn Psychologen zweifelsohne versichern würden, daß ich bloß Aspekte meiner eigenen Psyche kontaktierte, die den damit verbundenen Prinzipien entsprechen: Selbstheilung und die Bewältigung der zeitlosen Reiche des großen Unbewußten. Das gleiche Argument gilt jedoch auch für die Christen, die Jesus, seine Mutter oder Gott-Vater anbeten und davon unmittelbare Hilfe und Erleichterung empfangen.

Kosmische Prinzipien, ob sie nun Sirius, Orion oder einen anderen Teil des unendlichen Universums darstellen, besitzen eine Konstanz, die über die Grenzen von Zeit und Raum hinausreicht. Ob wir sie als Bringer von Licht, Liebe und Wissen erfahren oder bei ihrer Anrufung mit der dunkleren Seite unseres eigenen Wesens in Kontakt kommen, hängt von uns allein ab, denn gleiches zieht gleiches an.

Anmerkungen

1 R. K. G. Temple: *The Sirius Mystery,* S. 45.
2 Ebda., S. 48.
3 Ebda., S. 66.
4 Ebda., S. 20–30.
5 G. R. S. Mead: *Thrice Greatest Hermes,* Bd. 3, S. 111–113.
6 Temple, op. cit., S. 216.
7 Temple, op. cit., S. 32.
8 Temple, op. cit., S. 64.
9 Temple, op. cit., S. 209–210.
10 G. Maspero: *The Dawn of Civilisation,* S. 546.
11 Ebda., S. 546.
12 *Prediction Magazine:* »Sirius B: Cradle of the Gods«, von Sue Oliver. März 1990.
13 Mead, *Thrice Greatest Hermes,* Bd. 1, S. 314.
14 F. Hoyle: *The Intelligent Universe,* S. 158.
15 V. Robson: *Fixed Stars and Constellations in Astrology,* S. 208.
16 Temple, op.cit., S. 64.
17 R. E. Witt: *Isis in the Graeco-Roman World,* S. 198.

KAPITEL 6

Das ägyptische Totenbuch

Um einen Überblick über die Überzeugungen und kulturellen Einstellungen der alten Ägypter zu gewinnen, die für unser Thema wichtig sind, muß man einige der grundlegenden Konzepte unter die Lupe nehmen, die in ihrem heiligsten Buch enthalten sind, dessen Ursprünge sogar noch vor die archaische Periode zurückreichen sollen.

Das *Totenbuch* war für die alten Ägypter, was die Bibel für fundamentalistische Christen ist, womit ich meine, daß es zu wörtlich genommen wurde, besonders in späteren Dynastien, als die ursprünglichen Bedeutungen zweifelsohne durch die Nebel der Zeit unklar geworden waren. Das ist verständlich angesichts der Tatsache, daß die Ägypter der, sagen wir, achtzehnten Dynastie sich vermutlich ebenso – oder sogar noch stärker – von denen der ersten unterschieden, wie sich das mittelalterliche Europa von der heutigen modernen Gesellschaft unterscheidet.

Schon der Titel *Totenbuch* ist eine Fehlbezeichnung, denn die wörtliche Übersetzung lautet »Kapitel über das Erscheinen am Tage«. Der einzige Grund für den abschreckenden Titel ist die inhaltliche Beschäftigung mit dem Leben nach dem Tode und die Vorbereitung darauf. Nur einzelne Fragmente dieses Werks in der Form, wie es uns überliefert wurde, befassen sich mit magischen Ritualen oder Metaphysik als solcher, während sich ganze Abschnitte auf den Zustand der verstorbenen Seele und deren Prüfungen und Existenzformen in den subtileren

Dimensionen befassen. Es wird mehr Betonung auf das gelegt, was uns nach dem Tod erwartet, als auf das spirituelle Wohlergehen im inkarnierten Zustand. Der Originaltitel – REU NU PERT EM HRU – wird in Hieroglyphen so geschrieben:

Die alten Ägypter waren trotz ihrer überlieferten Kenntnisse und ihrer priesterlichen Weisheit ein ungeheuer praktisches Volk. Sie genossen eine geordnete Existenz und behandelten ihre religiösen Überzeugungen als einen essentiellen Teil ihrer Lebenserfahrung. Oft wird eine magische oder mystische Bedeutung in scheinbar faszinierende Sequenzen von Hieroglyphen gelegt, die sich dann in der Übersetzung als nichts weiter herausstellen als Rechnungen für Fässer mit Öl, Weizen, Fisch oder Fleisch, mit der gelegentlichen Mahnung, was passieren könnte, wenn die Rechnungen nicht vor den Hundstagen bezahlt werden! Ich habe immer schon gestaunt, wie man glauben konnte, daß eine Priesterschaft, die so alt und kenntnisreich war wie die des alten Ägyptens, die Einzelheiten ihrer heiligsten Mysterien an derart öffentlichen Plätzen hinterlassen würde, daß Uneingeweihte Jahrhunderte später darüber brüten könnten.

Hat dieses berühmte *Totenbuch* uns nun wirklich noch etwas zu sagen? Die Antwort auf diese Frage muß natürlich »Ja und nein« lauten. Ja, weil es uns eine Vorstellung davon gibt, wie man in Ägypten in jenen weit zurückliegenden Tagen dachte, und nein aufgrund der Tatsache, daß es für den Laien oder oberflächlich Neugierigen auf den ersten Blick nur wenig Interessantes zu bieten hat. Vom magischen oder metaphysischen Standpunkt aus bietet es uns allerdings einige Hinweise darauf, woher die Ägypter ihr ursprüngliches Wissen hatten, wobei erfahrene Gelehrte darüber hinaus die verschiedenen Schichten unterscheiden können, die die ursprüngliche Weisheitslehre des Buches verhüllen.

Wallis Budge zufolge ist das Buch eindeutig nicht ägyptischen Ursprungs, denn obwohl die einheimischen Stämme jener Region einigermaßen klare Vorstellungen von ihrem Nachleben hatten, kann man sie nicht als die Verfasser betrachten, nicht einmal der frühesten Version, denn das Werk setzt Ideen voraus, über die die Einheimischen nicht verfügten, und bezieht sich auf ein kompliziertes System der Grabkunst, das sie sicherlich niemals praktizierten. Wer brachte ihnen diese Dinge also bei? Die Atlanter, möchte ich meinen, obwohl sich bereits die früheste Version meines Erachtens schon weit von den ursprünglichen atlantischen Vorstellungen über das Leben nach dem Tode entfernt hatte.

Auf dem Höhepunkt der Zivilisation im Alten Land, im Zeitalter der Jungfrau, Jahrhunderte vor der großen Flut, wurde zum Beispiel der physische Körper nach dem Tode durch Schall desintegriert, da man ihn für unnötig bei der Reise in andere Dimensionen hielt. Konservierungsmethoden wie die Mumifizierung kannte man nicht, und die »Seelenfragment-Theorie« wurde verstanden und von der frühesten Kindheit an gelehrt. Erst in späteren Zeiten, als eine unnatürlich starke Betonung auf den physischen Körper und die damit verbundenen Freuden gelegt wurde, zog man das Konzept der Konservierung in Betracht. Der eine Aspekt des Nachlebens, den die Ägypter von den Atlantern übernahmen, war die alte atlantische Überzeugung, daß der Geist, wenn er erst von seiner körperlichen Hülle befreit war, nicht-räumliche Dimensionen oder Zeitzonen mit unterschiedlichen Frequenzen betreten konnte. Spätere ägyptische Priester dachten, daß man für diese »Reisen« jeweils besondere Körper brauchte, und so wurde ein neues Konzept geboren.

Einige Forscher sind zu dem Schluß gelangt, daß diese Vorstellungen von Einwanderern oder Eroberern übernommen wurden – freiwillig oder unfreiwillig. Aber allgemein ist man sich einig, daß sie von anderswoher nach Ägypten gebracht wurden, möglicherweise aus dem Fernen Osten, und es gab sie ganz sicher schon mehrere Jahrtausende vor der ersten Dynastie.

Das *Totenbuch* ist in drei Abschnitte aufgeteilt, die als Rezensionen bekannt sind. Es handelt sich hier um:

1. Die heliopolitanische Rezension:
   (a) Das, was in der fünften und sechsten Dynastie benutzt und in Hieroglyphen an den Mauern und in den Kammern der Pyramiden von Sakkara gefunden wurde.
   (b) Das, was in kursiven Hieroglyphen auf die Särge der elften und zwölften Dynastie geschrieben wurde.

2. Die thebanische Rezension:
   (a) Das, was von der achtzehnten bis zur zweiundzwanzigsten Dynastie auf Papyri geschrieben und in Hieroglyphen auf die Särge gemalt wurde.
   (b) Das, was in der einundzwanzigsten und zweiundzwanzigsten Dynastie in hieratischer Schrift auf Papyri geschrieben wurde.

3. Die Saite-Rezension:
   Das, was ab der sechsundzwanzigsten Dynastie auf Papyri, Särgen usw. in hieroglyphischer, hieratischer und volkstümlicher Schrift aufgezeichnet wurde. Das war

die Rezension, die in der ptolemäischen Periode benutzt wurde und die man als die letzte Form des *Totenbuchs* betrachten kann.

Die heliopolitanische Rezension läßt sich auf 3500 v. Chr. zurückdatieren; der Beweis dafür findet sich in den Fehlern beim Abschreiben, die darauf hinweisen, daß die Schreiber jener Periode es mit Texten zu tun hatten, die selbst in jenen fernen Zeiten so alt waren, daß sie in vielen Abschnitten unverständlich wirkten. Diese Kopisten reproduzierten sie ohne viel Verständnis für den Inhalt, fügten entweder ihre eigenen Interpretationen ein oder wagten Vermutungen über das, was sie nicht verstanden. So schlichen sich die ersten Ungenauigkeiten ein, obwohl es zweifelsohne noch andere gab, denn es waren immerhin mehrere tausend Jahre vergangen, seit das Original gemäß den Erkenntnissen der Atlanter, Sirianer oder wessen auch immer aufgezeichnet worden war.

Anhand der Beschreibungen kann man diese frühesten Aufzeichnungen auf eine Phase datieren, als die Nilufer von angriffslustigen Tieren wimmelten, und sie enthalten auch Anzeichen dafür, daß das Klima zu dieser Zeit ganz anders aussah als das, was man in der aufgezeichneten ägyptischen Geschichte oder der der umliegenden Länder vorfindet. Wir haben heute geologische Beweise für diese Tatsachen. Interessierten Lesern seien die Werke von Charles Hapgood, Charles Berlitz oder Ignatius Donnelly empfohlen.

Mein eigenes Buch *Atlantis: Myth or Reality?* enthält eine ausführliche Bibliografie über sämtliches Informationsmaterial zu diesem Thema.

Wir haben bereits angemerkt, daß die ägyptischen Ureinwohner eine Stein- und Feuersteinkultur hatten, während ihre Eroberer beziehungsweise jene, die an ihren Gestaden siedelten und einen zivilisierenden Einfluß ausübten, mit Bronze und anderen Metallen arbeiteten und reich geschnitzte Objekte, Tonwaren und eine komplexe Architektur und Bauweise aufwiesen. Diese Veränderungen hatten sich aber verdächtig plötzlich und viel zu radikal entwickelt. Spätere Veränderungen oder Zusätze definieren eindeutig die verschiedenen bekannten äußeren Einflüsse auf ägyptisches Leben und Kultur, besonders durch die Libyer, Araber, Hyksos und Syrer; man kann außerdem leicht jene Punkte in der Geschichte festmachen, als die Gottheiten und magischen Sitten dieser Subkulturen sich mit den bestehenden ägyptischen Kennzeichen vermischten.

Das älteste Exemplar des *Totenbuchs* auf Papyrus ist für Nu geschrieben, den »Sohn des Aufsehers im Haus oder Bewacher des Siegels, Amen-hetep, und der Herrin des Hauses, Senseneb«. Dieses äußerst wertvolle Dokument wird auf den Beginn der achtzehnten Dynastie datiert. Es gibt zwei Versionen des vierundsechzigsten Kapitels, eine sehr viel länger als die andere, und auf jede Version folgt eine Bemerkung, die eine Datierung des vorangegangenen Textes ermöglicht. Es wird dort behauptet, daß die beiden Versionen so gefunden wurden:

> … durch den Baumeister in den Grundmauern des Schreins von Hennu während der Herrschaft seiner Majestät des Königs von Süden und Norden, Semti (oder Hesepti), und die längere Version in der Stadt Khemennu (Hermopolis, der Stadt Thots) auf einem Eisenblock aus dem Süden, in den Buchstaben aus echtem Lapislazuli unter den Füßen des Gottes (Thot) eingelegt waren, unter der Herrschaft seiner Majestät Men-kau-Ra (Mycerinus).[1]

Von den beiden Aussagen schreibt die eine die Entdekkung des Kapitels der ersten Dynastie zu, die andere der vierten Dynastie. Beide Aussagen sind Budge zufolge korrekt, und die längere Version war zweifelsohne die spätere. Osiris und Horus sind in diesen Versionen gut beschrieben, was für ihr Alter als Gottheiten spricht, und zeigt, daß ihre Verehrung bis zur ersten Dynastie und weiter zurück reicht.

Es ist nur wenig darüber bekannt, was mit den heiligen Büchern während der zweiten, dritten und vierten Dynastie geschah. Es gibt Theorien, die sich auf Fragmente und spätere Schriften stützen, aber es gibt keine empirischen Beweise dafür. Es heißt, daß unter der Herrschaft von Men-kau-Ra (Mycerinus), einem König der vierten Dynastie, die Kapitel XXXV, LXIV und CXLVIII von einem gewissen Heruta-ta-f, dem Sohn von Chufu, »gefunden« wurden, einem Mann, den man seit neuerem als einen großen Gelehrten betrachtet. Es besteht die Möglichkeit, daß er wie König Semti einige alte Kapitel überarbeitete, bei denen sein Name eingefügt wurde, denn Begräbnisinschriften aus jener Periode beweisen, daß das *Totenbuch* bereits allgemein benutzt wurde.

In der fünften und sechsten Dynastie gab es eine größere Entwicklung der Begräbnisrituale und Zeremonien, und fünf Abschnitte von Texten aus dieser Periode haben bis auf den heutigen Tag überlebt. Obwohl diese früheren Texte, die die heliopolitanische Rezension bilden, auch die Ansichten der Priester von Annu oder Heliopolis enthalten, erscheint es unwahrscheinlich, daß diese etwa das gesamte Werk darstellten. Die Priester von Annu selbst nahmen viele Veränderungen und Auslassungen vor und gaben dies auch freimütig zu, vermutlich weil sie keine Ahnung davon hatten, worum es in den Originalen ging, und weil sie praktischere Begriffe brauchten, um die Essenz ihrer religiösen Überzeugungen an die allgemeine Bevölkerung zu vermitteln.

Zwischen der sechsten und elften Dynastie scheinen

die heiligen Bücher zeitweise beiseite gelegt oder aufgegeben worden zu sein, und sie tauchen erst in der elften Dynastie wieder auf. Es ist aber auch nur sehr wenig über die Ereignisse in der Zeitspanne zwischen der sechsten und elften Dynastie bekannt. In Oberägypten tauchten zwar Grabstätten von beträchtlicher Größe und Schönheit auf, aber es gab keine einschneidenden Veränderungen in den Bestattungspraktiken und auch keine neue Ausgabe des *Totenbuchs*. In der elften und zwölften Dynastie tauchten viele eingravierte Ausschnitte aus der früheren heliopolitanischen Rezension auf, die sich in Typus und Inhalt von den älteren Versionen während der fünften und sechsten Dynastie nur wenig unterschieden. Es gab sogar eine zeitweise Rückkehr zu früheren Methoden, möglicherweise als Reaktion gegen äußere religiöse und politische Einflüsse, die die Bevölkerung irgendwie aufgebracht hatten. Zwischen der zwölften und achtzehnten Dynastie finden wir eine weitere Unterbrechung in der Geschichte dieses bemerkenswerten Dokuments, und mit dem Beginn der achtzehnten Dynastie betritt das Werk eine neue Phase, da die Transkriptionen nun auf Papyrus erscheinen, während man sie zuvor nur auf Särgen, Sarkophagen, Pyramiden und Statuen gesehen hatte.

Man muß dabei aber in Betracht ziehen, daß das wirtschaftliche Klima eine wichtige Rolle spielte, weil die komplizierten Bestattungsrituale zuvor nur für wichtige und reiche Personen veranstaltet wurden, so daß die frühen Inskriptionen allein aus jener Gesellschaftsschicht stammen. Doch mit der Erfindung des Papyrus, auf den sich leichter schreiben läßt als auf Stein und der beträchtlich billiger war, konnten jeder Mann und jede Frau, die schreiben oder sich die Dienste eines Schreibers leisten konnten, eigene Kopien mit persönlichen Anrufungen anfertigen lassen. Es wurde daher zur Mode unter den Wohlhabenden, Inskriptionen für die Frau und die Familie anfertigen zu lassen. Das gilt besonders für die Angehörigen des Priesterstandes. Die ägyptische Priesterkaste war nicht zölibatär, doch sie neigte auch nicht zu Ausschweifungen. Sie waren vornehmlich familienorientierte Menschen, die ihren Gott nach ihrem eigenen Bild erschufen, wie wir alle es tun, wenn wir ganz ehrlich sind. Sie neigten daher dazu, sich der materiellen und spirituellen Bedürfnisse ihrer Familien anzunehmen, und wir haben ihnen vermutlich eine Menge zu verdanken, wenn es um das Verständnis des Lebensstils und der allgemeinen religiösen und soziologischen Werte jener Zeiten geht.

Sitz dieser Veränderungen war Theben, die Stadt des Gottes Amen-Ra, und aus diesem Grund ist die Ausgabe des *Totenbuchs,* die von der achtzehnten bis zur zweiundzwanzigsten Dynastie allgemein verbreitet war, als die thebanische Rezension bekannt. Obwohl die Priester von Amen anfangs wenig mehr taten, als die Texte Annus zu kopieren, fügten sie doch im Laufe der Zeit ihren eigenen Gott Amen in den Text ein, der allmählich die Macht vieler alter Gottheiten für sich beanspruchte und deren Eigenschaften annahm. Als Vaterarchetypus der thebanischen Triade ist Amen gewöhnlich mit der Göttin Mut verbunden; ihr Sohn ist der Mondgott Chons, eine Gottheit des Heilens. Diese Triade scheint die früheren Götter von Memphis zu wiederholen: Ptah, der göttliche Architekt, Schutzpatron der Steinmetze, seine Gefährtin Sechmet, die Löwenköpfige (manchmal auch Bast, die Katzengöttin), und ihr Sohn Nefer-tem/Imhotep, ebenfalls eine Gottheit des Heilens (vgl. Kapitel 3).

Die Texte dieser Dynastie wurden stets mit schwarzer Tinte in vertikalen Kolumnen von Hieroglyphen aufgezeichnet, die durch feine schwarze Linien voneinander getrennt waren, aber die Kapitelüberschriften und anderes wurde in Rot geschrieben. Es verbreiteten sich nun auch Randvignetten, obwohl es für deren Anwendung bereits ab der elften Dynastie Nachweise gibt. Viele berühmte Papyri, wie der Papyrus von Hunefer (Britisches Museum Nr. 9901), gehören in diese Periode, aber das allgemeine Gefühl unter den Experten ist, daß auf Kosten der alten Wahrheiten alles in Farbe und Schönheit gesteckt wurde. Schreiber und Künstler arbeiteten zusammen, um eine Vignette voll Lebhaftigkeit und Bewegung zu schaffen – statt eines lehrreichen Textes. Lange Kopien der thebanischen Rezension wurden in einzelnen Teilen angefertigt und dann zusammen eingefügt, und es scheint, daß nur wenige der beteiligten Künstler wußten, was die anderen taten.

Einer der feinsten illustrierten Papyri, der *Papyrus von Ani,* läßt einen großen Textabschnitt aus, ein Fehler, den vermutlich der Schreiber beging und der nicht durch einen Wandel in der Doktrin oder priesterliche Interventionen bewirkt wurde. Vignetten haben einen bestimmten Wert, da sie manchmal mythologische Szenen mit den Götternamen abbilden, die sonst nirgendwo auftauchen. So verdanken wir dieser Kunstform zahlreiche Informationen über die Richterszenen und das ägyptische Konzept von Karma. Ein weiteres Beispiel ist der *Papyrus von Anhai* aus der einundzwanzigsten Dynastie (Britisches Museum Nr. 10,472) mit einer Vignette, die die Schöpfung darstellt, die aber mit dem früheren Text des *Totenbuchs* nichts zu tun zu haben scheint. Für interessierte Besucher des Britischen Museums ist dies einen Blick wert, denn es stellt die Neter dar, wie sie mit einem recht seltsamen Gefährt »aus dem Westen« ankommen.

In der einundzwanzigsten und zweiundzwanzigsten

Dynastie nahmen die künstlerischen Fähigkeiten der beteiligten Maler langsam ab, und das *Totenbuch* weist sowohl in der Form wie auch im Inhalt beträchtliche Veränderungen auf. Es gab Budge zufolge unzählige Ungenauigkeiten, und die kopierten Anweisungen wirken teilweise widersprüchlich und ketzerisch. Von der zweiundzwanzigsten bis zur sechsundzwanzigsten Dynastie erfahren wir nur wenig über die religiösen und magischen Bräuche Ägyptens, was zweifelsohne an den Veränderungen und Tumulten liegt, die die Nation in dieser Phase durchmachte. Die Priester von Amen-Ra bewirkten durch politische und religiöse Machenschaften, daß ihre Lieblingsgottheit vor alle anderen gesetzt wurde, selbst vor Ra, und übernahmen in weltlichen wie religiösen Dingen die Herrschaft über ihre Untertanen. Ihr schließlicher Niedergang war Folge ihrer Unfähigkeit, die Autorität in den Ländern aufrechtzuerhalten, die zuvor von den Königen früherer Dynastien beherrscht worden waren. Auferlegte Tribute wurden nicht bezahlt, man entwand ihnen langsam aber sicher die Macht, und schließlich rebellierte das Volk. So kam die Herrschaft von Amen schließlich zu einem willkommenen Ende.

Mit dem Anwachsen der königlichen Macht in der sechsundzwanzigsten Dynastie fand eine allgemeine Wiederbelebung der alten Religion statt. Auch das *Totenbuch* entging dem nicht, und die Gelehrten der Zeit versuchten mit einschneidenden Maßnahmen, das Werk neu herauszugeben und einen Teil der thebanischen Überfrachtung auszumerzen. Das genaue Datum dieser Arbeiten ist nicht bekannt, aber man glaubt allgemein, daß sie von einer eigens ernannten Versammlung oder einem Kollegium von Priestern ausgeführt wurden. Die Frucht ihrer Arbeit war die Saite-Rezension des *Totenbuchs,* die dritte Phase in der

Geschichte dieses faszinierenden Dokuments, die natürlich ebenfalls die religiösen Ansichten jener Tage deutlich spiegelte. Die Saite-Rezension war in ptolemäischen Zeiten in Gebrauch, aber die Schreiber hatten damals anscheinend weder eine Ahnung von der Bedeutung der Texte, die sie kopierten, noch von den textbegleitenden Vignetten. Unter den in der ptolemäischen und graeco-romanischen Phase beliebten Werken ist das *Shai-en-sensen,* das Buch der Atmung, von besonderem Interesse. Hier werden Vorstellungen und Überzeugungen dargestellt, die man aus älteren Teilen des *Totenbuchs* ableitete, und es ist erfrischend zu sehen, daß trotz der äußeren Veränderungen und der Ungenauigkeiten, die sich im Laufe der Zeit einschlichen, das grundsätzliche Konzept von einem Nachleben in der Vorstellung der Menschen ungefähr gleich geblieben war.

Das *Totenbuch* wurde vielfach als ein von Thot inspiriertes Werk betrachtet, von jenem Schreiber der Götter, der nach ägyptischer Überzeugung die Worte der Schöpfung sprach, die dann durch Ptah in die Praxis umgesetzt wurden (durch eine Verlangsamung der Zeit, die für die Bildung der Singularität, die schließlich zu unserem Universum wurde, essentiell war). Dementsprechend müßte es einige Elemente sirianischer Weisheit enthalten, aber wie ich schon zuvor betonte, waren die Priester der Alten nicht daran gewöhnt, ihre geheiligten Wahrheiten Laien zugänglich zu machen, daher muß alles echte Wissen, das die Verwüstungen der Zeit und die Ignoranz der Menschen überleben konnte, notwendigerweise sorgfältig zwischen den Zeilen herausgelesen werden, wenn es dort überhaupt jemals einen Platz hatte.

Die Hieroglyphen des alten Ägyptens stellen ein eigenes Forschungsgebiet dar, und es gibt verschiedene Werke, die die Entwicklung und Evolution des Systems im

Laufe der Jahrhunderte von Ägyptens Blüte darlegen. Das Britische Museum vertreibt ein ausgezeichnetes kleines Büchlein mit dem Titel *Egyptian Hieroglyphics* von W. V. Davies, während Sammlern von Kartuschen von Göttern und Königen das Buch *The Sons of Re, Cartouches of the Kings of Egypt* von John Rose empfohlen wird, das nicht nur die persönlichen Hieroglyphen aller historisch belegbaren Monarchen enthält, sondern auch jene der Götter. Mit freundlicher Genehmigung von Rose sind hier einige Illustrationen als Beispiele wiedergegeben, die den Leser vielleicht in Versuchung führen, das Werk dieses Autors eingehender zu studieren (siehe Abb. 6.1).

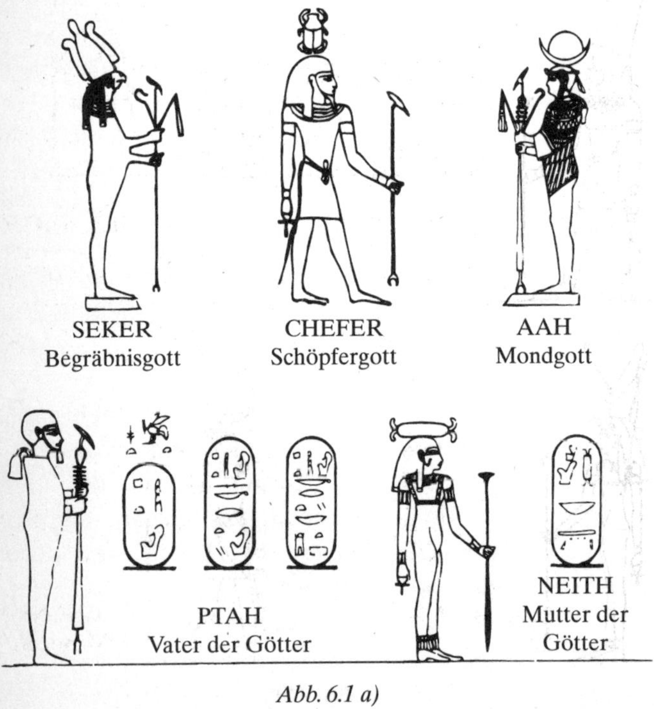

Abb. 6.1 a)

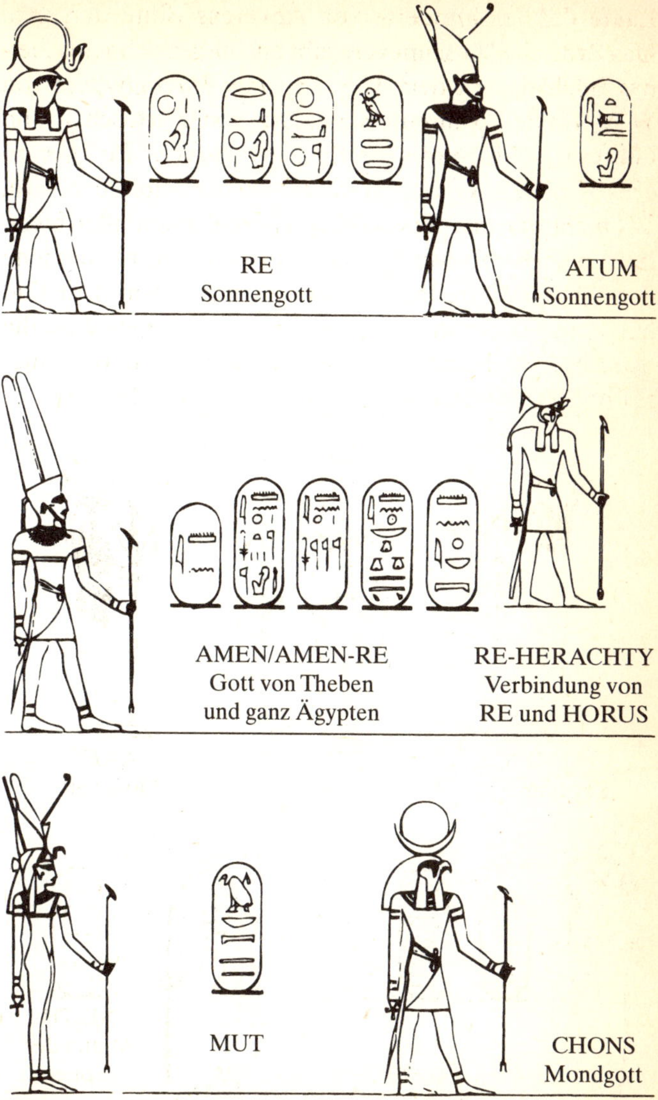
RE
Sonnengott
ATUM
Sonnengott
AMEN/AMEN-RE
Gott von Theben
und ganz Ägypten
RE-HERACHTY
Verbindung von
RE und HORUS
MUT
CHONS
Mondgott

Abb. 6.1 b)

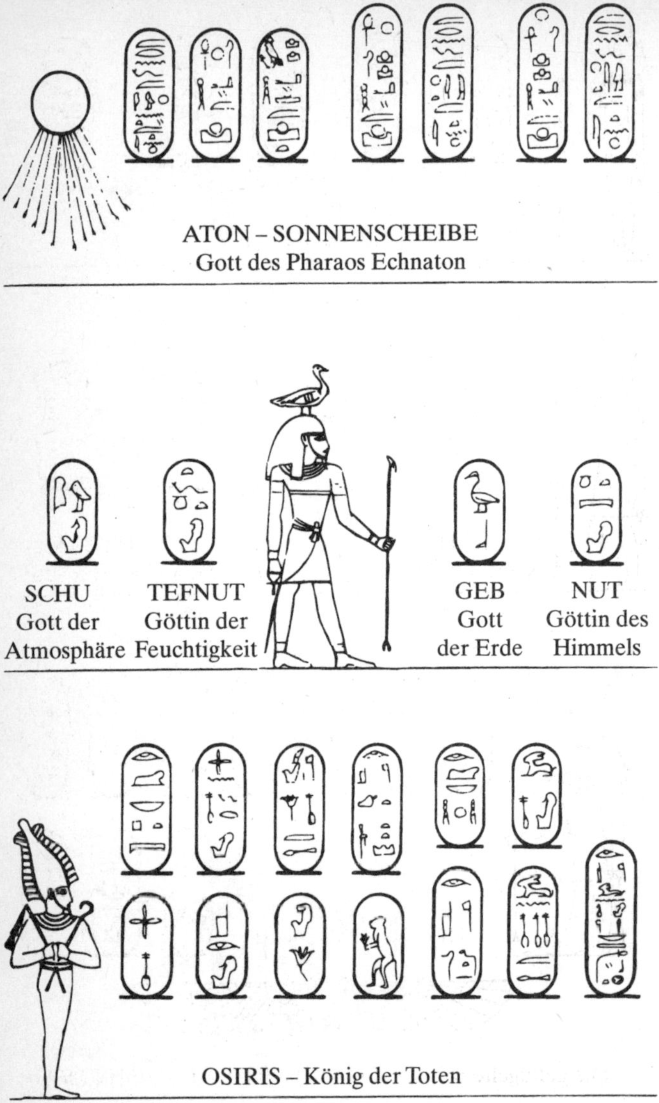
ATON – SONNENSCHEIBE
Gott des Pharaos Echnaton
SCHU
Gott der
Atmosphäre
TEFNUT
Göttin der
Feuchtigkeit
GEB
Gott
der Erde
NUT
Göttin des
Himmels
OSIRIS – König der Toten

Abb. 6.1 c)

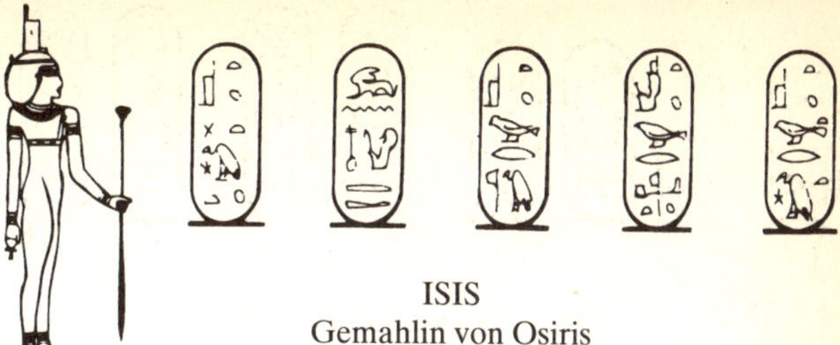

ISIS
Gemahlin von Osiris

SETH
Gott des Bösen

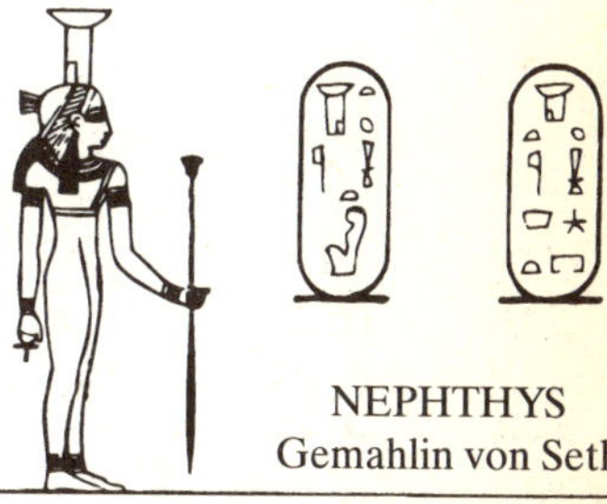

NEPHTHYS
Gemahlin von Seth

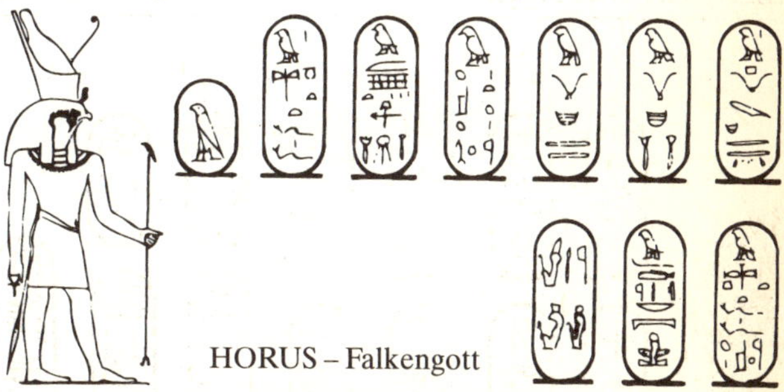

HORUS – Falkengott

Die geflügelte Scheibe – Symbol des HORUS VON EDFU

Abb. 6.1 d)

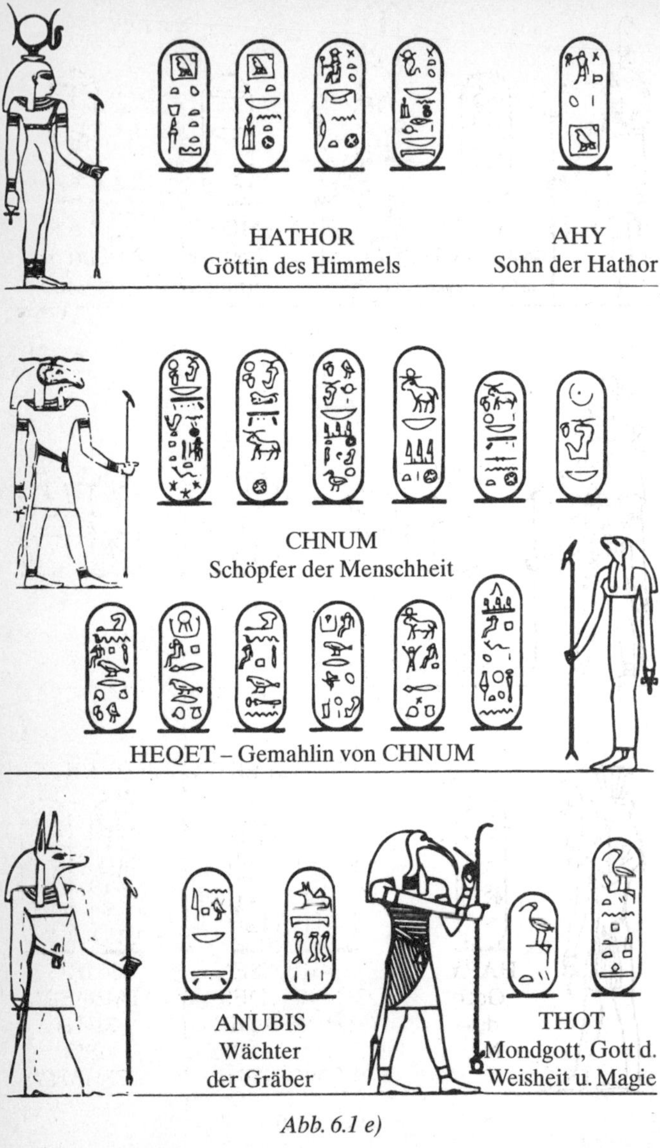
HATHOR
Göttin des Himmels
AHY
Sohn der Hathor
CHNUM
Schöpfer der Menschheit
HEQET – Gemahlin von CHNUM
ANUBIS
Wächter
der Gräber
THOT
Mondgott, Gott d.
Weisheit u. Magie

Abb. 6.1 e)

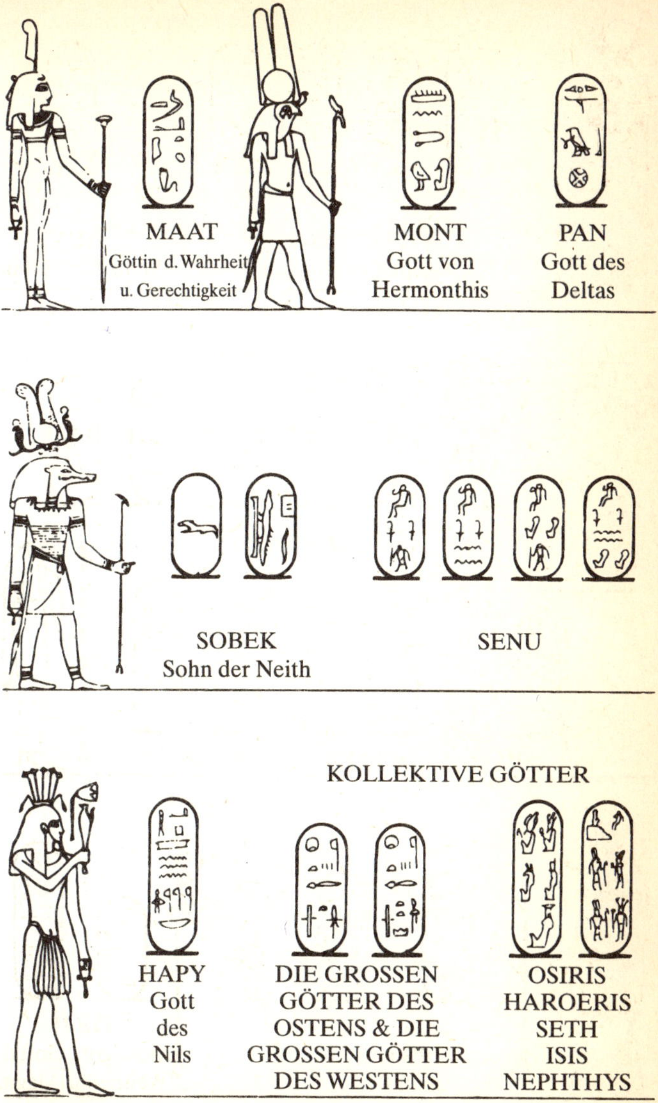
MAAT
Göttin d. Wahrheit
u. Gerechtigkeit
MONT
Gott von
Hermonthis
PAN
Gott des
Deltas
SOBEK
Sohn der Neith
SENU
KOLLEKTIVE GÖTTER
HAPY
Gott
des
Nils
DIE GROSSEN
GÖTTER DES
OSTENS & DIE
GROSSEN GÖTTER
DES WESTENS
OSIRIS
HAROERIS
SETH
ISIS
NEPHTHYS

Abb. 6.1 f)

Es gibt allerdings bestimmte Hieroglyphen, die sich besonders auf spirituelle oder transpersonale Dinge beziehen, und diese sind meines Erachtens von grundlegender Bedeutung für das Verständnis der ägyptischen Religion wie auch jener, von denen das Volk ursprünglich seine Kenntnisse gewann. Für die frühen Ägypter war das spirituelle Wesen so etwas wie eine Reisegruppe, zu der mehrere »Vehikel« gehörten, die man für die Bewältigung der subtileren Ebenen benötigte. Diese sind:

Sahu oder der spirituelle Körper – das Abstrakte

Chu oder der Geist – die magische Essenz

Ba oder die Seele – vermutlich der ätherische Körper

Ka oder der Doppelgänger – der Astralkörper

Sechem oder die »Macht«

Ab oder das Herz – Sitz der Emotionen

Chaibit oder der Schatten – das Unbewußte

Ren, der Name – der persönliche Klang

Chat oder der physische Körper – das Vergängliche

Man kann diese Einleitung mit ähnlichen Klassifikationen gleichsetzen, wie sie nachfolgende arkane Überlieferungen und Systeme transpersonaler Psychologie aufstellten, die sich entweder auf Bewußtseinsebenen beziehen oder auf progressiv beschleunigte Frequenzen, wie zum Beispiel den ätherischen, astralen, mentalen, kausalen und spirituellen Körper oder Atma, Buddha, Manas, Kama, Prana und Rupa oder einen ähnlichen Katalog von Bezeichnungen. In meinem Kartuschensystem der Wahrsagung habe ich die verschiedenen subtilen Körper der Ägypter neun Hauptgottheiten zugeschrieben, darunter auch die epagomenalen Neter:

1. Osiris	2. Isis	3. Horus
4. Bast	6. Hathor	7. Nephthys
8. Ptah	9. Anubis	10. Seth

Thot führe ich ebenfalls auf und gebe ihm die Karte Nummer 5, aber mit dem Ibis als Symbol statt einer der spirituellen Hieroglyphen oder der tatsächlichen hieroglyphischen Version seines Namens, wie man sie in Roses Abbildungen finden kann. Mein Grund dafür? Ich kann es eigentlich nicht sagen, außer daß ich mich dazu »inspiriert« fühlte. Die Logik würde sicherlich verlangen, daß ich die volle Hieroglyphe benutze, aber irgendwie sollte das nicht sein. Die den anderen Gottheiten zugewiesenen Zahlen folgen den allgemein akzeptierten numerologischen Regeln.

Das Studium des *Totenbuchs* sowie anderer archaischer Texte zeigt, daß das alte ägyptische Konzept vom Leben nach dem Tod kompliziert und sehr verwirrend war. Der Grund dafür liegt vermutlich in der Tatsache, daß eine Reihe von aufeinanderfolgenden Infiltrationen aus den Nachbarreligionen sowie die unterschiedlichen Übersetzungen und Deutungen dieses *Totenbuchs* eine Vielzahl von Ideen hervorbrachten, die die verschiedenen Priesterkasten jeweils ihrer Lieblingsdoktrin einzuverleiben versuchten. Seltsamerweise wird nur wenig oder gar nichts über den Wohnort der Götter oder Neter gesagt, obwohl über sie in den alten Texten so ausführlich geschrieben wird. Budge meint dazu:

> Die Texte dieser Phase schweigen über die genaue Position des Himmels, aber es ist sicher, daß die Ägypter ihn über sich sahen und daß sie ihn *pet* nannten; wir müssen zwischen den Bedeutungen von *pet* und *nut* unterscheiden, denn das erstere bedeutet *Himmel,* letzteres eher *Firmament.* Es fällt außerdem auf, daß in den Texten zwei Himmel erwähnt werden, der Taghimmel und der Nachthimmel.[3]

Für die alten Ägypter bestand das Universum aus drei Teilen – Himmel, Erde und Unterwelt (Tuat) –, von denen jeder von seiner eigenen Art von Gottheiten bevölkert wurde. Als die ägyptische Religion sich langsam weiterentwickelte, wurden die Konzepte angepaßt, um dem vorherrschenden Klima der jeweiligen religiösen Überzeugungen zu entsprechen. Ursprünglich waren es zwei Berge, die die himmlischen Regionen stützten, aber diese wurden schließlich von vier Säulen ersetzt, jede unter dem Patronat einer entsprechenden Gottheit. Mit der Zeit wurden diese mit den vier Kardinalpunkten verbunden und schließlich mit den vier Söhnen des Horus, die sie repräsentieren. Während meiner Forschungen sind mir mehrere unterschiedliche Versionen der Positionen begegnet, die man diesen Götterkindern zuweist. Die populärste wird von Budge übernommen: Imsety im Süden, Hapi im Norden, Duamutef im Osten und Qebhsnuf im Westen. Diese Anordnung wurde auch von Jung bevorzugt. Doch Lucie Lamy sieht dies anders, wie in Abbildung 6.2 veranschaulicht.

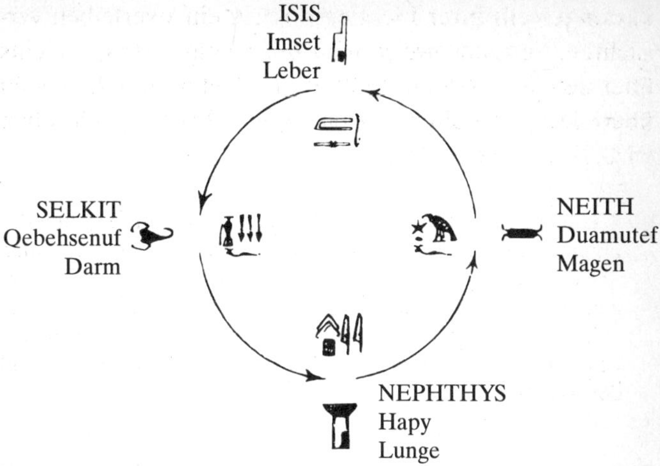

Abb. 6.2

Meine eigene Version, die ich in Kapitel 3 darlege, beruht auf drei Faktoren: den jeweiligen Bildsymbolen, den Organen der Verstorbenen, für die sie ihre Rolle als Schutzgott ausüben, und ihre magischen Reaktionen. In Riten rund um den Leichnam von Osiris wurden auch die Göttinnen Isis, Nephthys, Neith und Selkit mit den Söhnen von Horus verbunden: Isis mit Imsety, Nephthys mit Hapi, Neith mit Duamutef und Selkit mit Qebhsnuf. Ich zweifle nicht daran, daß die vier Elemente und die entsprechenden Kardinalpunkte auch in den alten Riten von Sirius und Atlantis vorkommen, aber es gilt zu beachten, daß diese sich natürlich veränderten, als sich zur Zeit der großen Flut der Winkel der Erdachse änderte, und so bin ich vielleicht unbewußt zu der alten präägyptischen Plazierung zurückgekehrt.

Die Ägypter selbst schienen ein wenig unsicher, wer den Himmel eigentlich bewohnte, abgesehen von den

Göttern natürlich, da mehrere Klassen von Wesen dort ihren Wohnsitz zu haben schienen. Dazu zählen die Schemsu-Hor, die Nachfolger des Horus, die wohl die gleiche Rolle spielten wie die christlichen Engel, nämlich sich um den Thron von Horus zu scharen und ihn falls nötig vor seinen Feinden zu schützen. Weiterhin die Aschemu, die wohl eine Art ätherische Wesen waren, die man nicht unbedingt mit menschlichen Erfahrungen verband, und die Henmemet, eine Klasse von Wesen, die entweder dazu bestimmt waren, Menschen zu werden, oder die bereits als Menschen inkarniert gewesen waren. Budge sagt uns, daß das Wort *aschem* gewöhnlich bedeutet: »die Gestalt, in der ein Gott sichtbar ist«, doch er meint auch, daß das Wort eine ältere Bedeutung haben müsse, die schon lange vergessen ist.[4] Letzteres könnte sich auf das beziehen, was die Metaphysiker als »Ebene der Präexistenz« bezeichnen (Quantenwelt der Primärpartikel), in der die Essenz angeblich weilt, bevor sie einen Hauptstrom der evolutionären Erfahrung betritt. Da weder Zeit noch Raum, so wie wir sie verstehen, in einer solchen Existenz eine Rolle spielen, könnte diese Ebene des prämateriellen Bewußtseins wohl einen umfassenden Überblick über das Universum und seine unendliche Vielfalt verschaffen, die der jungen Essenz ermöglichen, eine Wahl zu treffen. Aber nun bin ich wohl dabei, die atlantische Philosophie auf spätere ägyptische Konzepte aufzupfropfen, obwohl diese vielleicht dem sirianischen Original näher kommen, als es auf den ersten Blick den Anschein hat.

Die religiösen Überzeugungen der achtzehnten Dynastie waren zweifelsohne ebenso weit von den frühen Lehren im *Totenbuch* entfernt wie das heutige Christentum von den ursprünglichen Überzeugungen von Jeshua und dessen Anhängern vor zweitausend Jahren. Die allgemeine Meinung scheint wohl zu sein, daß die Geister der Menschen im Himmel bei den Göttern weilen konnten, falls sie sich auf Erden gut benommen und sich mit den entsprechenden Ritualen vertraut gemacht hatten, die ihnen einen reibungslosen Übergang in die »höheren Regionen« sicherten. Alte Illustrationen zeigen immer wieder Bilder, wie das Herz gewogen wird, sowie andere Rituale, denen die Verstorbenen sich unterziehen müssen.

Eine interessante Information, die mir als relevant für die Ursprünge der ägyptischen Kultur erscheint, findet sich in der Beschreibung des Lebens und der Umwelt der Götter. Einem Mythos zufolge bestand ihre Nahrung aus »Holz«, einer lebensspendenden Pflanzensubstanz, die nahe einem großen See auf den Sechet-hetep (elysischen Feldern) wuchs, wo die Seelen der Gesegneten weilten. Der gleiche Mythos bezieht sich auch auf die Toten, die in einer »zauberhaften, fruchtbaren Region leben, wo weißer Weizen und rote Gerste in großer Menge wachsen, wo es zahlreiche Kanäle voller Wasser gibt und man Freuden aller Arten finden kann«. (Das erinnert eher an Platos Atlantis als an eine sublime Existenz weit entfernt von der physischen Ebene, während die elysischen Felder einen ausgesprochen hellenistischen Anklang haben.)

Das ägyptische Tuat – die Unterwelt – war nicht gleichbedeutend mit der christlichen Hölle, noch glaubten die Ägypter, daß sie sich unter der Erde oder überhaupt in einer unterirdischen Region befinde. Es war ein Ort im Himmel, wo Ra, der Sonnengott, hinzog, wenn er nach dem Tag gegangen oder »gestorben« war, und durch den er notwendigerweise ziehen mußte, um am Morgen wieder an der Stelle am Himmel aufzutauchen, wo er aufgehen würde. Im Tuat beurteilte Osiris die Toten und herrschte sowohl über die Götter jenes Reiches wie auch über die Seelen der Toten, die dort hingelangt waren. Das Tuat war durch eine Gebirgskette von dieser Welt getrennt, genau so wie die Totenreiche von denen der Lebenden häufig durch einen tiefen Abgrund, einen Schlund oder undurchdringliche Barrieren getrennt sind. Im Licht der modernen Physik kann man dies als eine Frage unterschiedlicher Frequenzen betrachten, durch die keine Materie dringen kann, während Metaphysiker sich auf feinere Schwingungen oder höhere und niedrigere Ebenen beziehen.

Die Ägypter glaubten, das Tuat würde von einem Fluß durchzogen, eine Vorstellung, die auch in anderen Mythologien auftaucht: beim griechischen Hades mit seinem Fluß Styx zum Beispiel. Die Ufer dieses Flusses waren die Heimstätte von Ungeheuern, bösen Geistern und Dämonen jeder Gestalt und Größe, die Fremde ausgesprochen feindselig behandelten. Das erinnert an die »untere Astralebene«, die der Initiand durchwandern muß, ehe er oder sie in die erhabeneren spirituellen Bereiche aufsteigen kann. Die thebanischen Priester versuchten, einige frühere Überzeugungen in die Lehren einzuweben, von denen wohl die bekannteste die von Amentet war, dem »verborgenen Ort«, ursprünglich das Reich von An-her, der in Abydos unter dem Titel Chenti Amentet als Gott der Toten verehrt wurde. Dieser Name wurde später von Osiris übernommen, als er eine ähnliche Herrschaft antrat. Als Seth-Amenti oder »Bestattungsberg« stellte er die niederen Bereiche des Tuat dar.

Das Tuat selbst bestand aus mehreren Bereichen, die Pylonen genannt wurden – wohl kaum mehr als bequeme Verweise, die die thebanischen Priester erfanden. Es bräuchte wohl mehrere Bücher, um die verschiedenen Überzeugungen und Riten im Zusammenhang mit dem

Tuat zu beschreiben. Viele von ihnen wurden zweifellos von späteren Priestergruppen erfunden, die ihre Taschen mit dem Geld für eine Fahrkarte im Boot zur Sonne füllen wollten. Dieses Boot sollte die Seelen der Toten angeblich aus dem Reich der Dunkelheit ins Licht des neuen Tages bringen. Für mich sind diese Riten und Glaubensartikel kaum aufgeklärter oder folgenschwerer als der mittelalterliche Hokuspokus der Grimoires mit ihrer einschüchternden Doktrin von Furcht und Aberglauben. Der Astronom Carl Sagan bemerkte dazu einmal mit trockenem Humor: »Der erste Priester war der erste Schurke, der dem ersten Narren begegnete.«

Das Buch *Reu Nu Pert Em Hru* ist äußerst alt. Selbst um 3500 v. Chr. galten die enthaltenen Lehrsätze als veraltet oder zu obskur, um von späteren Generationen verstanden zu werden. Dazu kommt, daß die dort vertretenen Ansichten denjenigen der thebanischen Theokratie ausgesprochen widersprachen, und daher waren sie zwar bereit, das Alter der Texte zu respektieren, stellten aber zwei eigene Werke zusammen, die viele der ursprünglichen Bedeutungen noch mehr verdunkelten. Dabei handelte es sich um das *Schat am Tuat* (Das Buch über Tuat) und das *Buch der Pylonen.* Beide Bücher unterteilen Tuat in zwölf Abschnitte, die den Stunden der Nacht entsprechen. Die Abteilungen wurden »Feld« *(sechet)* genannt, »Stadt« *(nut),* »Halle« *(arret)* und »Kreis« *(gerert).* Eine ausführliche Beschreibung findet sich in Budges Buch[5], aber da sie fast ein ganzes Kapitel einnimmt und für ein tiefergehendes esoterisches Verständnis der frühen Dynastien wie auch für die Siriusverbindung völlig irrelevant ist, sehe ich keinen Sinn darin, sie ausführlicher darzustellen. Das gleiche gilt für andere häretische Doktrinen und Vorstellungen, die ihren Weg in die magischen und religiösen Überzeugungen Ägyptens fanden, wie die fünfzehn *Aat* (Bezirke, wörtlich genommen aber auch Bewußtseinszustände), die sieben *Arit* oder Empfangshallen, durch die die Geister nach dem Tod wandeln, und die Halle von Maati, wo die vergangenen Worte und Taten der Verstorbenen untersucht werden. Ich kann zwar das Konzept irgendeiner Form von Einschätzung nach dem Tode akzeptieren, aber vieles von dem gerade Erwähnten ist rein symbolisch und sollte nicht allzu wörtlich genommen werden.

Es ist eine allgemein akzeptierte metaphysische Überzeugung, daß wir nach unserem Tod unser Urteil selbst sprechen. Es gibt kein großes Strafgericht – weder im Himmel noch anderswo –, bei dem über Gut und Böse unserer vergangenen Taten entschieden wird. Dies kann nur von der Einzelseele selbst im Einklang mit ihrem allgemeinen Entwicklungsstand beurteilt werden. Ich kann allerdings einsehen, daß Leitlinien, wie die alten Ägypter sie benutzten, jungen Seelen helfen können, die das Raum-Zeit-Kontinuum noch nicht begreifen oder bewältigen können. Einzig und allein aus diesem Grund kann ich diese Prinzipien mit den Überresten viel früherer Weisheitslehren gleichsetzen. Man kann in Werken wie dem *Hermes Trismegistos* und den Smaragdtafeln wohl viel mehr echte altägyptisch-sirianisch-atlantische Weisheiten finden als in den überzogenen und entschieden übertriebenen Doktrinen und Ritualen der thebanischen Phase.

Budge lenkt in seinem Kommentar über die Bedeutung des Wortes »Neter« die Aufmerksamkeit des Lesers auf den Begriff *Neter-chert,* der in der späteren Version des *Totenbuchs* wieder auftaucht. Wörtlich genommen muß es sich hier um den Aufenthaltsort der Neter handeln, aber manche Autoren, besonders Gerald und Betty Scheuler, sprechen vom »magischen Universum«, ein allgemeiner Begriff für die subtilen Ebenen und die Sub-Ebenen, die über oder um unsere Erde existieren sollen (die ätherische, astrale, mentale und spirituelle Ebene der populären Metaphysik), die zwar für die physischen Sinne unsichtbar sind, die man aber trotzdem für nichts weniger als real hält. Der Begriff bezieht sich außerdem auf den Ort, der von den Toten besucht wird.[6] Weiterhin bezeichnen die Scheulers *Neter-chert* als »göttliche unterirdische Region«, ein allgemeiner Begriff für alle unsichtbaren Welten von der höchsten bis zur niedersten, aber ohne unsere Erde.[7] Ich zumindest bin glücklicher mit dem wissenschaftlichen Konzept der Raumlosigkeit, die das alles uneingeschränkt umfaßt. Ein paar alte Glaubenskonzepte, die die thebanische Zeit überlebten, besonders das »Doppelfeuer« oder *Chet-Chet* und den »Abgrund« oder *Seschet* behandele ich im Zusammenhang mit höherer Magie, denn sie enthalten komplexe Implikationen hinsichtlich des Initiationsprozesses.

Man kann nicht umhin, den Verlust der großen Bibliotheken von Sais und Alexandria zu beklagen. Wie viel mehr Wissen besäßen wir, wenn die kostbaren Aufzeichnungen dort noch erhalten wären. Aber angesichts der perversen Natur des Menschen hätten bestimmt fundamentalistische Eiferer späterer Zeitalter sie zerstört, wenn nicht die Christen, die 387 n. Chr. das Serapeum stürmten, und Amru, der General von Omar, zweiter Nachfolger des Propheten, der die Brennöfen der 4000 Bäder Alexandrias sechs Monate lang mit den unschätzbaren Kostbarkeiten des Bruchions schürte, diese Aufgabe erledigt hätten.

Anmerkungen

1 E.A. Wallis Budge: *The Book of the Dead,* S. XXXIII–XXXIV.
2 J. Rose: *The Sons of Re,* S. 17–22.
3 E. A. Wallis Budge: *The Gods of the Egyptians,* Bd. 1, S. 156.
4 Ebda., S. 159.
5 Ebda., S. 176.
6 G. & B. Scheuler: *Coming Into the Light,* S. 11.
7 Ebda., S. 15.

KAPITEL 7

Die Entwicklung der magischen Künste

Ausführliche Untersuchungen der Frühgeschichte und der prähistorischen Periode, verbunden mit persönlichen Erfahrungen, haben für mich die Schlußfolgerungen des Anwalts und Gelehrten der Klassik, John Ivimy, bestätigt, der schrieb:

> Klassische Historiker mißachten traditionsgemäß alle Geschichten über Magie und halten sie der wissenschaftlichen Aufmerksamkeit für unwürdig, aber für uns ist jede Erwähnung eines Hexenbesens oder eines Zauberstabs mit dem Geruch des wissenschaftlichen Labors verhaftet.[1]

Wenn man die Theorie von der »Urquelle« auf die verschiedenen Mythologien anwendet, gelangt man unweigerlich zu einer Periode in der im Dunkeln liegenden prähistorischen Vergangenheit, in der die Wissenschaften und das, was man allgemein als Magie bezeichnet, ein und dasselbe waren. Letztere befaßte sich mit den subtileren Dimensionen, deren Code die Naturwissenschaften mit ihrer Untersuchung von Partikelchen und Quantenvarianten gerade erst zu entschlüsseln beginnen.

Die meisten Menschen akzeptieren die Gültigkeit der Naturwissenschaften, auch wenn sie nicht ganz begreifen, wie diese funktionieren oder wenn eine fundamentalistische Religion sie von der aktiven Beschäftigung damit ausschließt. Der Begriff »Magie« dagegen hat sinistre Konnotationen, die leider durch die Scherze mancher

Praktiker dieser Kunst noch verstärkt werden. Der Gedanke, daß man als geübter Magier wie eine Mischung aus mittelalterlichem Bauer und Punkrocker erscheinen muß, trägt nur wenig dazu bei, die Magie in den Augen der Öffentlichkeit aufzuwerten. Es ist zwar nur allzu leicht, den geistigen Kollektivismus zu verdammen, der die Maßstäbe bestimmt, an denen wir gemessen werden, doch wir müssen zugeben, daß eine Menge Angeberei im Spiel ist. In den Anfangstagen meiner Beschäftigung mit metaphysischen Konzepten wurde ich von jenen, die besser informiert und klüger waren als ich selbst, ermahnt, daß man nicht ständig mit erhobenem Banner herumzulaufen braucht, um eine angemessene gesellschaftliche Wirkung zu erzielen. Ein solches Verhalten wirkt eher wie die Eigenwerbung eines Egomanen. Menschen, die wirklich mächtig und kenntnisreich sind, brauchen sich nicht eines derart exhibitionistischen Verhaltens zu bedienen.

Experten wie der verstorbene A. E. Waite neigen dazu, die Magie als eine Wissenschaft zu bezeichnen, während andere sie eher für eine Kunst halten. Sie ist aber beides. Einstein äußerte einmal den klugen Satz: »Die Phantasie ist größer als das Wissen«, was bedeutet, daß große wissenschaftliche und technologische Entdeckungen gewöhnlich als Idee, Traum oder als Inspiration aus dem Unbewußten ihren Anfang nehmen, und das bezeichnet man später dann als genial. Ich habe Waites präzise Erklärung fur den Begriff Magie immer bewundert, und sie verdient, wiederholt zu werden, denn ich könnte kaum hoffen, es selbst so treffend zu formulieren:

> Die populäre Vorstellung von Magie, selbst wenn sie nicht mit betrügerischen Tricks und den Scherzen von Hinterwäldlern gleichgesetzt wird, ist völlig absurd und unangemessen.
>
> »Magie oder, genauer gesagt, Magismus«, sagt Christian in sei-

ner *Histoire de la Magie,* »könnte, wenn sich jemand herablassen würde, zu den ältesten Ursprüngen zurückzukehren, kaum länger mit dem Aberglauben verwechselt werden, der ihre Geschichte beschmutzt. Der Name leitet sich von den griechischen Worten *magos,* der Magier, und *mageia,* die Magie, ab, Abwandlungen der Begriffe *mog, megh, magh,* die in *Pehlvi* und *Zend,* den uralten Sprachen des Ostens, »Priester«, »Weiser« und »ausgezeichnet« bedeuten. Aus einer Phase, die dem antiken Griechenland noch vorausgeht, stammt der chaldäische Name *maghdim,* was gleichbedeutend ist mit »höchster Weisheit« oder heiliger Philosophie. Die bloße Etymologie weist schon darauf hin, daß die Magie eine Synthese der Wissenschaften war, die einst die Philosophen Indiens, Persiens, Chaldäas und Ägyptens verfolgten. Sie waren Priester der Natur, Patriarchen des Wissens und die Begründer jener großen Zivilisationen, deren Ruinen, ohne zu schwanken, die Last von sechzig Jahrhunderten tragen.«

Ennemoser sagt in seiner *History of Magic* (in der Übersetzung Howitts): »Unter den Parsen, den Medern und den Ägyptern verstand man unter dem Begriff Magie ein höheres Wissen, womit vornehmlich die Religion und besonders die Astronomie gemeint waren. Die Initiierten und ihre Schüler nannte man Magier, das heißt, Weise, und das galt auch bei den Griechen ... Plato verstand unter Weisheit nichts anderes als die Verehrung von Göttlichkeit, und Apuleius sagte, Magus bedeute in der persischen Sprache Priester ... Indien, Persien, Chaldäa und Ägypten waren die Geburtsstätten der ältesten Magie. Zoroaster, Ostanes, die Brahmanen, die chaldäischen Weisen und die ägyptischen Priester waren die primitiven Bewahrer ihrer alten Geheimnisse. Ihre Lebensaufgabe bestand in Priester- und Ritualfunktionen, der Heilung der Kranken und der Bewahrung der Weisheit. Sie waren entweder selbst Prinzen oder umgaben Prinzen als Berater. Gerechtigkeit, Wahrheit und die Kraft zur Selbstaufgabe waren die herausragenden Eigenschaften, die jeder von ihnen aufweisen mußte, und die Vernachlässigung einer dieser Tugenden wurde auf grausamste Weise bestraft.«[2]

Die ägyptische Magie wird gewöhnlich in Hohe Magie und Niedere Magie unterteilt, und die Bezeichnungen schwarze und weiße Magie, um zwei krasse und kontroverse Worte zu benutzen, werden durch die Absicht des Wirkenden bestimmt. Man muß im Auge behalten, daß alle universellen Energien an sich völlig unpersönlich sind. Erst wenn sie benutzt werden, nehmen sie eine bestimmte Färbung an, deren Intensität, wenn auch manchmal unbewußt, durch den Handelnden bestimmt wird. So ist es auch im täglichen Leben. Wir benutzen ein Feuer, um uns zu wärmen, unser Wasser zu heizen und es uns in kühleren Gegenden damit angenehm warm zu machen. Mit der gleichen Energie können wir aber Brand, Ruin und Zerstörung bewirken. Der ewige dualistische Konflikt zwischen Liebe und Haß, Ordnung und Chaos, Licht und Dunkelheit, der unseren Planeten heimzusuchen scheint, wird in den folgenden Worten Carl Gustav Jungs beschrieben:

> Nur hier, beim Leben auf der Erde, wo die Gegensätze aufeinanderprallen, kann sich der allgemeine Bewußtseinsstand heben. Dies scheint die metaphysische Aufgabe des Menschen zu sein, die er aber nicht ohne »Mythologisierung« schaffen kann. Mythen sind der natürliche und unvermeidliche Zwischenzustand zwischen dem Unbewußten und bewußter Erkenntnis. Sicher, das Unbewußte weiß mehr als das Bewußtsein, aber es ist ein Wissen besonderer Art, zeitloses Wissen, gewöhnlich ohne Hinweis auf das Hier und Jetzt und nicht in die Sprache des Intellekts eingebettet.[3]

Vom ethischen Standpunkt aus sind jene moralischen und ethischen Eigenschaften, die das Wort »gut« umfaßt, nicht das Vorrecht irgendeiner metaphysischen oder religiösen Überzeugung – ob orthodox oder anderswie und ungeachtet der zahlenmäßigen Überlegenheit der Anhänger –, genauso wenig wie die andere Seite der Medaille unbeliebten Minderheiten entspricht, die sich nicht den allgemeinen Maßstäben des Kollektivs anpassen. Die Geschichte zeigt, daß alle Glaubensrichtungen zu irgendeiner Zeit Heilige wie auch Sünder hervorgebracht haben.

Die Scheulers definieren Niedere Magie als Zauber, der sich mit unmittelbaren Anliegen wie der Gesundheit, Schutz, finanziellen Vorteilen und anderen Dingen befaßt, die dem Alltag zugehörig sind, während die Hohe Magie auf das Wachstum, die Evolution und die spirituelle Entwicklung der sie Praktizierenden abzielt. Die ägyptische Niedere Magie umfaßte alle Formen der Wahrsagerei, Talismane, Zaubertränke und -salben sowie eine Vielzahl an Zaubersprüchen, um Unrecht wiedergutzumachen und ein bequemeres und weniger sorgenerfülltes Leben sowie eine sichere Reise zu den Elysischen Feldern nach dem Tod zu bewirken. Nach meinen Begriffen würde ich dies alles als »weltlichen Okkultismus« bezeichnen. Ich würde allerdings Schutz hier ausnehmen, denn dieser gilt sicher für alle Ebenen, von schwierigen Nachbarn bis zur psychischen Fragmentierung, die der Seele drohen kann, wenn sie den multidimensionalen Erfahrungen von Zeitreisen ausgesetzt ist und die feineren Schwingungen bewältigen muß. Die Reise der Seele in die Nachwelt wird von Metaphysikern zwar häufig als eine Kategorie der Hohen Magie betrachtet, aber ich widerspreche dem, denn der Tod selbst ist noch kein Hinweis auf den evolutionären Zustand der verstorbenen Seele. Im Laufe der Jahre bin ich vielen diskarnierten Wesen begegnet, mit und ohne die Hilfe von Medien, von denen die meisten über Dinge des Universums weniger Bescheid wußten als die inkarnierten Wesen, die sie angeblich lehren oder anweisen wollten.

Letztendliches Ziel aller magischen und alchemistischen Riten und Praktiken sollte die spirituelle Transformation sein, die aus der Realisierung der wahren und vollständigen geistigen Kräfte entsteht, die das natürliche

Erbe der menschlichen Psyche in der Inkarnation auf dieser Zeitfrequenz sind, die wir »materielle Existenz« nennen. Die Realisierung dieses Potentials öffnet universale Tore, durch die der Initiierte tritt auf der endlosen Suche nach Wissen, Erleuchtung und Liebe, gemeinsam mit allen Kindern des Schöpfers/der Schöpferin. Sollte die Absicht hinter dieser Suche nicht rein idealistisch sein, dann wird der Praktizierende zum Opfer der Launen des eigenen Egos oder der Begierden und verliert sich im Labyrinth der persönlichen Illusionen.

Ich werde oft gefragt, wie man zum Magier oder Okkultisten wird. Vielleicht schauen wir einmal, was die alten Ägypter dazu zu sagen hatten. Christian Jacq, eine Autorität für altägyptische Texte, meint dazu in seinem Buch *Egyptian Magic:*

> Es ist nicht möglich, auf diese grundlegende Frage mit einer Liste von Anweisungen zu antworten. Die Praxis der Magie wird nicht durch ein Diplom oder ein bestandenes Examen lizensiert. Modernes Lernen ist fast immer streng geregelt und bezieht leider kaum die praktische Erfahrung mit ein. Das war aber in Zivilisationen wie der Ägyptens ganz anders.
>
> Sicher gibt es eine Methode, durch die man zum Magier wird, aber sie erschließt sich nicht durch den Verstand allein. Die Texte verbergen sie zwar nicht vollständig, aber sie sprechen eher unsere Intuition und innere Intelligenz an als die logischen oder analytischen Fähigkeiten.
>
> Spruch 261 der Sargtexte trägt den Titel: »Wie man ein Magier wird«. Und dort steht folgendes: Der Schüler spricht die Magier an, die sich in der Gegenwart des Meisters des Universums befinden. Er verlangt Respekt von ihnen, weil er sie kennt, denn sie leiteten seine Schritte. Ist er nicht der eine, den der einzige Herr erschuf, ehe es zwei Mähler [sic] auf Erden gab, den Tag und der Nacht, Gut und Böse, als der Schöpfer sein eines Auge in seiner Einsamkeit öffnete? Der Magier zeigt sich als der eine, der die Welt beherrscht. Er ist der Sohn der Großen Mutter, die dem Schöpfer auf Erden das Leben schenkte, der aber keine Mutter

hat. Der Vater der Götter ist der Magier selbst. Er ist es, der ihnen Leben schenkt.[4]

Jacq hält dies für einen seltsamen Text, eine Meinung, die vielleicht mancher Laie teilt. Aber die Eingeweihten verstehen ihn in Begriffen der göttlichen oder archetypischen Energie, die, durch Prüfung und Initiation angeregt, eine Schwingungsreaktion in ihrem universalen Äquivalent erzeugt.

»Der Sohn der Großen Mutter, die den Schöpfer auf Erden gebar, der aber keine Mutter hat«, klingt vielleicht paradox, aber es bezieht sich in Wirklichkeit auf die Ausgleichung von *Anima* und *Animus,* der männlich-weiblichen Aspekte der Psyche, die Jung als Individuation bezeichnete und die mit dem göttlichen Androgynen resoniert. Die Götter oder Neter sind immer da. Sie sind ewig. Aber ihre Manifestationen durch eine Essenz, deren Psyche oder Fragment inkarniert ist, ist beschränkt durch die Bandbreite des Feldes jener Person, ihre Seelenfrequenz einerseits und den allgemeinen evolutionären Zustand des betreffenden Planeten andererseits. (In der »Feldtheorie« ist das Bewußtsein verbunden mit dem Geist der Psyche, die in Begriffen von aktiven Partikeln verstanden werden – siehe Einleitung.) So schenkt der Magier ihnen auf seiner eigenen Ebene Leben, aber nicht auf derselben Frequenz, auf der sie normalerweise arbeiten.

Jacq bietet uns umfangreiche Einzelheiten über Priesterinitiationen aus dem *Papyrus Magique von Leyden.* Die Kandidaten wurden anscheinend weitaus stärker nach ihren esoterischen Kenntnissen beurteilt als nach den praktischen Fähigkeiten, die später entwickelt werden konnten, sowie nach ihrer Fähigkeit, mit dem »Licht des Uranfangs« zu kommunizieren – den kosmischen Ursprüngen und anderen Dimensionen jenseits dieser Welt –, was an sich schon als Magie in Reinform gesehen wurde. Dem Novizen wurde zu einem frühen Zeitpunkt enthüllt, daß jedes menschliche Problem, auf das der Magier trifft, ein Gegenstück in der göttlichen Welt hat, ein identisches Ereignis auf der »kosmischen Leiter«, das seiner Manifestation auf Erden vorausging. Mit anderen Worten: »Wie oben, so unten«. Aus diesem Grund betrachtete man das Wissen über die Götter, Theologie, Mythologie und die Erschaffung dieser und anderer Welten als essentiell.

Ein Teil der magischen Ausbildung des Novizen umfaßte daher die Vertrautmachung mit den Kardinalpunkten und den mit ihnen verbundenen Gottheiten: die vier Elemente Luft, Feuer, Wasser und Erde, deren Prinzipien man beherrschen und begreifen mußte. Das Ego mußte in den Hintergrund treten, und der Novize mußte sich mit seinem Es konfrontieren, seinem Schatten oder niederen Selbst, das man häufig als Ungeheuer oder bösen Geist darstellte. Sobald der Aspirant in der Lage war, Kontakt mit der Gottheit aufzunehmen, in deren Dienste er oder sie eingeführt werden sollte, stand er automatisch unter dem Schutz und der Leitung jener Gottheit, so daß jeder, der ihn irgendwie herausfordern wollte, ob geistig oder anders, auch dieser Gottesmacht gegenüberstand. Ich weiß noch, wie ich vor Jahren gehört habe, daß die Macht des Magiers oder Okkultisten »sechsfach« verstärkt würde, sobald er die vier Elemente kontrollieren kann (ich bevorzuge die Formulierung: »ihre Freundschaft und ihr Vertrauen gewinnen kann«). Es ist interessant zu sehen, wie diese alten ägyptischen Texte mit meinen eigenen frühen Entdeckungen übereinstimmen, und ich bin dankbar, daß ich sie machte, ehe ich die schriftlichen Bestätigungen dafür fand. Sicher empfinden viele andere, die auf diesem Gebiet arbeiten, genau das gleiche.

Der Hauptunterschied zwischen der ägyptischen Priesterschaft und dem modernen Magier, Okkultisten oder Schamanen scheint die Tatsache zu sein, daß das alte Ägypten viele Jahre lang eine priesterliche Gesellschaft war und daß ihren Priestern daher auch die Privilegien von Rang und Amt zustanden. In der heutigen Welt gibt es keine solchen Zugeständnisse, daher hat der Initiierte scheinbar beträchtlich mehr Hindernisse zu überwinden. Zweifellos gibt es aber immer einen Ausgleich zwischen den überschattenden Energien und den Dämonen, denen man sich stellen muß. Man sollte auch daran denken, daß wir uns einem größeren planetarischen Umschwung nähern, so daß die magische Lage eher den letzten Tagen von Atlantis ähnelt als dem frühen Ägypten.

Das, was man allgemein als Niedere Magie bezeichnet, fällt aber kaum in diese höheren Kategorien, da sie sich mehr mit den alltäglichen Bedürfnissen und dem Aberglauben des breiten Volks befaßt. Wie und warum wird sie also angewendet? Ist sie wirklich wirksam? Welcher Zweig der ägyptischen magischen Bruderschaft verwendet sie, und welche Probleme gab es dabei möglicherweise? Fangen wir mit einem einfachen Beispiel für einen mitfühlenden Zauber an, wie dem Amulett.

Amulette und Talismane

Das Wort »Amulett« stammt von einem arabischen Verb für »tragen«. Budge benutzt den Begriff für alle möglichen Schmuckstücke und Verzierungen der Kleidung, denen man übernatürliche Kräfte zuschreibt, aber ich möchte hier genauer arbeiten. Ich verstehe es so, daß ein Talisman eine Gestalt oder ein Zeichen ist, das man nach bestimmten okkulten oder astrologischen Regeln für einen bestimmten Zweck entworfen und angefertigt hat. Talismane werden aber oft mit Glücksbringern und Amuletten verwechselt. Ein Amulett ist gewöhnlich ein kleines Objekt, das Eigenschaften besitzen soll, die das Böse abwehren, Unfälle verhindern, für gute Gesundheit sorgen und so weiter; daneben gibt es noch die einfachen, traditionellen »Glücksbringer«. Ein echter Talisman ist das Werk eines Magiers, Priesters, Okkultisten oder Schamanen, der die subtilen Energien des Universums kennt und weiß, wie man sie in ein Objekt, Bild oder eine Sammlung von Zeichen und Symbolen verschlüsselt, je nach den Bedürfnissen des Bittstellers. Wenn ein Talisman speziell für ein Individuum angefertigt wird, wird ein Symbol für diese Person eingearbeitet – ein Geburtszeichen, ein magischer Name oder eine bedeutsame Zahl. Die alten Ägypter benutzten Talismane, Amulette und Glücksbringer, wobei erstere nur von jenen angefertigt werden konnten, die sich in den mehr esoterischen Aspekten der magischen Künste gut auskannten.

Zu den Talismanen und Amuletten, die im alten Ägypten besonders beliebt waren, zählten das Amulett von Ab (das Herz), der Skarabäus, die Schnalle von Isis' Gürtel, der Tet des Osiris, das Kissen, der Geier, der Goldkragen, das Papyrusszepter, die Leiter, die zwei Finger, das Auge des Horus, das Ankh, das Amulett von Nefer, der Schlangenkopf, die Stufen und der Frosch. Manchmal waren diese Symbole in Stein geschnitten oder in Tuch gewebt, manchmal auch einfach zu kleinen Schmuckstücken oder Tand verarbeitet. Jedes hatte für die Seele des Verstorbenen eine bestimmte Bedeutung, deren Einzelheiten man in Budges *Egyptian Magic* findet.

Was das Streben nach materiellen Gütern und Reichtum angeht, so sollte man stets daran denken, daß Dinge, auf die man karmisch gesehen keinen Anspruch hat, auf andere Weise bezahlt werden müssen. Ein Geldzauber kann zwar gute Resultate erzielen, aber vermutlich wird etwas von gleichem Wert fortgenommen, um das karmische Konto auszugleichen.

Durch den Prozeß von Versuch und Irrtum gelangte ich im Laufe der Jahre zu der Entdeckung, welche dieser Symbole die Kraft der Alten tragen, ob es sich nun um Atlanter oder Sirianer handelte. Ich stelle sie in meinen Büchern *The Way of Cartouche* und *The Book of Talimantras* dar (Talismane, denen ein Mantra beigegeben ist). Die Arbeit mit der ägyptischen Symbologie ist die beste Methode, um (a) herauszufinden, welche Symbole am wirksamsten sind, und (b) festzustellen, welche präägyptisch sind.

Hekau – Worte der Macht

Budge sagt, daß die Götter ihre Existenz durch einen magischen Schutz sicherten, den sie *meket* nannten, aber auch durch *hekau* – Worte der Macht. Das Ziel eines jeden Ägypters war es daher, diesen Schutz und diese Worte der Macht zu entdecken, da sie ihnen die gleichen Privilegien wie den Göttern verleihen würden. Aber was waren diese berühmten Worte? Budge neigt zu einer schamanischen Interpretation für viele dieser Phänomene: der Mann, der das Herz eines Löwen verzehrt, erlangt damit die Kraft dieses Tiers, und die Gestalt des Unas, der in den Pyramidentexten als Verzehrer von Körper und Seele der Verstorbenen erscheint, nimmt damit deren Energien auf. Unas wird aber auch als König bezeichnet, dessen Abenteuer im Großen Unbekannten eher symbolisch sind als real. Schwaller de Lubicz lenkt unsere Aufmerksamkeit auf die Tatsache, daß die Glyphe für *Unas* »Existenz« bedeutet, und ich möchte dem hinzufügen, daß die genauen Beschreibungen, wenn man sie aus dem primitiven schamanischen Kontext herausnimmt, leicht auf die Molekulartransformationen und begleitenden spirituellen Metamorphosen angewendet werden können, die auf den Tod folgen. Mit anderen Worten, Unas ist nichts anderes als das universale Bewußtsein, das seine Energien ständig neu absorbiert und umwandelt und von dem unsere Körper und Seelen nur einen winzigen Bestandteil bilden. In den frühesten Dynastien herrschte offensichtlich der Glaube an die »Seelenfragment-Theorie«[5], da in den Pyramidentexten das Thema der Auferstehung und Rückkehr häufig zu finden ist:

> Kehre zurück, Horus!
> Damit Unas wiederkommt
> in der Flamme, die die Götter schüren,
> die den Weg bereiten,
> damit Unas herannahen kann,
> denn Unas ist Horus![6]

Der Inhalt der Pyramidentexte ist ein eigenes Studium wert und verlangt mehr Zeit und Raum, als ich ihm hier widmen kann. Schwaller de Lubicz und John Anthony West sind meiner Meinung nach bessere Autoritäten zu diesem Thema als Budge, denn ihre Herangehensweise ist eher metaphysisch, und schließlich versuchen wir ja, an die Wurzeln des *wahren* Wissens zu gelangen, das entweder verlorenging oder in späteren Dynastien von so viel Aberglauben verhüllt wurde, daß es unkenntlich wurde.

Sirius in der Konstellation Canis Major (Science Photo Library)

Der Hathor-Tempel in Dendara (Image Bank)

Die Pyramiden von Gizeh (Image Bank)

Statuen der Sechmet (Britisches Museum)

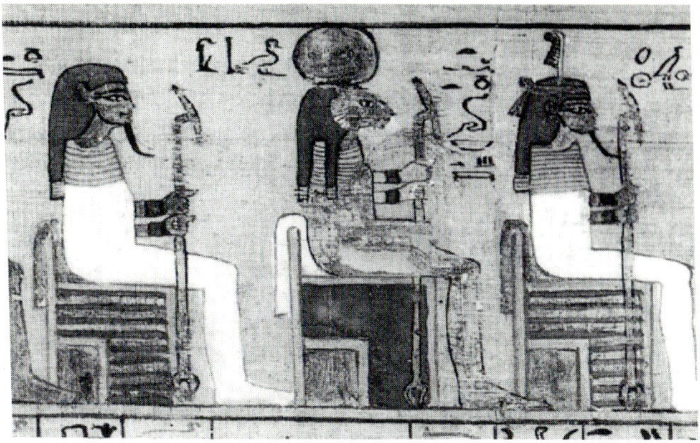

Oben: Tefnut (in der Mitte) (Britisches Museum)

Unten: Der Papyrus von Nu (Britisches Museum)

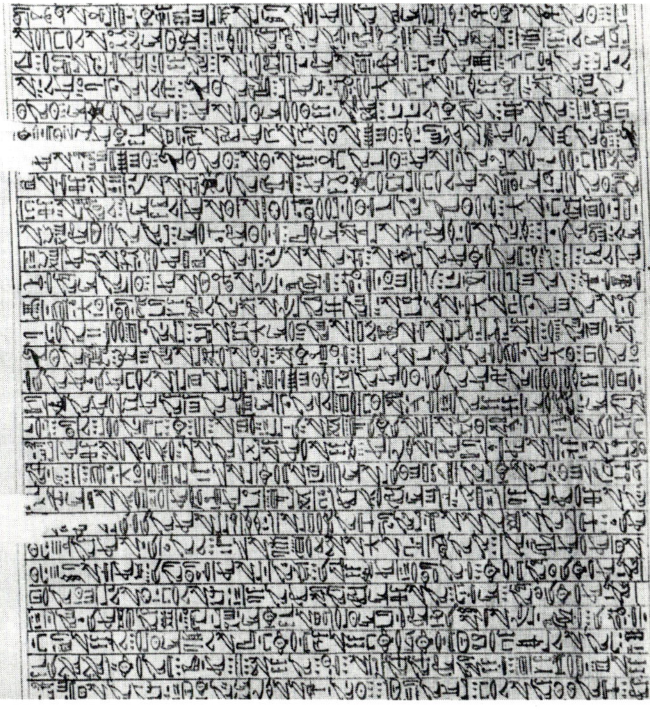

Isis führt die Königin Nefertar (Archiv Werner Forman)

Statue der Bast (British Library)

Wir haben in einem früheren Kapitel die Bedeutung des *ren* oder Namens erwähnt, was ich als persönlichen Klang der Essenz oder Seele übersetzen würde, und wie Isis ihre magischen Kräfte erlangte, indem sie den geheimen Namen von Ra in Erfahrung brachte. In späteren Dynastien – besonders den thebanischen – wurde das Konzept ausgeweitet, um die Namen einer ganzen Reihe von Wesen zu umfassen (von denen viele einfach Phantasienamen irgendeines geldgierigen Priesters waren), denn es galt als sehr wichtig für die Verstorbenen, diese Namen zu kennen, um schließlich an die richtige Stelle in der Unterwelt zu gelangen. Zuerst müssen wir daher diese abergläubische Fassade einreißen und uns auf das ursprüngliche Wesen der *hekau* konzentrieren, diese große, geheimnisvolle Macht, die, wie unsere ägyptischen Freunde behaupten, unseren Vorfahren von den sirianischen Wesen gegeben wurde.

Wenn man ein wenig näher hinschaut, sind alle frühen Texte von Hinweisen übersät. Nehmen wir die rätselhafte Geschichte von Thot (der Zeit?) und dem Klang seiner Stimme, die, wie wir hören, Wunder bewirken konnte, etwa das Heben riesiger Steine. Er soll sogar allein durch den Klang seiner Stimme das Universum erschaffen haben, wonach Ptah sich an die Arbeit begab, es zu organisieren. All dies bezieht sich ohne Zweifel auf ein Wissen, wie sich die Himmelskörper bewegen, während die Ptah-Implikation ganz offensichtlich ist: Ptah ist der Meisterbauer, Schutzpatron der Steinmetze, der Baumeister *par excellence,* der Energie in Materie umwandelt nach dem Plan, den Tehuti aufgestellt hat, der Herr der Zeit und Meister des Klangs. Die *hekau,* die die prädynastischen Ägypter ursprünglich von den Atlantern erhielten – oder von wem auch immer – hatten mehrere Schallanwendungen, von denen eine oral war. Als ehemalige Sängerin kann ich die Wirkung bezeugen, die die menschliche Stimme sowohl auf materielle Objekte wie auch auf den menschlichen Geist haben kann. Jeder kennt wohl die Anekdote von der Opernsängerin, deren hohe Töne Spiegel oder Glas zerschmettern, aber wer weiß schon, wie man diese Gabe auf andere Weise nutzen kann?

Wie alle natürlichen Energien kann der Schall nützlich und auch gefährlich sein. Nikola Tesla entdeckte dies zu seinem Kummer, als er in seiner New Yorker Wohnung an einem Schallprojekt arbeitete. Die Nachbarn sammelten Unterschriften, damit er seine Experimente aufgab, denn die Wirkung der Energien, die er freisetzte, schadeten den Menschen, den Einrichtungsgegenständen und sogar den Häusern. Schall kann man Wissenschaftlern kaum demonstrieren, besonders wenn man sich nicht an die richtige Methode erinnern kann, wie man die Energien schadlos ausrichtet. Sollte ich jedoch jemals in eine Lage geraten, in der ich mich verteidigen müßte, würde ich sicher ganz genau wissen, welche Frequenz meine Stimme einnehmen muß, um eine sehr unangenehme Wirkung auf meinen Angreifer auszuüben. Mehr kann ich dazu nicht sagen, denn es ist eher ein inneres Gefühl. Aber ich mache mir auch Sorgen, daß man dieses Wissen aus Angst maßlos anwenden könnte, und es geht gegen meine Prinzipien, anderen bewußt Schaden zuzufügen.

Die Bedeutung von Knoten

Eng mit der Wissenschaft von den Schallwellen war die Magie der Knoten verbunden, denn der Knoten war eines der heiligen Symbole von Ptah und ist daher mit dem *ren* oder persönlichen Klang verbunden. Bei den ägyptischen Hieroglyphen stand die geknotete Schnur für die Existenz des Individuums, und Knoten und Schlaufen tauchen in alten Texten daher häufig auf. Die alten Ägypter gaben sich große Mühe, den Namen einer Person zu schützen, denn man glaubte allgemein, daß man aufhören würde zu existieren, wenn der Name nicht bewahrt würde. Die Implikationen sind hier ganz offensichtlich, und ich bin der festen Überzeugung, daß wir einen Menschen heilen oder töten können, wenn wir seine genaue Schallfrequenz kennen. Es gibt ein Gegenstück dazu in der Psychologie: Wir verschwinden zwar nicht gerade in einem Paralleluniversum, wenn wir nicht regelmäßig von unseren Mitmenschen angesprochen werden, aber wenn wir ständig ignoriert werden und unsere wahre Persönlichkeit nicht ausdrücken dürfen, entstehen eine ganze Reihe psychischer Störungen, die zu schweren geistigen Krankheiten führen können.

Die Schnur ist wie die Kette ein allgemeines Symbol für Bindung und Nähe, daher nimmt es kaum wunder, wenn Ptah, der Meistersteinmetz, den viele Metaphysiker für die Repräsentation der Archonten (Herrscher der Zeit?) halten, mit diesem Symbol ausgestattet wurde. (Diese Archonten waren ein Korpus höchst entwickelter devischer Intelligenzen, die für die Erschaffung von Universen verantwortlich waren.) Die Tiefe und das Ausmaß der wissenschaftlichen Kenntnisse, über die diese alten Völker verfügten, spiegeln sich in den Worten von Lucie Lamy, die meinte: »... jeder Mensch schreibt seinen Namen, der ihm sein ganzes Leben lang gehört, in eine der geknoteten Schlaufen des unendlichen Fadens der Ewigkeit.«[7] (siehe Abb. 7.1)

Auch Jacq erwähnt die Tatsache, daß ägyptische Ma-

Abb. 7.1

gier viel Zeit mit dem Schlingen von Knoten verbrachten. Er sagt:

> Ein magischer Knoten ist ein Punkt des Zusammentreffens der Kräfte, die die göttliche und die menschliche Welt miteinander verbinden. Die Sprüche 406–408 der Sargtexte sind Zauber für die sieben Knoten der himmlischen Kuh.
>
> Sie helfen dem Magier bei der Steuerung des Bootes, mit dem er den Himmel durchquert. Sie laben den Körper und machen ihn gesund und kräftig. Die himmlischen Knoten finden ihr Äquivalent in den Knoten im menschlichen Körper, jenen empfindlichen Punkten, an denen die Energieströme, von denen unsere Existenz abhängt, aufeinander treffen.[8] [Anmerkung der Autorin: die sieben Chakren]

Die Zahl Sieben kam bei der Knotenmagie häufiger vor als alle anderen Zahlen. Und Schnüre mit sieben Knoten tauchen häufig auf, was zu erwarten ist, denn die Sieben hatte für die Ägypter jener Zeit magische Bedeutung. Jacq zitiert ein Ritual aus dem *Magical Papyrus* von *Leyden,* in dem die Zahl sieben durchgängig benutzt wird: sieben Ziegel, sieben Laibe Brot, sieben Blöcke Salz, siebenmal gesprochene Anrufungen usw. Priester, die sich auf Knotenmagie spezialisierten, wurden oft als »Knotenhaucher« bezeichnet, ein Titel, der später seinen Weg in die arabische Magie fand, denn deren Ritual der Widmung beinhaltete häufig, daß sie ihre magischen Energien in die Knoten bliesen oder hauchten. Man kann auch eine schamanische Bedeutung hineinlesen, da der Wind oder das Element Luft in primitiven Zeiten den Hauch der Götter tragen sollte, der je nach Umständen entweder gut oder böse sein konnte. Sir James Frazer lenkt unsere Aufmerksamkeit in *The Golden Bough* (dt.: *Der goldene Zweig*) auf diese Tatsache, wenn er die Kunst beschreibt, »den Wind in drei Knoten zu schürzen, damit der Wind um so stärker wird, je mehr Knoten gelockert werden«.[9] Windrituale mit der Verwendung von Knoten waren bei alten Stämmen in Finnland, Shetland, Griechenland, Neuguinea, Alaska, Borneo und in den meisten Teilen der Welt bekannt, was auf eine gemeinsame Quelle hindeutet.

Die vier Winde waren wie die vier Elemente in der ägyptischen Magie gut vertreten. Ihre Namen lauteten Qebui, der Nordwind, den man stets mit den vier Widderköpfen abbildete, Shehbui, der Südwind, mit dem Kopf eines Löwen, Henkhisesui, der Ostwind, der ebenfalls widderköpfig war, und Hutchaici, der schlangenköpfige Westwind.[10]

Budge berichtet von gewissen arabischen Magiern, männlichen wie weiblichen, die Zaubersprüche (Knoten) in Schnüre oder Kordeln verwebten, offensichtlich nicht immer in guter Absicht. Einer Legende zufolge verhexten ein Jude namens Lubaid und seine beiden Töchter Mohammed, indem sie elf Knoten in eine Schnur banden, die sie in einem Brunnen versteckten. Der Prophet wäre fast gestorben, wenn Gott nicht den Erzengel Gabriel geschickt hätte, der ihn anwies, wie er diesen Bann brechen konnte. In der Bibel findet sich ein interessanter Hinweis auf das Binden und Lösen von Knoten in Matthäus' Bericht von Petrus' Ernennung zum Kirchenoberhaupt:

Du bist Petrus, und auf diesen Felsen will ich meine Kirche bauen ... und ich will dir die Schlüssel des Himmelreichs geben. Was immer du binden wirst auf Erden, soll auch im Himmel gebunden sein. Und was immer du lösen wirst auf Erden, soll auch im Himmel gelöst sein.

Matthäus 16, 18–20

Dieser Absatz scheint sich auf die gleichen Praktiken zu beziehen, wie sie von der ägyptischen Priesterschaft ausgeübt wurden, und die Begriffe »Himmel« und »Erde« meinen einerseits Bewußtseinszustände, aber andererseits auch das vertraute Konzept: »Wie oben, so unten«.

Man konnte Knotenrituale auch anwenden, um einen Geist oder eine Seele an einen bestimmten Ort zu binden. Elementargeister wurden von ägyptischen Priestern oft zeitlich gebunden, und man befahl ihnen, bestimmte Gräber, Zeitkapseln oder Machtzentren zu bewachen. Ich neige zu der Annahme, daß sie die Kenntnisse über diese Praxis von den Atlantern übernahmen, die in der Vergangenheit Meister darin waren, Wächter an heilige Orte zu setzen, um Unbefugte umzuleiten oder abzuschrecken. Im Laufe der Jahre bin ich selbst auf mehrere solcher Wächter gestoßen. Wenn die Wachgeister willige Sklaven sind, dann lasse ich sie voll Liebe und Respekt in Ruhe, aber wenn ich feststelle, daß sie an das Böse gebunden sind, setzte ich sie nach dem Gesetz der Gleichheit frei. Es handelt sich dabei um ein magisches Gesetz: Wenn zwei gleiche Kräfte aufeinandertreffen, wird eine schließlich nachgeben und die andere dadurch an Stärke gewinnen. Ehe man sich daher in einen Dialog mit Entitäten begibt, die durch einen Magier an einen Ort gesetzt wurden, besonders durch einen Angehörigen der altägyptischen Priesterschaft, sollte man vorsichtig die Macht und Absicht hinter diesem Magus einschätzen und, je nachdem, eingreifen oder sich zurückziehen. Sollten die beiden Schalen der Waage gleich belastet sein, hängt es stark vom Leiden der versklavten Wesen ab. Es geht, mit anderen Worten, um die anzuwendende Ethik und ob diese mit einiger Kraftanwendung für Freiheit und Licht eingesetzt werden sollte. Ich bin von Natur aus eine Sammlerin von Informationen und keine Kämpferin, daher neige ich dazu, Konfrontationen jeglicher Art zu vermeiden, außer in Selbstverteidigung oder in Verteidigung eines schwachen Geistes, der Hilfe gegen seine Unterdrücker sucht.

Tod und Sterben

Die Übergangsrituale unterschieden sich natürlich während der langen ägyptischen Geschichte beträchtlich; das *Totenbuch* ist voll von ihnen. Einige sind mystisch kaum bedeutsamer als die Heidezweiglein und billigen Glücksbringer, die von Händlern auf den betriebsamen Märkten feilgeboten werden. Was die wirklich alten Glaubenseinstellungen angeht, so war die Vorbereitung auf den Tod jedoch von großer Wichtigkeit, da sie dazu diente, der Seele einen angenehmen Übergang von einer Dimension zur anderen zu ermöglichen, frei von angstvollen Traumata, die die Situation der Seele in den nachfolgenden Bereichen beeinträchtigen konnten. Geschichten von »verlorenen Seelen«, denen verschiedene inkarnierte »Rettungsgruppen« weiterhelfen, finden sich in allen Büchern über Spiritualismus und verwandte Themen. Jene Wesen, die die prädynastischen Ägypter unterwiesen, betonten offensichtlich die letzten Stunden im Leben eines Menschen und das, was mit der Seele oder dem Bewußtsein geschah, nachdem es die körperliche Hülle verlassen hatte. Wir werden wohl nie erfahren, was sie ursprünglich lehrten, aber wir können vermuten, daß sie die unendliche und ewige Natur der Seele betonten. Spätere Generationen, die sich die Unsterblichkeit auf irgendwelchen elysischen Feldern nicht ohne einen Körper vorstellen konnten, in dem sie die angenehmeren Aspekte des irdischen Lebens genießen konnten, meinten, daß irgendwann im Laufe der Geschichte etwas fortgelassen wurde, und das versuchten sie zu ersetzen, indem sie ein kompliziertes System erfanden, um den Körper zu konservieren. Sie waren der aufrichtigen Meinung, daß der eine oder andere der spirituellen Körper sich darin entwickeln würde.

In prädynastischen Zeiten wurde keine Mumifizierung praktiziert. Die Eingeborenenstämme Nordafrikas verbrannten entweder ihre Toten oder zerstückelten sie auf die übliche schamanische Weise. Diejenigen Leichen, die man ganz bestattete, wurden auf die linke Seite gelegt, mit dem Kopf nach Süden. Es wurde nichts unternommen, sie zu mumifizieren. Dies spiegelt sich in der Geschichte von der Zerstückelung des Osiris in vierzehn Teile, die von Isis mit Hilfe der *hekau* und nach Anweisung Thots, des Meisters der Worte, wieder zusammengefügt und wiederbelebt wurden. In alten schamanischen Initiationsriten, so glaubte man, wurde der Körper des Schamanen an einen geheimen Ort gebracht, wo er nach einer magischen Formel zerstückelt und wieder zusammengefügt wurde, was dem Schamanennovizen seine oder ihre magischen Kräfte verlieh. Ich selbst habe einige seltsame Erlebnisse in dieser Richtung gehabt, aber vorwiegend im Traumzustand. Der dahinterstehende Gedanke hat natürlich nichts mit dem physischen Körper als solchem zu tun, sondern ist eine rein symbolische Neuordnung des »Selbst«, die man für den Aspiranten auf dem spirituellen Weg für unabdinglich hält. Sie steht für das Opfer der unmittelbaren Persona (in Körper oder Soma) und die Unterwerfung der Bedürfnisnatur unter den Willen des transpersonalen oder höheren Selbst. Ich sehe dies ganz eindeutig im Osirismythos und in vielen Praktiken, die man in alten ägyptischen Überzeugungen mit Übergangsriten verband.

Shabtis sind ein anderes ägyptisches Konzept mit schamanischen Untertönen. Das Wort »Shabti« bedeutet »jene, die antworten«, und Shabtis haben vieles mit Voodoo- und Wicca-Figürchen gemein, durch die der Magier Kontakt zu der Person herstellen kann, die sie darstellen. Shabtis haben jedoch keine der negativen Konnotationen, wie man sie oft mit Wachsfiguren von Feinden oder anderen Personen in Beziehung bringt, die der Magier für den Klienten auf wenig angenehme Weise behandeln soll. Sie waren grundsätzlich dazu da, um konstruktiven Kräften zu dienen. Für die Ägypter waren sie ein magischer Ersatz für den Toten, der damit seine Angelegenheiten in der Unterwelt regeln konnte. Shabtis tauchten zuerst im Mittleren Reich auf, was sie vom sirianischen Einfluß absetzt und deutlich in einen schamanischen Kontext stellt. Diese Figürchen finden im sechsten Kapitel des *Totenbuchs* besondere Beachtung.

Es gibt natürlich noch andere Gestalten, die in alten Begräbnisritualen vorkamen, besonders den Fährmann, die Torwächter und das Göttliche Gericht. Viele Absätze in den *Sargtexten* beschreiben seltsame Durchgänge, die von entsetzlichen Ungeheuern heimgesucht werden, Wegkreuzungen, die den Verstorbenen verwirren, und gefährliche Wasser, die man nur mit Hilfe des Fährmannes überqueren kann. Um diese und andere unerwünschte Phänomene zu bewältigen, brauchte der Verstorbene ein

Passierwort, während die das Ritual durchführenden Priester als Teil ihrer Einweihung diese und viele andere versteckte Gefahren bewältigt haben sollten, damit sie den Verstorbenen behilflich sein konnten. Ohne Zweifel wimmelte es in der Priesterschaft von Trickbetrügern, die den Familien der Verstorbenen für ziemlichen Hokuspokus riesige Geldsummen abknöpften, aber wie jeder Okkultist weiß, kostet solches immer einen Preis und führt zu einem entsprechenden Karma in einer anderen Zeitdimension.

Die Öffnung des Mundes

Die meisten der bekannteren Rituale, die man mit dem »Erscheinen bei Tag« verbindet, tauchen in den Texten der achtzehnten Dynastie auf, wie etwa im *Papyrus von Ani.* Meine Einschätzung von Begräbnisritualen, besonders denen der späteren Dynastien, habe ich bereits ausreichend dargestellt, aber es gibt noch eine Praktik, die der Erwähnung wert ist, da ich dazu neige, sie mit einem viel älteren Glauben zu verbinden, dessen wahre Bedeutung schon in den frühen Dynastien längst vergessen war: die Öffnung des Mundes. Legenden über den Ursprung dieses Rituals kommen in den alten Texten häufig vor. Der *Papyrus von Nu* (Britisches Museum Nr. 10477, Blatt 21) erwähnt, daß Kapitel LXIV des Totenbuchs als Inschrift gefunden wurde, in Buchstaben aus echtem Lapislazuli in einem Block aus »Eisen aus dem Süden« unter den Füßen des Gottes (Thot), und zwar von Prinz Heru-ta-ta-f in der Stadt Khemennu, während der Herrschaft von Men-Kau-Ra (Mycerinus). Das Kapitel, so heißt es, muß von einem Mann gelesen werden, »der zeremoniell gereinigt ist, der kein Fleisch von Tieren oder Fisch verzehrt hat und der noch nicht mit einer Frau verkehrt hat«. Der Text geht weiter:

> Und siehe, ihr sollt einen Skarabäus aus grünem Stein machen, mit einem Rand aus Gold, und der soll auf das Herz des Menschen gelegt werden, und er wird für ihn die Öffnung des Mundes vollziehen. Man soll ihn mit *anti*-Salben salben und über ihm die folgenden Worte der Macht sprechen.[11]

Die »Worte der Macht«, die dieser Anweisung folgen, finden sich in Kapitel XXX-B des *Totenbuchs.* Doch als ich in dieser Rubrik im fraglichen Kapitel nachsah, fand ich eine Reihe anderer Anweisungen, die aus dem *Papyrus von Amen-hetep* stammten, gefolgt von einer Reihe von Anrufungen von Gottheiten, Elementen, Tieren usw. Man muß annehmen, daß die Macht hinter diesen Anrufungen in der Art und Weise liegt, wie die Priester sie intonieren, da es in den erwähnten Texten keine Anweisungen bezüglich irgendwelcher Klänge gibt. Die Bedeutung des Skarabäus bei Begräbnisriten ist aber offensichtlich, denn Chepera war die Gottheit der Auferstehung und der Wiedergeburt, und auch wenn der Auferstehungsaspekt in späteren Dynastien mit dem Geist oder der Seele in Verbindung gebracht wurde, kann man wohl vermuten, daß jene »ersten Lehrer« den Skarabäuskäfer benutzten, um die Theorie der Reinkarnation zu veranschaulichen.

Das gleiche gilt meiner Meinung nach für die Öffnung des Mundes. Einer Legende zufolge wurden die Münder der Götter ursprünglich von Seth geöffnet, dem das Metall Eisen heilig war. An dieser Prozedur war die Konstellation des Großen Bären beteiligt, die man ebenfalls als Seth heilig betrachtete, was eher auf eine kosmologische als eine persönliche Bedeutung hinweist. Ein Ritual ist allerdings häufig die mikrokosmische Ausagierung von Ereignissen, die im Makrokosmos stattgefunden haben, was diese Zeremonie zu einer volkstümlichen Erinnerung an früheres, fortgeschritteneres Wissen machen könnte.

Im Laufe der Jahrhunderte haben sich Gelehrte immer wieder gefragt, welchen Sinn diese obskure Zeremonie wohl haben mochte. Warum sollte der Mund eines Verstorbenen geöffnet werden müssen? Da es offensichtlich nicht um den physischen Mund geht, könnte eine Erklärung lauten, daß das ursprüngliche Ritual sich auf die Fähigkeit des Verstorbenen bezog, nach dem Verlassen des physischen Körpers mit den Lebenden zu kommunizieren.

Man könnte es auch als notwendige Vorbedingung für das Sprechen der »negativen Beichte« sehen. Man könnte auch sonore Implikationen hineindeuten, und die ursprünglichen Priesterintonationen können sehr wohl eine Resonanz gehabt haben, die der scheidenden Seele half, diese Fähigkeit zu erreichen. Wir hören zwar oft von Mitteilungen Verstorbener, doch viele halten keinen Kontakt, oft zur Verzweiflung derjenigen, die in diesem »Tal der Tränen« zurückgeblieben sind. Könnte es sein, daß jenen, denen es gelingt, mühelos zu kommunizieren, diese Kunst von den ursprünglichen »Mundöffnern« beigebracht wurde? Ich meine damit natürlich die Atlantis-Sirius-Priester, nicht die priesterlichen Hierarchien der späteren Dynastien, die vermutlich kaum eine Ahnung von den ursprünglichen *hekau* hatten, die in diesem Ritus benutzt wurden, und daher eine Reihe von beeindruckenden Formeln verwendeten, die sie für ähnlich wirksam hielten.

Bauval und Gilbert behandelten dieses Thema ausführlich in einer Fernsehsendung *(The Orion Mystery)* und versicherten, daß bei den dazu notwendigen Riten ein meteoritisches Eisengerät benutzt wurde, das man in den Mund des Verstorbenen einführte. In der Bilderfolge auf Seite 103 werden die sirianischen Energien auf Orion (Sah) übertragen und anschließend via Jupiter, Saturn und Mars zur Erde geleitet. Interessanterweise ist das Metall, das dem Mars heilig war, ebenfalls Eisen. Daher möchte ich annehmen, daß die ursprüngliche Absicht hinter diesem Ritual war, dem Verstorbenen eine Möglichkeit zur Kommunikation zu geben auf seinem Weg über Mars, Saturn und Jupiter, wo bestimmte Energien bewältigt werden mußten, ehe die Vereinigung mit Sirius erreicht werden konnte. Die Rolle von Anubis in dieser Episode, als Zeitreisender und Eröffner des Weges, wird dann ganz offensichtlich.

Betrachten wir nun die Orion/Sirius-Verbindung ein wenig genauer: Sirius ist ein Stern erster Größe in der Konstellation Canis Major, während Orion eine Konstellation auf dem Himmelsäquator in der Nähe von Stier und Zwilling ist und die Sterne Betelgeuse und Rigel enthält. Er wurde nach dem riesigen Jäger der griechischen Mythologie benannt, der die Plejaden (gutes Wetter) und den Hyades (Regenzeit) verfolgte. Dem Mythos zufolge wurde Orion aus Versehen von Artemis erschossen, angestiftet von ihrem Bruder Apollo – ein Hinweis auf irgendein Himmelsdrama, das vor Äonen von Jahren am Himmel ausgetragen wurde?

Wie die Astronomin Heather Couper sagt, sind wir alle Kinder der Sterne, und so könnte es sein, daß viele der Seelen, die in jenen fernen Tagen eine Inkarnation in Erdenkörpern suchten, ihren Ursprung in diesen drei Konstellationen hatten. Gerade die Plejaden werden unter New-Age- und Metaphysik-Anhängern besonders gern in dieser Rolle gesehen. Haben wir es also mit einer volkstümlichen Erinnerung an ein lange verlorenes Zuhause zu tun? (Siehe auch *The Gaia Dialogues.*) Vereinfachte Versionen des Erwähnten und ähnlicher Riten finden sich in Gerald und Betty Scheulers Buch *Coming Into the Light.* In einigen mag zwar der atlanto-sirianische Einfluß überlebt haben, aber sie haben nicht die Stärke der Originale, zu denen multidimensionales Bewußtsein gehörte und die mehr durch geistige Magie als durch festgelegte Rituale wirkten. Für viele Menschen mag dies ein Problem darstellen, da ihnen bei der Magie der rechten Gehirnhälfte unwohl ist und sie immer noch die geistige Disziplin und Sicherheit der linken Gehirnhälfte in Form fester Rituale brauchen. Aber da dieses Gebiet einerseits von alten Texten und andererseits von der Arbeit moderner Gelehrter abgedeckt wird, die es vorziehen, dies ganz anders darzustellen, besteht eine Lücke, die möglicherweise mit sirianischer Magie gut ausgefüllt werden kann.

Anmerkungen

1 J. Ivimy: *The Sphinx and the Megaliths,* S. 96.
2 A. E. Waite: *The Occult Sciences,* S. 10–11.
3 C. G. Jung: *Memories, Dreams and Reflections,* S. 288–289.
4 C. Jacq: *Egyptian Magic,* S. 27.
5 M. Hope: *Time: The Ultimate Energy,* S. 148–150.
6 J. A. West: *Serpent in the Sky,* S. 156.
7 L. Lamy: *Egyptian Mysteries,* S. 19.
8 C. Jacq: *Egyptian Magic,* S. 57–58.
9 J. Frazer: *The Golden Bough, S.* 81.
10 E. A. Wallis Budge: *The Gods of the Egyptians,* Bd. 2, S. 296.
11 Ebda.: Bd. 1, S. 357–358.

Teil II

Sirius – die Metaphysik

KAPITEL 8

Sirianische Hohe Magie

Wir sind nun an einem Punkt angelangt, an dem wir die Einzelheiten der populären Ägyptiana hinter uns lassen und zur Quelle zurückkehren. Über das Thema der sirianischen (manchmal auch als sothisch bezeichneten) Magie, die man genauer (und unendlich angemessener) als »kosmische Wissenschaft« bezeichnen sollte, ist nur sehr wenig, wenn überhaupt irgend etwas, zu Papier gebracht worden. Das liegt vermutlich daran, daß sie nicht leicht zu erkennen ist, geschweige denn so zu formulieren, daß sie einem Laien oder Neuling leicht verständlich wird.

Denn wir haben es hier nicht mit einem starren System von Ritualen zu tun, zu denen das vertraute magische Zubehör gehört, wie man es mit den Systemen und Überlieferungen dieses Planeten verbindet, sondern mit einer abstrakten geistigen Erfahrung, die dem Praktizierenden keine anderen Regeln gibt als das eigene Bewußtsein und die Fähigkeit, beide Gehirnhälften ausgewogen zu verbinden. Dieses Ausbalancieren der rechten und linken Gehirnhälfte ist tatsächlich höchst wichtig für alle, die sich in die bekannten Bereiche der sirianischen Magie begeben, da es keine vertrauten Wegweiser mehr gibt, keine alten Meister oder Begründer von Weltreligionen, auf die man sich stützen könnte, keine Bücher, in denen man nachschlagen könnte. Das erste und einzige, aber unabdingbare Werkzeug für den Schüler, der auf diesem Pfad wandelt, ist »Selbsterkenntnis« – mit anderen Worten, ein

Wissen um die eigenen kosmischen Wurzeln. Das ist aber nur der erste Schock!

Wenn man seine eigenen Ursprünge über den gewundenen Pfad der Zeitlosigkeit zurückverfolgt, entdeckt man vermutlich viele Dinge, die in völligem Widerspruch zu allen bestehenden irdischen Philosophien oder magischen Lehren stehen. Flieht man dann lieber zurück in die Sicherheit des Altvertrauten, oder schleicht man sich vorsichtig weiter und stellt sich mutig der Tatsache, daß wir Erdlinge möglicherweise alles falsch verstanden haben? Die erste Lektion, die wir von der sirianischen Magie lernen können, lautet nämlich, daß wir nicht allein im Universum sind und daß man als Angehöriger der Gattung Homo sapiens nicht automatisch einen Status erlangt, der uns über andere Lebensformen, sichtbare und unsichtbare, hinaushebt, denen wir auf unserer kosmischen Suche begegnen mögen. Dies ist wahrhaftig kein Pfad für Schreckhafte, für spirituell Unsichere oder für Menschen, die feste Vorstellungen davon haben, was es mit dem Universum auf sich hat. Andererseits ist sie eine faszinierende Herausforderung – die manchmal ein wenig verstörend wirken kann.

Die Benutzung der linken Gehirnhälfte in Verbindung mit der rechten ist für die sirianische Erfahrung unabdingbar. So werden die abstrakten Phänomene der äußeren Zeit durch die rechte Hälfte übersetzt und an die linke übertragen, die sie wiederum in die entsprechenden Parameter bringt. Mit anderen Worten, die linke Seite muß dazu programmiert werden, die multidimensionalen Aspekte von Zeit und Raum aufzunehmen, was bedeuten kann, bestimmte Gehirnsektionen zu aktivieren, die bislang unbenutzt blieben, aber genau zu diesem Zweck bestimmt sind. Vom psychologischen Standpunkt aus sind die damit verbundenen Gefahren offensichtlich, und daher ist die (neuprogrammierte) Logik der linken Gehirnhälfte für diese Übung absolut notwendig.

Sirianische Magie ist grundsätzlich Bewußtseinsmagie. Sie verwendet den Verstand und das Gehirn als die Werkzeuge der Psyche, über die das Bewußtsein das Universum erforschen kann – wenn auch nur schrittchenweise –, um sich so mit der Natur und dem *modus operandi* jener schöpferischen Energien vertraut zu machen, die den Nabel seiner Existenz ausmachen. Wie man diese Energien wahrnimmt und übersetzt, hängt von den folgenden drei Faktoren ab:

1. Gehirnkapazität (zerebrale Megabytes und Software) des Suchenden.
2. Kosmisches Alter, Status und Bandbreite des Seelenfragments, das die Untersuchung anstellt.
3. Zeitkapsel oder Schaltkreis, in die das Wissen eingebaut ist. Dessen Freisetzung steht im Zusammenhang mit der Gruppenentwicklung jener Spezies, in der das Seelenfragment oder Feldpartikel des Suchenden verkörpert ist.

Aus diesem Grund betrachten manche »Reisende« die Götter, die »Alten«, in spezifisch menschlicher oder personifizierter Form, während andere diese Intelligenzen als abstrakte Energien wahrnehmen – in Verbindung mit dem Stoff, aus dem das Universum (unserem begrenzten Wissen nach) entstanden ist.

Klären wir zuvor noch einige offensichtliche Fragen, die hinsichtlich der Geistesmagie sicher auftauchen werden. Für ihre erfolgreiche Anwendung sind keine speziellen Effekte nötig, weder persönlicher noch phänomenaler Natur. Man braucht dabei zum Beispiel keine besondere körperliche oder schamanische Schau abzuziehen. Eine brennende Kerze oder ein Räucherstäbchen, das zur eigenen Frequenz paßt, kann insofern helfen, als es die eigene spirituelle oder persönliche Sicherheit unterstützt. Allerdings gibt es auch ein paar bekannte magische Symbole, die mit der sirianischen Wellenlänge schwingen, das Sistrum zum Beispiel. Temple lenkt unsere Aufmerksamkeit auf die Tatsache, daß das griechische Wort für Sirius, *sierios*, Ähnlichkeit mit *siestron* hat, aus dem im lateinischen *sistrum* wurde, ein Instrument, das auf die Zeit von Atlantis zurückgeht und bei der Anbetung von Isis und Bast benutzt wurde. Da die sirianische Magie dieselben Archetypen besitzt wie die sehr frühe ägyptische Magie, sind bestimmte Symbole in beiden Systemen gültig. Ein Beispiel dafür ist das Auge, das einen Teil der Hieroglyphe für den Namen Osiris bildet, während die eigentliche Hieroglyphe für Sothis (Sept) den fünfzackigen Stern in Verbindung mit einer Säule beinhaltet. (siehe Abb. 8.1).

Abb. 8.1

Wir haben nun drei Grundbedingungen für die sichere Ausübung der sirianischen, interkosmischen Magie herausgearbeitet:

1. Die Notwendigkeit einer persönlichen kosmischen Identität, die einen von der Notwendigkeit befreit, sich auf einen bestehenden Glauben, eine Überlieferung oder eine erdorientierte Philosophie zu stützen. Das allgemeine Klima der Unsicherheit, das auf der Erde vorherrscht, bringt es mit sich, daß die Menschen eher gruppenorientiert sind und sich sicherer fühlen, wenn sie einer Überzeugung oder Philosophie folgen, die viele andere teilen. In Zeiten von Unruhe, Angst oder Not ziehen sie sich in die Sicherheit einer Gruppenüberzeugung zurück, statt in die Sicherheit jenes Aspekts der Göttlichkeit, der in der eigenen Seele angelegt ist. Die Entdeckung der eigenen kosmischen Identität hilft, diese spirituelle Unsicherheit zu vertreiben, die auf dem sirianischen Weg sicher ein Problem bedeuten würde.
2. Die Fähigkeit zu externalisieren: geistig über die Zeit-Raum-Grenzen hinauszuprojizieren und sich daher aus dem Einflußbereich der Erde oder unseres Sonnensystems hinauszubewegen. Nach den Lehren mehrerer bedeutsamer Schulen der Metaphysik gibt es einen bösartigen Einfluß um die Erde, der wahres spirituelles Wachstum und kosmisches Verständnis behindert. Das Ziel aller Sirius-Initianden ist es daher, diese Barriere zu durchbrechen, die unsere bewußte und unbewußte Programmierung schon seit Jahrhunderten beeinflußt, um ein klareres und genaueres Bild von den vielen verschiedenen Dimensionen und Lebensformen zu erlangen, die jenseits unseres Planeten im Univer-

sum zu finden sind. Die Wissenschaft öffnet uns bereits viele Türen in dieser Richtung, und wir müssen spirituell auf das vorbereitet sein, was viele orthodoxe Gläubige vermutlich wie ein Schock treffen wird, so daß wir unsere Rolle als Helfer in den vor uns liegenden Tagen des Übergangs erfüllen können.

3. Im Umgang mit sirianischen Energien ist die ausgewogene Verwendung beider Gehirnhälften notwendig. Alle interkosmischen Erfahrungen sind integral an Zeitlosigkeit gebunden. Die Grenzen der inneren und äußeren Zeit sind völlig unterschiedlich. Erstere entstehen durch die vorherrschenden physikalischen Bedingungen und die Gedanken und Energien jener Wesen, die innerhalb der Frequenz der materiellen Welt inkarniert sind. Die Grenzen der äußeren Zeit dagegen sind ein substanzloses Phänomen des kosmischen Gesetzes; das Kennwort zu ihrem Passieren erlangt man nur mit spiritueller Reife, die aus profunden Kenntnissen der Zeitlosigkeit, Weisheit und Erfahrung entsteht.

Wenn man die Welt der Zeitlosigkeit betritt, öffnen sich automatisch die Tore zu Zukunft und Vergangenheit. Können wir mit einem solchen Wissen umgehen? Werden nicht unsere geistigen Sicherungen durchbrennen? Gurdjeff sprach von »Puffern«, jenen selbstgebildeten Polstern, die dazu dienen, die Schläge des Lebens abzufangen und weniger spürbar zu machen. Psychologen glauben, daß viele Menschen plötzlichen Schock, extreme Trauer oder große persönliche Verluste ohne solche Puffer nicht verarbeiten könnten. Gurdjeff bestand darauf, daß diese Puffer nicht von der Natur erzeugt werden, sondern vom Menschen selbst. Sie seien vorwiegend ein Produkt des

Unbewußten, und er nannte sie »Instrumente, durch die der Mensch sich immer wieder innerlich ausrichtet«.[1] Mit anderen Worten, sie steuern unter anderem unser Gewissen.

Zu diesen Sätzen möchte ich den folgenden Gedanken hinzufügen: Wir erzeugen »Puffer« als einen Schutz gegen das, was unser Verstand nicht bewältigen und unser Gehirn nicht verarbeiten kann. Ich betrachte sie als persönliche Schutzkreise, die in der sirianischen Magie sicherlich funktionieren, unter der Bedingung, daß unsere Motivation Erkenntnis und universelle Liebe ist. Sie stören also nicht notwendigerweise unseren Lernprozeß, sondern helfen uns, stets das geistige Gleichgewicht zu bewahren. Weitere Informationen hierzu finden sich für interessierte Leser in meinem Buch *The Lion People.*

Aus dem vorangegangenen erkennen wir vielleicht die Bedeutung des Knotens als Symbol, das die Erfahrungen der inneren und der äußeren Zeit zusammenbindet, und da die Knotensymbologie in der ägyptischen Magie eine bedeutsame Rolle spielte, scheint dies ein guter Zeitpunkt, um die ägyptischen Götter in das sirianische System einzubeziehen und aus den alten Texten die Teile herauszulösen, die für die atlantisch-sirianischen Lehren wichtig sind.

Anmerkungen

1 P. D. Ouspensky: *In Search of the Miraculous*, S. 154.

KAPITEL 9

Die Göttinnen des Siriussystems

Die Überlieferungen der Ägypter wie auch der Dogon besagen, daß die Energien des großen blauweißen Sterns im Siriussystem vorherrschend weiblich sind. Die Ägypter verbanden ihn mit Isis – vermutlich nicht ohne guten Grund. Digitaria oder Sirius B wurde aufgrund seiner verborgenen Natur oft mit Isis' Schwester Nephthys verbunden, wobei er auch öfter, aus Gründen, die wir bereits dargelegt haben, als die Sphäre von Osiris betrachtet wurde. Bleibt uns Sirius C, der Sorghum-Stern der Dogon, der wirklich versteckt ist, denn er ist seit 1929 nicht mehr astronomisch gesichtet worden.

Die weibliche Natur dieses dritten Sterns bedeutet, daß er zu einer der größeren Gottheiten des ägyptischen Pantheons gehören mußte, wie Nephthys, Hathor oder Sechmet. Wir erinnern uns sicher, daß Hathor die Schutzpatronin der Frauen war. Im Gegensatz dazu war ihr *alter ego,* wenn man es so beschreiben darf, die stolze, starke und aufbrausende Sechmet, die Löwenköpfige, die manchmal auch mit Tefnut identifiziert wurde, der Zwillingsschwester von Schu, oder mit der sanften Bast, der Göttin von Musik, Tanz und Freude, deren Verehrung in den ptolemäischen Zeiten einen Höhepunkt erlebte.

Aber was ist mit Nephthys, der Verborgenen, die auch als Göttin des Schlafes bekannt war? Man sieht sie manchmal als *alter ego,* als dunklere Seite, von Isis, aber da ich seit vielen Jahren mit beiden Göttinnen arbeite, bin ich überzeugt, daß sie zwei völlig unterschiedliche Archetypen sind. Im bipolaren Kontext ist Isis die extrovertierte, liebevolle Mutter, zu deren Freuden und Tränen Frauen leicht Zugang finden, während Nephthys grundsätzlich die Introvertierte ist, die Beherrscherin der tiefen Wasser des Unbewußten, der dunklen Seite des Geistes. Ich meine, daß weder Isis noch Nephthys etwas mit dem Mond zu tun haben, jedenfalls nicht direkt, und daher kann man logisch schließen, daß Nephthys Sirius C angemessen vertreten könnte.

Es gibt ein paar interessante Aspekte des Nephthys-Archetypus, die einer Überlegung wert sind. Sie ist zum Beispiel eine Wassergöttin, der weibliche Aspekt von Neptun; als solche beherrscht sie die Emotionen und ist eng mit dem menschlichen Zustand verbunden. Der Mensch als Spezies wird nach der traditionellen Elemente-Klassifizierung vom Wasser beherrscht. Hesekiel hatte eine Vision vom Löwen, Adler, Stier und Menschen –, Feuer, Luft, Erde und Wasser – und auch von den vier Söhnen des Horus hat einer einen Menschenkopf.

Die sumerische Kunst zeigt einen Löwen, einen Adler und einen Stier, auf dessen Rücken ein Pfau sitzt: ein traditionelles Symbol des Stolzes, das die Menschheit repräsentiert.

Es ist kein Zufall, daß Varianten des Namens Nephthys mit der Niere und deren Krankheiten verwandt sind: Nephritis zum Beispiel. Meine Kinderfrau nannte den Nieren-Harntrakt immer das »Wasserwerk«, und ich habe bei meinen Forschungen im Bereich der medizinischen Astrologie festgestellt, daß die Position von Neptun in einem Horoskop stets Einfluß auf die befriedigende oder nicht so gute Funktion der Nieren hat. Probleme emotionaler Natur, die das tiefe Unbewußte spiegeln, neigen ebenfalls dazu, den Körper über das Nierensystem zu beeinflussen, was ein Grund dafür ist, warum diejenigen, die mit dem Nephthys-Archetypus schwingen, besonders auf tiefsitzende emotionale Traumata achten und versuchen sollten, diese, wenn möglich, zu externalisieren. Man könnte natürlich auch sagen, daß Tefnut, die Göttin des Taus und des sanften Regens, ebenfalls Verbindungen zum Wasser aufweist, was aber nur das Argument bestätigt, daß spätere Archetypen oft über frühere Versionen des gleichen manifesten Prinzips gestülpt wurden.

Ein weiterer Aspekt der menschlichen Psyche, den der Nephthys-Archetyp repräsentiert, ist der Schatten: das Verborgene. Die hellen Strahlen der spirituellen Sonne werden zwar häufig als Gegenmittel für den Schatten empfohlen, aber ohne Sonne gäbe es keinen Schatten. Und es sind die Gebäude, Menschen, Bäume, Berge und alles Natürliche auf der Erde, das an sonnigen Tagen einen Schatten wirft. Das bedeutet, daß Licht und Schatten beide essentieller Bestandteil der irdischen Erfahrung sind, wie auch alle Szenarien, die aus jener atomaren/molekularen Struktur bestehen, die wir Materie nennen. Die Energien von Nephthys und Isis sind demnach voneinander abhängig. Mit anderen Worten, wir müssen uns in die Tiefen unseres Unbewußten stürzen, um uns mit unserem Schatten auszusöhnen, und dabei lernen wir die verschlungenen Pfade in allen Höhen und Tiefen kennen. Wenn man nämlich von einer großen Höhe herabblickt, sieht man nicht nur die schönen Orte, Flüsse und Bäume, sondern auch die weniger angenehmen Aspekte, die einem die Freude trüben. Ein Flugzeug, das hoch über einer Stadt fliegt, gibt uns zwar einen ausgezeichneten Überblick über die Parks und Schlösser, aber auch über die

Müllhalden und Slums, die sich im allgemeinen Panorama genauso deutlich abzeichnen.

Der Isis-Archetypus ist ebenfalls weitaus komplexer, als anfangs oft angenommen wird. Die sanfte, fürsorgliche Isis mag auf einer bestimmten Ebene zwar die archetypische Mutter sein, aber im Gegensatz zur Jungfrau Maria ist sie auch die *Magierin par excellence,* die durch List und Tücke Ra das Geheimnis seines Namens (seinen persönlichen Ton) entlockte. Isis wird auch im Kontext der dreifachen Gottheit gesehen – Sothis, Satis und Anukis sind ihre drei sirianischen Aspekte.

Was sagt uns dies alles nun über Sirius? Isis, Osiris und Nephthys waren Archetypen, die jeweils den solaren Genius der drei Siriussterne repräsentierten (falls Sirius C tatsächlich ein Stern war und ist und kein Planet – ich habe da meine Zweifel), und Isis erlangte nach dem Zusammenbruch von Sirius B (dem Aufstieg von Osiris auf eine höhere, erhabenere Frequenz) dessen Macht in Gestalt von Horus, ihrem Sohn. So wie viele glauben, daß unser Sonnensystem von Sirius erzeugt wurde, kann das Sirius-System selbst von einem anderen Stern in einem weiteren, zentraleren Teil der Galaxis erschaffen worden sein. War dieser Stern der ursprüngliche Ra? Das *Totenbuch* und die Pyramidentexte erwähnen Ra, Osiris und Horus häufig als ein und dieselbe Entität oder als Reinkarnationen voneinander. Vielleicht ist aber auch lediglich eine Gruppe erleuchteter Wesen gemeint, die entweder von Sirius kamen oder eng mit der Evolution und der Entwicklung unseres eigenen Sterns und seiner Satelliten verbunden waren:

> Was die Zwillingsgottheiten betrifft, so waren es Heru-netch-hratef-f und Heru-khent-an-maati; einige meinen, die göttliche Seele, die in den Zwillingsgöttern wohnt, seien die Seelen von Ra und von Osiris. Für andere handelt es sich um die Seelen von

Schu [und] von Tefnut, und das sind die Doppelseelen, die in Tattu wohnen.[1]

In diesem Zusammenhang kann man annehmen, daß die Energien von Digitaria oder Sirius B auf Horus übertragen wurden. Aber da wir die letzte Episode des Isis-Dramas in der Gegenwart sehen, wo sich die *dramatis personae* immer noch dafür einsetzen, den Thron der Herrschaft des Chaos zu entreißen, wird das Zeitalter des Horus erst in der Zukunft kommen. Es ist interessant, daß der Kampf zwischen Seth (Chaos) und Horus (Ordnung) von Thot beurteilt wurde, der Zeit. Während sich die verwirrten Stränge aus Mythen und Legenden langsam entwirren, bekommt die sirianische Prophezeiung einen neuen und verständlicheren Sinn.

Es gibt allerdings Alternativen zur Zuordnung von Isis/Osiris/Nephthys zu Sirius, etwa die von Sechmet/Hathor/Ra, wobei Sechmet für Sirius A steht, Ra für Sirius B und Hathor, die traditionelle ägyptische Schutzpatronin der Frauen, für den Stern Sorghum-Frau, Sirius C. Meint die Legende vielleicht, daß der alte Gott sich nach einem Angriff seiner Feinde, der durch das Eingreifen seiner Tochter vereitelt wurde, auf eine höhere Ebene zurückzog (auf eine andere, subtilere Frequenz wechselte)? Gegenwärtigen wissenschaftlichen Theorien zufolge erfolgt der Übergang von einem gelben Stern zu einem Weißen Zwerg, denn dazu ist Sirius B geworden, wie folgt: (1) Die Hauptsequenz, der gegenwärtige Zustand unserer Sonne; (2) Expansion zu einem Roten Riesen; (3) Kontraktion auf den Horizont; (4) Expansion zu einem Roten Superriesen und Abstoßung der erweiterten Hülle in einen planetarischen Nebel; (5) Kontraktion zu einem Weißen Zwerg. Könnte die Wirkung des vierten Stadiums nicht einer riesigen

Schlange ähneln, die den Himmel überspannt – Apep, die Ra belagerte und schließlich von seiner Tochter Bast oder Sechmet vernichtet wurde?

Eine andere Möglichkeit sähe Ra als Amon, der »Verborgene«, für Sirius B, und seine Kinder Schu und Tefnut als Sirius A und C. Schließlich ist der Name Amon, Amen oder Amun eng mit dem »Ammon« der Dogon verwandt, dessen Nommo(Lehrer)-Sohn von jenem Volk für einen künftigen Retter der Welt gehalten wird, genau wie Horus, der Sohn der Isis. Das Geheimnis vertieft sich – oder? Ich glaube nicht, denn wir haben es hier sicher mit denselben Archetypen zu tun, denen verschiedene postatlantische Generationen einfach unterschiedliche Namen gegeben haben.

Viele alte ägyptische Texte enthalten Verweise auf Khet-Khet, das Doppelfeuer, das Feuer der Verfestigung und das Feuer der Zerstreuung – die durch Isis und Nephthys dargestellt werden. Ich kann die Wirksamkeit des letzteren bestätigen, denn ich habe es selbst benutzt, um eine gewalttätige Menschenmenge zu zerstreuen. Diese Lektion aus dem alten Ägypten wird zwar gewöhnlich als ein Hinweis auf die Reise durch den Abgrund oder *Seshet* beschrieben, in dem sich die Energien des früheren Lebens zerstreuen (Nephthys), um sich in der Wiedergeburt wieder zu verfestigen (Isis). Hinter diesen scheinbar offensichtlichen Andeutungen liegt jedoch ein größeres, metaphysisches Geheimnis. Die Priester der alten sirianischen Traditionen haben es mehr als geschickt verstanden, ihre magischen Geheimnisse zu verbergen, indem sie sie so formulierten, daß sie nur auf den höheren Frequenzen gelesen und verstanden werden konnten, und nur von jenen, die dazu bereit waren. Sie wußten, daß die meisten Menschen entweder durch Ängste oder durch Begierden angetrieben werden, und daher würden die Unwissenden natürlicherweise dazu neigen, sie in einem dieser beiden Zusammenhänge zu begreifen. Genau das geschah und geschieht seitdem. Die Mysterien von Isis und Nephthys werden einerseits nur auf den Tod und das Nachleben bezogen, andererseits auf die eher weltlichen Interessen der Lustnatur. Ihre Kenntnis der menschlichen Psyche war durchaus gültig, denn nur der wahre Eingeweihte, der selbstlos genug ist, um jenseits der Befriedigung des Fleisches zu suchen, jenseits aller materiellen Güter und der Angst, was auf den Tod folgt, kann die Wahrheit entdekken.

Das Phänomen der nephthischen Zerstreuung darf nicht mit den sethischen Energien verwechselt werden, denn beide sind zwar chaotisch, aber sie funktionieren auf unterschiedlichen Ebenen. Der Abstieg in den Abgrund, in die chthonischen Regionen, ist von grundsätzlicher Bedeutung für jede Art von metaphysischem Studium, denn das Universum besteht keineswegs nur aus lieblichem Licht, und der Novize wird früher oder später Energien begegnen, die nicht zu seinen passen und die er entweder bewältigen oder abwehren muß.

Der Dialog mit den ägyptisch-sirianischen Gottheiten und damit mit den Archetypen (und den Facetten des Selbst), die sie repräsentieren, ist ein essentieller Teil der sirianischen Magie. Welchen Aspekt einer Gottheit man kontaktiert, hängt natürlich stark von dem Archetypen ab, der die Persönlichkeit des Novizen beherrscht. Mütterliche Typen beiderlei Geschlechts neigen dazu, die mütterlichen Isis-Energien anzuziehen, während andere sich eher von ihrer königlichen Rolle angezogen fühlen, ihrem sozialen Bewußtsein oder ihrer magischen Kraft. Ebenso bei Nephthys, doch sollten jene, die die Verborgene in ihrer Rolle als Enthüllerin anrufen, besonders darauf achten, daß das Wissen, das sie anstreben, sich nicht als zuviel für sie erweist. Denn sirianische Magie kann sich als eine wahre Bombe herausstellen! Ich könnte Ihnen haarsträubende Geschichten von Bekannten erzählen, die bei der Anrufung der Enthüllerin tatsächlich ihr Ende fanden, denn aufgrund der Begrenzungen ihrer linken Gehirnhälfte waren sie unfähig, den Schock zu verarbeiten. Oder, wie Gurdjeff dazu gesagt hätte: »Ihre Puffer waren nicht gut genug geölt, um den Aufprall zu überstehen.«

Ich habe mich in diesem Kapitel bisher nur mit Isis und Nephthys befaßt; Osiris, Horus und Seth folgen später. Es stellt sich dabei noch eine Frage, nämlich was mit dem Planeten ist, der den dritten, den nephthischen Stern Sirius C umkreist? Nun, da ist ja noch Anubis, Nephthys' Sohn von Osiris, was sinnvoll erscheint, wenn man darüber nachdenkt. Ich glaube übrigens nicht, daß die Bewohner dieses Planeten Hunde waren oder sind! Die Dogon bezeichnen Sirius C als »Die Sonne der Frauen« und seinen einzigen Planeten als »Stern der Frauen«. Hier haben wir eine Begriffsverwechslung, denn eine Sonne ist ein Stern, ein Planet aber nicht.

Wenn diese »Sonne« nun aber tatsächlich ein großer Planet wie Jupiter war, und der angebliche Satellit ein Mond – und beide passiv/weibliche Energiemuster ausstrahlten? Das ist einer Überlegung wert. Ich neige tatsächlich eher zu der Annahme, daß eine sehr schöne, menschenähnliche Spezies das bewohnte, was die Dogon als »Sonne« bezeichnen, daher die Bezeichnung »Planet der Frauen«, was an Menschen ohne das grobe Äußere denken läßt, wie es die Männer unserer Spezies oft aufweisen. Ich glaube zudem, daß die osirische Sonne, Sirius B, einst einen sie umkreisenden Planeten hatte, auf dem eine löwenhafte Rasse lebte. Osiris' Tier war stets der Löwe, und ein Absatz in *Hermes Trismegistos* beschreibt, wie Osiris ...

> ... aus dem Unsichtbaren zu ihm kam [Horus, seinem Sohn] und durch ihn wirkte und ihn auf den Kampf vorbereitete [gegen Seth].
>
> Dann stellte er ihm die Prüfungsfrage: »Was hält er für das Gerechteste?« Und als er antwortete: »Vater und Mutter in einer Notlage zu helfen«, stellte er eine zweite Frage: »Welches Tier scheint ihm am nützlichsten für die, die in den Kampf ziehen?«
>
> Und als Horus antwortete: »Das Pferd«, wunderte er sich und war ganz verwirrt, weil er nicht den Löwen genannt hatte.
>
> Da sagte Horus: »Der Löwe ist nützlich, wenn man Hilfe braucht, aber das Pferd kann den Feind bei der Flucht zersprengen und ihn völlig vernichten.«[2]

Im *Totenbuch* und anderen alten ägyptischen Texten wird das Pferd zwar nicht oft erwähnt, aber esoterische Quellen haben schon immer angenommen, daß es dem Horus heilig war, besonders das weiße Pferd, das später von den Kelten verehrt wurde, während in Atlantis das Pferd oder Einhorn der Danuih heilig war, der Erdgöttin.

Es gibt im *Totenbuch* zahlreiche Hinweise auf den »Löwengott« in Verbindung mit Osiris – zu viele, um sie alle aufzuzählen. Mir gefallen besonders die Zeilen in Kapitel XXVIII, in denen es um die Bewahrung des Herzens geht. Sie werden von einer Vignette begleitet (siehe Abb. 9.1):

> Heil dir, du Löwengott! Ich bin der Blütenbusch *(unb)*. Die Behinderung des Göttlichen ist mir ein Greuel. Laß nicht mein Herz *(hati)* von mir getragen werden ... Heil dir, der du Osiris mit Binden umwickelst und der du Seth gesehen hast![3]

Die Schwängerung von Isis stellt eines der größten Geheimnisse um die epagomenalen Neter dar, denn sie bil-

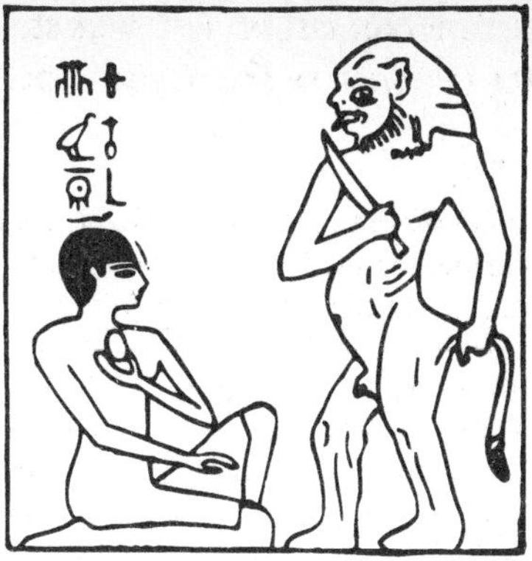

Abb. 9.1

det den Angelpunkt, um den das gesamte Osirisdrama kreist. Wenn wir annehmen sollen, daß Isis tatsächlich von Osiris geschwängert wurde, nachdem sein Geist den Körper verlassen hatte und auf eine höhere Ebene entschwebt war, stellt dies die Göttin in die gleiche Kategorie wie andere Mütter, die auf wundersame Weise empfangen und anschließend ein Kind geboren haben, das vorbestimmt war, zum Erlöser der Welt zu werden. Ich neige dazu, die Vorstellung von einem hölzernen Phallus für etwas zu halten, was später von einem Volk hinzugefügt wurde, das sich nicht vorstellen konnte, daß eine Frau ohne ein männliches Glied gebären könnte, selbst wenn es nur ein Imitat des Originals war. Thots *hekau* und Isis' eigene Magie ergeben metaphysisch gesehen mehr Sinn, und da es auch eine Zeitdimension gab, haben wir es wohl eher mit einer Dynastie zu tun als mit einem Einzelfall. Immerhin haben wir bereits festgestellt, daß man die Osiris-Nephthys-Episode leicht in prinzipiellen Begriffen deuten kann, warum daher nicht auch die von Isis und Osiris?

Wie bereits erwähnt (siehe S. 45) stellt die Reihenfolge, in der die fünf epagomenalen Neter geboren wurden, ebenfalls ein Rätsel dar. Budge meint, daß die Kinder Nuts (des Himmels) nicht alle am gleichen Tag und Ort entstanden. Der erste Tag sah die Geburt von Osiris, der zweite das Auftauchen von Horus, der dritte war Seths Tag, der vierte gehörte Isis, während Tag Fünf Nephthys' Geburtstag war. Der erste, dritte und fünfte der epagomenalen Tage wurden als Unglückstage betrachtet, der zweite galt weder als unglücklich noch als glücklich, doch der vierte war »ein wunderbares Fest für Himmel und Erde«.[4] Die Tage von Osiris, Seth und Nephthys und vermutlich auch jene Gottheiten hat man daher wohl als Unglücksbringer gesehen. Horus war offensichtlich eine unbekannte und daher unberechenbare Quantität, während Isis von allen geliebt wurde. Haben wir es hier vielleicht mit einem kosmologischen Drama zu tun, in dem jede Gottheit eine bestimmte Ära darstellt (z. B. Isis das Sternzeitalter der Jungfrau) statt ein bestimmtes Individuum?

Aber wenn Horus nun die direkte Verbindung zwischen unserem Sonnensystem und der Siriussonne ist? Das würde die widersprüchlichen Mythen um seine Geburt erklären: (a) daß er am zweiten der epagomenalen Tage ankam, nach Osiris, und (b) daß er von Isis hier auf der Erde geboren wurde, nach ihrer Schwängerung vom »Himmel« oder sonstwoher? Könnte das Kind von Isis, gezeugt von Osiris (Sirius B), die Menschheit darstellen? Wenn das zutrifft, dann wäre Seth (Chaos) das Testgelände für Horus (Ordnung), das der Sohn der Isis als erstes erobern muß, ehe er würdig wird, den Thron seines Vaters zu besteigen. Im Mythos heißt es, daß Horus ein kränkliches Kind war, dessen Lebensfähigkeit zeitweise in Zweifel stand. Im Zusammenhang mit der Horus/Hominiden-

Analogie ist vielleicht *Homo sapiens* das kränkliche Kind, dessen Überleben immer noch fragwürdig ist!

Isis in ihrer Rolle als große Mutter und Schöpferin, die von ihrem Gatten Osiris (Sirius B vor der Implosion) geschwängert wurde, ergibt sicher metaphysisch gesehen Sinn und würde natürlich die innerhalb des Siriuskomplexes inkarnierten Wesen mit ihren irdischen »Vettern« verbinden. Als Horus und Seth endlich zur Schlacht antraten, war Horus der Legende nach aufgrund der kosmischen Gesetze in seinen Waffen beschränkt, während Seth alle möglichen fragwürdigen Methoden anwandte, um den Gott des Lichts zu stürzen. So ist es auch mit den Menschen hier auf der Erde. Sanfte, anständige und fürsorgliche Menschen (Horusmenschen) würden nur für eine gerechte Sache kämpfen, etwa um ihr Haus und Land zu verteidigen, während Seths Untertanen nichts unversucht lassen, um ihre schlechten Ziele zu erreichen.

Neuere Informationen über die Entstehung des Universums, die vielleicht für unser Thema relevant sind, wurden vor kurzem von Richard Ellis und seinen Kollegen an der Universität von Durham veröffentlicht. Ellis hat einen faseroptischen Scanner entwickelt, der Licht aus mehreren Quellen gleichzeitig messen kann. Er plante, diesen zur Erstellung einer dreidimensionalen Karte der Galaxis zu benutzen. Die beim ersten Test gewonnenen Informationen waren aber ziemlich überraschend. Frühere Untersuchungen hatten zwar festgestellt, daß Galaxien in Clustern vorkommen, aber man hatte nicht erwartet, daß die Verteilung gleichmäßig wäre oder einem genauen mathematischen Muster folgen würde. Man stelle sich das Erstaunen vor, als das neue Gerät entdeckte, daß diese Cluster in regelmäßigen Abständen von etwa 400 Millionen Lichtjahren existieren und entlang eines schmalen Tunnels im Universum gleichmäßig verteilt sind. Das wirkte fast so, als ob das Universum eine riesige Honigwabe aus sich regelmäßig wiederholenden galaktischen Zellen wäre! Keine gegenwärtige Theorie sagt ein derart periodisches Muster voraus.[5]

Dieses Bild beschwört sicherlich die Vorstellung von einem gigantischen Superhirn herauf, was bedeuten würde, daß die Schöpfung allen Lebens kein Zufall ist und schließlich doch ein Supergeist hinter allem steht, eine Vorstellung, die vor kurzem von dem Mathematiker und Physiker Paul Davies in seinem Buch *The Mind of God* untersucht wurde. Wenn wir das alles im Auge behalten, ist es leicht vorstellbar, daß Sirius und andere Sterne in unserer Ecke der Galaxis einen Einfluß auf die Lebenszyklen und die Evolution der hier wohnenden Energien oder Essenzen ausüben.

Doch verlassen wir für den Moment diese schwindelerregenden galaktischen Höhen und steigen wieder auf die Erde hinab. Im Laufe der Jahrhunderte hat man viele unterschiedliche mystische Riten und Mysterien Isis zugeschrieben. Zu den bekanntesten gehört vielleicht das Mysterium des Schleiers. Da alles, was hinter jenem Schleier liegt, von großem Geheimnis umgeben ist und wir über die Mysterien der Isis sprechen, sollten wir vielleicht einen Blick wagen, um zu sehen, ob diese kostbaren Geheimnisse irgendwelche Verbindung zu Sirius haben. Und warum auch nicht?

Die erste Überraschung ist, daß es keinen eigentlichen Schleier gibt, nur das, was in der Vorstellung des Individuums entsteht – was sich je nach Seelenalter (Feldbreite) und Initiationsstatus stark unterscheidet. Wie bei allen ägyptischen Mysterien kann man das, was hinter Isis' Schleier liegt, auf mehreren Ebenen sehen; möglicherweise gibt es darüber hinaus noch weitere Frequenzen. Als erstes fällt mir dazu ein, was die neueste genetische Forschung ergeben hat: nämlich daß die weiblichen XX-Chromosomen eine viel größere Bandbreite von Frequenzen abdecken als die männlichen XY. Ich bin noch auf keinen wissenschaftlichen Aufsatz gestoßen, der diese Frequenzen definiert oder die weiblichen Eigenschaften bezeichnet, mit denen sie in Verbindung gebracht werden, aber ich habe den starken Verdacht, daß es sich um Anpassungsfähigkeit handelt sowie um das, was man volkstümlich als »weibliche Eingebung« bezeichnet. Aber da könnte ich mich auch irren.

Im esoterischen Sinne läßt dies auf die Vorstellung von einer Schöpferin schließen – Isis. Und wenn sie als der Hauptstern im Siriussystem tatsächlich die Schöpferin unseres Sonnensystems war, muß unsere Sonne ebenfalls weiblich betont sein, wie ich schon lange vermutet habe. Die alten Ägypter haben dem Mond immer eine männliche Persönlichkeit zugeschrieben, und obwohl Ra und Horus im solaren Kontext gesehen werden, sind Osiris wie auch Thot und Chons definitiv lunar. Wir haben bereits betont, daß im Unterschied zur Tradition vieler anderer Göttersysteme die Ägypter unseren eigenen Planeten als den männlichen Geb sahen. Vielleicht wußten sie etwas, was wir nicht wissen?

Ich habe nie viel auf das gegeben, was man allgemein als die weiblichen Mysterien bezeichnet, aus dem einfachen Grund, daß wir auf eine engere Beziehung zwischen den Geschlechtern hinarbeiten sollten, und alles, was man auch nur vage als entzweiend betrachten könnte, dient diesem Ziel nicht. Isis zu verstehen heißt aber auch, ihre magischen Aspekte zu begreifen, die sich von ihrer archetypischen mütterlichen Rolle unterscheiden, und es könnte gut sein, daß dieses sirianische Talent seinen Weg in die heutige Welt mittels eines bestimmten genetischen Codes gefunden hat, *der ausschließlich von Frauen weitergegeben wird.* Mit anderen Worten, das sirianische Gen, falls es so etwas gibt, wird über die Mutter weitergegeben.

Es gibt andere, offensichtlichere Interpretationen des Schleiers der Isis, wie etwa das, was vor dem Uneingeweihten verborgen ist, die verschiedenen subtilen oder inneren Ebenen und bestimmte Wahrheiten, die nur jenen eröffnet werden, die in ihre Mysterien eingeweiht sind, wie es in den *Metamorphosen* des Apuleius dargestellt wurde, des römischen Philosophen und Satirikers (125–180 n. Chr.). Dessen Geschichte von Lucius, der Isis anflehte, ihn aus seiner Eselsgestalt zu befreien (ein Aspekt des niederen Selbst oder der sinnlichen Natur vielleicht?), wird von vielen Experten für autobiografisch gehalten. Der Schleier der Isis kann zwar für viele Menschen vieles bedeuten, aber es wäre ein Fehler, ihn rein auf das Mystische zu beschränken, denn meine Forschungen machen mir immer mehr deutlich, daß diese atlantischen oder ägyptisch-sirianischen Symbole eine ganze Bandbreite an Bedeutungen enthalten, von wissenschaftlichen und praktischen bis hin zu tief esoterischen oder abstrakten. Was Sirius angeht, sind die Konnotationen von Isis' Schleier eher kosmologisch und deuten auf den Schöpferinnenaspekt des weiblichen Prinzips hin, das sowohl für den Siriuskomplex wie auch für unser Sonnensystem gilt.

Die Verehrung der Isis setzte sich noch lange nach Ägyptens Niedergang als Weltmacht fort. R. E. Witt zitiert in *Isis in the Graeco-Roman World* die Oxyrhynchus-Litanei aus dem *Oxyrhynchus-Papyrus* 1380 als eine Art ägyptisches Te Deum zum Ruhme Isis' und betont die Verbindung mit dem Ort Memphis. Beim Vergleich dieser

Litanei mit dem frühen *Hymnus an die Sonne,* die man dem Pharao Echnaton aus der achtzehnten Dynastie (Amenophis IV) zuschreibt, bemerkte Witt große Ähnlichkeiten und meinte dazu:

> Isis identifiziert sich nicht mit der Sonnenscheibe, aber sie versichert, daß sie den Verlauf der Sonne bestimmt hat und begleitet und daß sie in den Sonnenstrahlen existiert. Genau wie Aton die Menschenrassen trennte, damit jede ihre eigene Sprache spricht, so hat Isis die griechischen und nicht-griechischen Dialekte bestimmt. Die Strahlen des Aten befinden sich in der Mitte des großen Ozeans, und wenn er scheint, dann können alle Schiffe hin- und hersegeln. Isis herrscht ebenso über die Schiffe und Flüsse, die Winde und das Meer.[6]

Witt bringt weitere Belege für die solaren oder stellaren Verbindungen von Isis – im Gegensatz zur lunaren Natur, die ihr so oft zugeschrieben wurde, und zitiert Lucius' Worte, die bestimmt von denjenigen anerkannt werden, die sich entschieden haben, das weibliche Prinzip in der Form von Isis zu verehren:

> Du bist die heilige und ewige Retterin der Menschheit ... verehrt von den Mächten oben und verehrt von den Mächten unten, bewegst du die Erde auf ihrem Kreis, Quelle des Sonnenlichts und Beherrscherin des Universums ... dir gehorchen die Sterne, und du erschaffst die Jahreszeiten, du Freude der Götter und Herrin der Elemente. Auf deinen Befehl wehen die Winde, erzeuget der Regen unsere Nahrung und wurzeln die Samen und verwandeln sich in sprießende Pflanzen.[7]

Das klingt sicherlich mehr nach einer sirianischen Göttin und nicht nach dem blassen Abbild einer mütterlichen Gottheit, die angeblich in den prädynastischen Genen im Nildelta entstand. Wollte man Isis auf eine lunare Rolle beschränken, wäre das ein extremer metaphysischer Irrtum. Sie hat wie ihre vier Geschwister viel breitere und kosmischere Verbindungen, die alle in den Legenden und Mythen vermittelt werden, wenn man nur die Augen öffnet und danach Ausschau hält. Die ägyptischen Mythen scheinen mir manchmal wie die verbalen Versionen jener Suchbilder, die eine ganz gewöhnliche Alltagsszene zeigen, in der aber Gestalten, Gesichter, Formen oder Zahlen versteckt sind, die man überhaupt nicht bemerken würde, wenn man nicht unter dem Aspekt des Suchbildes sofort unter den Blumenvasen, Tischen, Stühlen, Lampen und sonstigen Gerätschaften des Alltags nach ihnen suchen würde. Ich habe erst vor kurzem eines dieser Bilder betrachtet und brauchte eine ganze Weile, bis ich ein paar der angegebenen Wesen und Dinge fand. Alle habe ich nicht gefunden, aber ich hatte auch nicht so viel Zeit. Das gilt sicher für viele von uns: Wir schauen etwas an und sehen nur, was wir sehen wollen. In der Parapsychologie bezeichnet man das als den »Experiment-Effekt«. Die Zeit kann ebenso ein Feind sein wie auch ein Freund, aber es hängt vermutlich vom Seelenalter oder der Feldbreite ab, wie man die Zeit verwendet, die einem für das Leben zugeschrieben wurde.

Anmerkungen

1 E. A. Wallis Budge: *The Book of the Dead,* Bd. 1, S. 102 103.
2 G. R. S. Mead: *Thrice Greatest Hermes,* Bd. 1, S. 290.
3 E. A. Wallis Budge: *The Book of the Dead,* Bd. 1, S. 142.
4 E. A. Wallis Budge: *The Gods of the Egyptians,* Bd. 2, S. 109.
5 *The Guardian,* 23. 3. 1990.
6 R. E. Witt: *Isis in the Graeco-Roman World,* S. 103–104.
7 Wallis Budge, a. a. O., S. 109.

KAPITEL 10

Osiris, Horus und Seth

Thema dieses Kapitels ist die Dualität: der ewige Gegensatz zwischen Dunkelheit und Licht, Chaos und Ordnung, Gut und Böse – in welchem Zusammenhang auch immer. Auf dieser Vorstellung beruhen viele Weltreligionen, und es scheint, als sei dies in anderen Teilen der Galaxis ebenso gültig wie bei uns. Das heißt natürlich nicht, daß die Bewohner anderer Planeten in den Sternensystemen von Aldebaran, Orion oder wo auch immer unser Konzept vom Satan teilen, da wohl nicht alle Lebewesen in der Galaxis, ganz zu schweigen vom Rest des Universums, das Bedürfnis entwickelt haben, den negativen oder fehlgeleiteten Energien, denen sie bei ihrer Entwicklungsreise begegnen, eine persönliche Identität zuzuschreiben.

Ehe wir uns an die Analyse der Geschichte von Seth als Gegenstück zu Osiris und Horus begeben, sollten wir ein paar andere Glaubensrichtungen hinsichtlich des Konzepts von Gut und Böse untersuchen – oder was man in metaphysischen Kreisen höflich als »negative Energien« bezeichnet. Da beim Studium aller okkulten, religiösen oder transzendentalen Dinge unweigerlich die Frage des Schutzes auftaucht, fragt man sich natürlich, vor wem oder was muß man sich schützen? Die Antwort darauf hängt natürlich von der persönlichen Vorstellung von Gut und Böse ab oder von den etablierten Dogmen zu diesem Thema, falls man sich entschieden hat, diesen zu folgen. Viele esoterische Traditionen akzeptieren die Tatsache, daß auch in den subtilen Dimensionen nicht alles gut und schön ist; andere sehen das Böse nur im Herzen und in den Köpfen der Menschen, während eine dritte Fraktion seine Existenz völlig abstreitet – sowohl als ethisches Konzept wie auch als organisierte Kraft, was bedeuten würde, daß keinerlei moralische Richtlinien existieren.

Es ist hier nicht meine Absicht, irgendein Dogma oder eine Doktrin über das Böse zu vertreten, sondern eher, eine alternative Theorie anzubieten, die auf sirianischer Magie beruht. Manche mögen dies akzeptieren, andere aber ablehnen. Es ist im Grunde gleichgültig, denn schließlich und endlich geht es immer um das persönliche Gewissen, und der letztendliche Richter des Selbst ist das Selbst. Ich bitte die Leser, die mit den von mir vertretenen Konzepten bereits vertraut sind, um Geduld, denn es gibt sicherlich viele, die meine Ansichten hierzu noch nicht kennen und gerne erfahren möchten, wo sie im System der sirianischen Geistesmagie hinsichtlich der Erkennung und Bewältigung von fehlgeleiteten oder bösen Energien stehen.

Meinen sirianischen Kontakten zufolge ist das, was man allgemein als das »Böse« bezeichnet, nichts weiter als fehlgeleitete oder desorganisierte Energie, die sich aus ihrer ursprünglichen Zeitzone gelöst hat (ihrem eigenen Platz auf der evolutionären Zeituhr). Ethische Maßstäbe stehen immer im Verhältnis zur Phase der evolutionären Entwicklung. Bedingungen, die wir heutzutage als gesellschaftliches Übel betrachten, wurden vor nicht einmal hundert Jahren anders gesehen, ebenso wie unsere heutige Ethik ohne Zweifel von künftigen Generationen als barbarisch bezeichnet werden wird.

Es gibt genau umrissene kosmische Gesetze, die ungeachtet dessen wirken, was wir hier auf der Erde in den verschiedenen Perioden der Geschichte davon halten. Das enttäuscht vielleicht diejenigen, die Vorwände suchen, um ihren negativen oder destruktiven Energien ungehindert Raum zu geben. Doch genau wie man die Wirkung von bestimmten Chemikalien aufeinander vorhersagen kann, so verhält es sich mit kosmischen Gesetzen, die in allen Zonen der inneren und äußeren Zeit konstant bleiben. Die Zeit ist tatsächlich der Schlüsselbegriff hier, denn zu jenen fehlgeleiteten Energien, die man oft mit dem »Teufel« verbindet, gehört stets ein Zeitsprung. So wie die Dogon behaupten, sie hätten von ihren sirianischen Kontakten gehört, die Erde sei ein unreiner Planet – wo die Nabelschnur des bösen Ogo mit der Plazenta verbunden war –, so bezeichnen auch bestimmte esoterische Theorien unsere Welt als den »gefallenen Planeten«. Eine angemessenere Beschreibung wäre wohl: ein Bereich, der in bezug zum Rest des Sonnensystems und der Galaxis nicht im richtigen Zeitverhältnis steht, was zur Folge hatte, daß sich ein Virus entwickelte und ausbreitete. Für diejenigen, die an einer ausführlicheren Beschreibung dieser viralen Manifestation interessiert sind, habe ich das Thema in meinem Buch *The Gaia Dialogues* ausführlich abgehandelt.

Unerwünschte oder unharmonische Kraftfelder bauen sich aufgrund von angespannten Energien auf, die durch jene Intelligenzen in der inneren wie der äußeren Zeit in Gang gesetzt werden, die außerhalb der Wellenlänge der kosmischen Gesetze wirken. Es gibt Techniken, diese zu vermeiden, wozu das seitliche Ausweichen gehört oder der Wechsel in Zeitzonen, in denen sie entweder nicht funktionieren oder von Gegenkräften aufgehoben werden. Viele alte Rituale bauten auf dieser Prämisse auf, auch wenn die ursprüngliche dahinterstehende Logik sich in den Korridoren der linearen Zeit schon lange verloren hat. Eine Parallele zu diesem Konzept ist zum Beispiel das Verschwinden von bestimmten Krankheiten, die in vergangenen Jahrhunderten existierten, aber seitdem von den Naturwissenschaften besiegt wurden: Damit bildet das Böse, das sie in ihrer Zeit darstellten, heute keine Bedrohung mehr.

»Das Böse« ist eine fehlplazierte oder fehlgeleitete Energie, die ihre korrekte Zeitenfolge verlassen hat, aber da es viele Möglichkeiten gibt, wie dies sich manifestieren kann, könnte diese Vereinfachung so wirken, als würde die Existenz des Bösen abgestritten, was weit von der Wahrheit entfernt ist. Natürlich gibt es das Böse, aber nur in Relation zur Zeit. Alles, was die kosmischen Gesetze übertritt, könnte man allgemein als »böse« bezeichnen. Wenn man sich entscheidet, sich gegen den kosmischen Fluß zu stellen, setzt man automatisch eine Reihe von Gegenenergien in Gang, die Gestalt und schließlich eine kollektive Identität annehmen, die sich gierig alles in ihrer Umgebung einverleibt. Dieses fehlgeleitete Kräftefeld kann von Intelligenzen genutzt werden, die sich entschieden haben, die Wege des Lichts und der Liebe vorübergehend zu verlassen und den Pfad des Chaos zu beschreiten. Was wir daher als »böse Kräfte« bezeichnen, nimmt persönliche Formen an, die den philosophischen oder religiösen Neigungen entsprechen, die im Zeitalter der jeweiligen Manifestation vorherrschen. Die Wissenschaft hat aber inzwischen festgestellt, daß das Chaos sich letztendlich selbst gestaltet, daher kehren streunende Energiefelder und ihre begleitenden Intelligenzen schließlich wieder zur Matrix zurück. Das zeigt sich auch in vielen Geschichten über gefallene Engel, Unsterbliche und Sterbliche, die die Gesetze irgendeines mythischen »Himmels« übertreten haben, sowie über die verlorenen Söhne in allen Religionen. Die

Ägypter und ohne Zweifel ebenso die Atlanter oder Sirianer, die für dieses Thema ihre erste Quelle darstellten, waren sich des Faktors Chaos/Ordnung ebenfalls bewußt, den sie in ihren Parabeln hervorhoben und als Seth und Horus personifizierten.

Natürlich wird es immer jene Spannungen geben, die Teil der Lektion in jeder Zeitzone sind und gewöhnlich aus der Interaktion innerhalb der Gruppe oder aus der kollektiven Erfahrung der jeweiligen Rasse oder des fraglichen Planeten resultieren. Diese Beobachtung hat zur Entstehung des bereits erwähnten Konzepts der Dualität beigetragen, dem Gedanken, daß die Kräfte von Gut und Böse sich in ständigem Kampf um die Vorherrschaft befinden. In gewissem Sinne ist das eine angemessene Vorstellung, denn jede Zeitzone oder Geschichtsphase bietet relative Spannungen, gegen welche diejenigen sich sperren können, die in diesem Kreis funktionieren. Nur wenn das angestaute Potential dieser Spannung außer Kontrolle oder aus dem Gleichgewicht gerät, bieten sich die daraus entstehenden Kräftefelder für die Nutzung durch Energien an, die mit den kosmischen Gesetzen unvereinbar sind. Manche glauben, daß dies heute auf unserem Planeten geschieht.

Ein weiterer zu bedenkender Punkt ist die Unvereinbarkeit von Menschen, Orten oder einfachen Artefakten des Lebens. Die Tatsache, daß nicht alle Energiemuster oder Frequenzen miteinander vereinbar sind, macht sie nicht unweigerlich böse. Die meisten Menschen haben zu irgendeinem Zeitpunkt Räumlichkeiten betreten, in denen sie sich ausgesprochen unbehaglich oder unsicher fühlten; sie sind vielleicht auch Menschen begegnet, die die gleiche Wirkung auf sie hatten. Doch man sollte dies nicht als einen Hinweis darauf sehen, daß der oder die anderen böse sind. Es handelt sich einfach um ein Grundgesetz, das die eigene Chemie und Psychologie steuert und einen auf die Tatsache aufmerksam macht, daß eine gewisse Unvereinbarkeit besteht. Das kann man sogar auf Nahrungsmittel und Chemikalien anwenden, wobei der Körper mit einer Allergie reagiert.

Die Herkulesaufgabe des Initianden ist die Bewältigung des Chaos. Dies ist unvermeidlich und wird nirgendwo deutlicher als in der sirianischen Magie. Die Dogon sagen uns, daß die Bewohner des sirianischen Systems ihren eigenen Seth überwunden hätten, aber da das gesamte Osirisdrama in dieses Sonnensystem und insbesondere auf die Erde übertragen wurde, stehen wir nun vor dem gleichen Kampf, den unsere sirianischen Vettern in einem anderen Zeit-Raum-Kontinuum austrugen und gewannen. Können wir nicht diesen Mythos so interpretieren, daß Osiris in diesem Kampf zeitweise von Seth besiegt, aber schließlich von Isis gerettet wurde? In für uns Sterbliche verständliche Begriffe übertragen hieße das: Zwei männliche Prinzipien begegneten sich, wobei das eine darauf aus war, das andere zu vernichten, aber durch das Eingreifen des weiblichen Prinzips trat die edlere Seite beiseite (stieg in eine andere Dimension auf, die dem Verfolger verschlossen war) und überließ es dem weiblichen Prinzip, mit der destruktiven maskulinen Energie fertig zu werden, deren Stolz sie durch ihre Intervention verletzt hatte.

Wenn man dieses Szenario nun in eine andere, primitivere Umgebung versetzt – auf die Erde –, behält natürlich der aggressive Seth die Oberhand – nun, jedenfalls zeitweise. Und so wird es bleiben, bis es Isis gelingt, die jungen Seelen des neuen Planeten durch Freundlichkeit und Liebe zu überreden, ihre sanftmütige Seinsweise aus freiem Willen anzunehmen und sich dadurch ein für allemal von dem Bösen und dem Leiden zu befreien, das unweigerlich aus dem Chaos entsteht. Aber viele Erdlinge finden Seths Qualitäten viel aufregender. Das Macho-Image mit seiner ausgeprägten Egozentrik, mit Sex, Brutalität und Machtkomplexen erweist sich für bestimmte Vertreter der männlichen Spezies als sehr attraktiv, obwohl es auch Frauen gibt, die Seths Tricks zum Opfer fallen. Die arme Isis. Hat sie unter solchen Bedingungen überhaupt eine Chance? Ich glaube, ja, denn sie hat die Magie Thots, des Herrn der Zeit, auf ihrer Seite, während ihr Sohn Horus, der vorbestimmte Feind Seths, langsam heranreift und allmählich zu seiner Kraft und seinem Ziel findet. Sie verfügt auch über Kenntnisse, die Seth nicht hat – die Magie von Namen und Klang, was bedeutet, daß sie im Laufe der Zeit Veränderungen auf der Erde bewirken kann, die verhindern werden, daß Seelen mit »sethischen« Neigungen sich hier zukünftig inkarnieren.

Erinnern Sie sich, daß wir gesagt haben, daß bestimmte Energien nur innerhalb gewisser Frequenzen funktionieren können? Wenn man diese verändert, hat man das Problem gelöst. Aber Isis (oder Sophia, wie viele sie lieber nennen), die in Harmonie mit den kosmischen Gesetzen ist, muß sich den Vorgaben fügen. Sie muß abwarten, bis eine ausreichende Zahl von Menschen hier auf der Erde sich des wahren Wesens ihres Planeten bewußt werden und auf das aufmerksam werden, was geschieht, um ihn zu vernichten (die kosmischen Gesetze erkennen). Genau das vollzieht sich in unserem heutigen Zeitalter.

Es gibt einen weiteren Punkt zu bedenken, wenn man Seths Spiel um den Geist der Erdlinge mit einem ähnlichen Kampf im sirianischen System vergleicht, in dem er keinen Erfolg hatte: die elementare Ausrichtung, in der sich die betreffenden Spezies grundsätzlich unterscheiden.

Die beiden Hauptstämme des Siriussystems, das Kristallvolk, die hominid sind oder waren, und die leoniden Paschaten, waren vorwiegend Erde und Feuer, während wir auf der Erde unter dem Einfluß des Wasserelements stehen. Die stark ausgeprägte Wassernatur des Menschen macht uns beträchtlich anpassungsfähiger als der kühle und abgelöste Intellekt der Luft oder der heiße Individualismus des Feuers. Jeder Psychologe weiß, daß disziplinierte Emotionen kreativ und konstruktiv sein können, während chaotische Emotionen ausgesprochen destruktiv wirken. Seth hat letzteres sicherlich voll ausgenutzt, und man braucht kein Paraphysiker zu sein, um zu erkennen, auf welche Weise!

Wo paßt nun Horus in dieses Bild? Als Sohn der Isis, grob übersetzt also ein hochentwickeltes Wesen aus dem Siriussystem, ist er der Vollstrecker ihrer Rache. Das *Totenbuch,* die Pyramidentexte und andere archaische Quellen arkaner Informationen beschreiben ausführlich den letzten Kampf zwischen Horus und Seth, der von Thot selbst entschieden wird. Einige dieser Berichte sind von der persönlichen Sicht des Verfassers stark geprägt oder so ausgeschmückt, daß die Originale fast völlig dahinter verschwinden. Doch man kann unter den zerfetzten und verblichenen Bilderbögen noch Körnchen der Wahrheit finden. Budge sagt dazu:

> Nach einer sehr alten ägyptischen Überlieferung gibt es eine große Schlacht zwischen dem Gott des Lichts und dem Gott der Dunkelheit, und in späteren Zeiten ist es Ra selbst oder eine seiner Formen, allgemein einer der Horusgötter, der mit dem Gott des Lichts gleichgesetzt wurde; Seth wurde in der einen oder anderen Gestalt mit dem Gott der Dunkelheit identifiziert. Die Kämpfe zwischen Ra und Apep, zwischen Heru-Behutet und Seth sowie zwischen Horus, Sohn der Isis, und Seth sind daher eigentlich verschiedene Versionen von ein und derselben Ge-

schichte, allerdings aus verschiedenen Zeitaltern. In all diesen Kämpfen spielt Thot eine wichtige Rolle, denn als das Auge Ras, d. h. die Sonne, mit Seth kämpfte, gelang es der bösen Macht, Wolken über sie zu werfen, und Thot fegte sie hinweg und machte das »Auge lebendig und ganz und ohne Fehler«. (*The Book of the Dead,* XVII, S. 71 ff.)[1]

Daraus können wir schließen, daß der beschriebene Kampf ewig währt und in jedem Zeitalter von anderen *dramatis personae* ausgetragen wird. Die Implikationen sind unweigerlich stellarer und solarer Natur und beziehen sich daher auf den Kampf zwischen Chaos und Ordnung, der anfänglich auf den subtilen Ebenen stattzufinden schien, ehe er auf die niedrigeren Frequenzen der Materie übertragen wurde. Da aber in der äußeren (raumlosen) Zeit alle Zeit eins ist, hat die Geschichte, die die weisen Lehrer den frühen Ägyptern erzählten, bereits stattgefunden. Was bleibt, ist die Ausagierung, die bereits auf den Schirm der inneren Zeit projiziert wird, um zu einem befriedigenden Ende gebracht zu werden. Danach können wir alle ruhig nach Hause gehen, wo immer im Universum das sein mag, in dem sicheren Wissen, daß wir wie ein maskierter griechischer Chor unsere kleine Rolle in einem großen evolutionären kosmischen Drama gespielt haben. Mead betont die beiden Elemente von Chaos und Ordnung und den Einfluß der Zeit in seiner Bemerkung: »Thot ist in der Tat, wie wir gesehen haben, der Ausgleicher – Richter über die beiden kämpfenden Götter Horus und Seth; er steht an dem Knotenpunkt der beiden Wege, an der Kreuzung von Chaos und Ordnung …«[2]

Es ist interessant, wie sehr das Auge in diesen alten Auseinandersetzungen immer eine Rolle spielt. In einem früheren Hinweis wurde die Aufmerksamkeit des Lesers auf die Tatsache gelenkt, daß das Auge des Horus stets mit einer blauen Pupille abgebildet wird. Im *Totenbuch* findet sich ein besonderer Hinweis darauf, und es heißt in einem Absatz: »Horus mit den blauen Augen kommt zu dir.« Es gibt in frühen Texten auch Hinweise, die bestätigen, daß Horus goldhaarig gewesen sei.[3] Ich vermute, daß die Antwort darauf lautet, daß jene Erleuchteten, die einst diese fortschrittliche Kosmogonie an die Gestade des afrikanischen Kontinents brachten, ob sie nun aus Atlantis kamen oder sonstwoher, offensichtlich hellhaarig und blauäugig waren, wie ich bereits angedeutet habe. Man glaubt in bestimmten metaphysischen Kreisen, daß Horus, der Sohn von Isis, und seine katzenartige Gefährtin Bast (oder Hathor) vorbestimmt sind, nach der Vertreibung Seths zum herrschenden devischen Einfluß auf diesem Planeten zu werden. Wenn man zu diesem Bild eine weibliche Sonne hinzufügt, verspricht die Zukunft eine mildere und sanftere Phase für alle zu werden, die die lange vorhergesagten Veränderungen überleben.

Bauval und Gilbert haben das Wesen von Osiris ausführlich untersucht und sind zu dem Schluß gelangt, daß eine Verbindung des Osiris zu Orion bestand, wie wir bereits erwähnten.

Osiris hat allerdings auch starke Verbindungen zum Element Wasser (siehe Abb. S. 121). Ich besitze die Kopie eines Papyrus von Osiris, hinter dem Isis und Nephthys stehen, die einen Energiekanal bilden, der als silberweißer Strom von hoch oben angedeutet wird und in das Symbol des Throns auf dem Kopf von Isis fließt, die wiederum einen Energiestrahl in den Körper ihres Mannes richtet. Das sagt mir eindeutig, daß Isis (Sirius) die Hauptquelle der Macht ist, die sie an Osiris weiterleitet. Osiris und Nephthys als Wassergottheiten besitzen Energien, die mit der schwachen Wechselwirkung gleichzusetzen sind (Radioaktivität), während jene von Isis mit den bindenden Eigenschaften der starken Wechselwirkung zu tun haben und Sirius als Zeitentor auch Zeitenergien in Gestalt von Thot/Tehuti und Anubis (Ta-Khu und Akhantui im alten atlantischen Pantheon) beinhaltet. Seth andererseits entspricht, ähnlich wie Loki, Luzifer und andere Archetypen des Chaos, den mehr chaotischen Aspekten des Elektromagnetismus (wie von Steiner vertreten), was für Horus die Schwerkraft übrigläßt. All dies sollte meine Bemerkungen in der Einführung bestätigen, daß die ägyptische Magie nichts weiter ist als wissenschaftliche Tatsachen, die in Mythos und Allegorien verkleidet wurden für jene, denen es an der Technologie und der entsprechenden Gehirnprogrammierung mangelte, um sie direkt zu verstehen. Die Symbologie des Siriussterns in Beziehung zu den bekannten Energiequellen und deren elementaren Assoziationen mit der Zeit an der Spitze – ohne die die anderen nicht funktionieren könnten – ist in Abb. 10.1 zu sehen. (Weitere Einzelheiten finden sich in meinem Buch *Cosmic Connections*.)

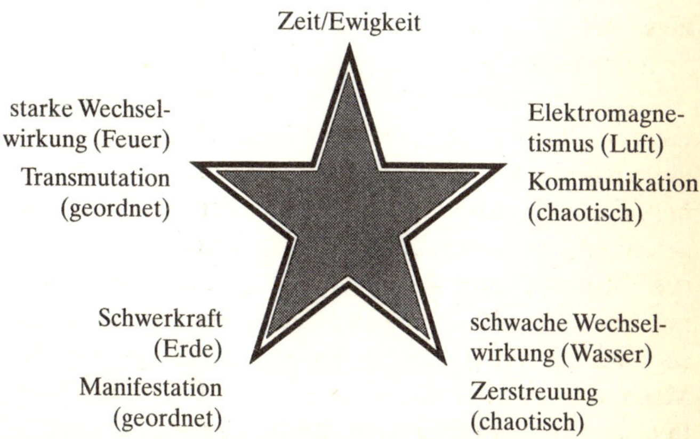

Abb. 10.1

Aber kehren wir nach Ägypten zurück. In enger Verbindung zum Kampf zwischen Dunkelheit und Licht oder Chaos und Ordnung steht die persönliche Einweihung, der sich der Novize auf seiner Suche nach universalem Wissen und spiritueller Erleuchtung unterzieht. In archaischen Zeiten wie auch heute war der Abstieg in die chthonischen Regionen das *sine qua non* der initiatorischen Erfahrung, wie auch die Bewältigung der eigenen niederen chaotischen Natur, des »Seths in einem selbst«. Diese und andere Prozesse, die mit dem Pfad des Initianden verbunden sind, beinhalten unweigerlich eine gewisse Symbolik, deren ursprüngliche Bedeutung ohne Zweifel schon lange vergessen war, selbst in den frühen Dynastien. Da man jedoch beobachtete, daß die Unterwelt und gewisse subtile Ebenen involviert waren, haben die Übersetzer und die Priester jener Zeit angenommen, daß der gesamte Prozeß mit der Reise der verstorbenen Seele zu tun habe. In diese Kategorie gehören dann das Boot, der Fährmann und das Netz.

Das Boot oder die Barke

Davon gab es mehrere – die bekannteste war wohl die Barke des Ra, in der der Sonnengott seine tägliche Fahrt durch sein Reich unternahm. Man nahm an, daß sämtliches Wasser von Nun stammte, dem urtümlichen Ozean, der die Welt umgab. Jeden Abend betrat die Sonne Nun, um sich dort zu regenerieren und am Morgen mit neuer Kraft wieder aufzutauchen. Jacq sagt dazu:

> »Die Sonnenscheibe betreten« ist für den Initiierten ein besonderes Thema. Der Magier hat seine Kraft bewiesen, indem er eine

kosmische Ordnung zum Ruhme Res aufgestellt und das mysteriöse Auge geöffnet hat, das der Menschheit Licht gibt. Ein seltsamer Absatz in den Sargtexten zeigt uns ein göttliches Wesen auf einem von Ovalen umgebenen Thron. Das ist das Geheimsymbol von Re, wie er auf einem Schlangenthron namens Mehen sitzt. Er ruft viele Zyklen und Jahre ins Leben, und Pfade aus Feuer schützen die geheime Sonne. Der Magier kennt die dunklen Wege, über die Hu und Sha, das Wort und die Intuition, sich bewegen. Er kennt den »Kreis von Re«, die Biegung des Universums.[4]

Das ist eine interessante Passage. Der Hinweis auf die »geheime Sonne« und die »Biegung des Universums« (die Raum-Zeit-Kurve) hat starke sirianische Konnotationen. Die initiatorischen Hinweise sind ebenfalls offensichtlich, aber man kann auch erkennen, wieso diese mit dem Zustand des Todes verwechselt werden konnten. Man hat immerhin seit den Zeiten des primitiven Schamanismus beobachtet, daß eine Art Tod, gefolgt von spiritueller Wiedergeburt, für einen wirklichen Magier essentiell war. Der Novize mußte in eine untere Region absteigen, das Reich

Abb. 10.2 Die Barke der Sonne mit ihrer göttlichen Mannschaft. Tag und Nacht segelt sie durch das Universum und garantiert die Ordnung der kreativen Energien, wo immer sie auftaucht. Wenn das Boot anhält, hört das Leben auf zu zirkulieren, und das Universum stirbt. Deshalb beobachten die Magier-Astronomen unablässig den Himmel, damit sie eingreifen können, falls Störungen auftreten.

aller möglichen feindseligen Wahrheiten, in dem der Körper in mehrere Stücke zerschnitten und seiner Berufung entsprechend wieder zusammengesetzt wurde.

Jacq läßt sich ausführlich über die alten ägyptischen Heilprozeduren und deren begleitende Riten aus und erwähnt die besondere Betonung, die man dem Kopf zukommen ließ. Man betrachtete diesen als essentiell für ein Überleben des Geistes nach dem Tod. »Im Kopf finden sich geheimnisvolle Fähigkeiten, die nur ein Magier erwecken und zur Reife bringen kann«, schreibt er und bemerkt dazu: »Dieses alte Wissen hat sich im Westen vornehmlich in den freimaurerischen Ritualen erhalten. Richten wir unsere Aufmerksamkeit auf die Tatsache, daß dem Lehrling, der meineidig wird und die Geheimnisse verrät, symbolisch die Kehle durchschnitten wird. Er verliert seinen Kopf und das Gefühl, im Geist zu leben.«[5] Ich betrachte dies als höchst bedeutsam für das Argument, das ich vertrete.

Entdecken wir im Vorangegangenen nicht die Andeutung einer direkten Programmierung des Gehirns durch Hypnose, vielleicht aber auch mittels einer technologischeren Methode, die von den Atlantern oder ihren Lehrern vom Sirius oder anderswoher benutzt wurde? Ich hege keinen Zweifel, daß es möglich ist, den Geist eines Sterbenden dazu zu programmieren, eine bestimmte spirituelle Haltung beim Abstreifen des irdischen Körpers einzunehmen; immerhin geschieht das in den Hauptreligionen schon seit Jahrhunderten. Ich erinnere mich an den Vortrag eines bekannten Mediums, das die Ruinen eines alten Klosters in Italien aufgesucht hatte. »Der Ort war voller Geister von verstorbenen Mönchen«, erzählte sie. »Sie waren einfach da, spielten auf der Harfe und sangen ihre Te deums. Als ich sie fragte, warum sie sich so verhielten, verriet mir ihr Sprecher sofort, die »Dinge wären so eingetroffen, wie die Kirche es gelehrt hatte, und nun [illegible]gen sie glücklich zum Lob ihres Gottes, wie sie es immer vorgesehen hatten.« Ich nehme an, die ägyptischen Priester sagten den Sterbenden, daß Anubis sie in die Halle des Osiris führen würde, wo das Wiegen des Herzens, die negative Beichte und andere akzeptierte Übergangsrituale stattfinden würden. Und für diese verscheidenden Seelen geschah das dann auch!

Das veranlaßt einen natürlich zu der Frage: Können andere Aspekte unseres spirituellen Wesens ähnlich programmiert werden wie das physische Gehirn? Die Antwort darauf muß natürlich ja lauten, denn alles, was wir als subtile Körper bezeichnen, sollte ja für die Dimension ausgerüstet sein, die man nach dem Verlassen des physischen Körpers oder *khat* vorfindet. Die Priester im alten Ägypten konnten wie erfahrene Hypnotiseure heutzutage das Bewußtsein hinter dem Großhirn erreichen und tief ins Unbewußte vorstoßen, wo die entsprechenden subtilen Körper miteinander verbunden sein sollen. Darüber und über andere metaphysische Beobachtungen könnten wir noch lange diskutieren – wir müssen allerdings wieder zu unserem Thema zurückkehren.

Abgesehen von der Barke des Ra gab es im Glauben dieses alten Volkes noch viele andere Boote. Budge erzählt uns, daß zu den Zeremonien in den großen Heiligtümern, wie dem der Hathor in Dendera, vierunddreißig Papyrusboote gehörten, die man mit 365 Lampen oder Lichtern beleuchtete. In einem Boot saßen die Götter Mendes und Anubis, während Isis, Nephthys, Horus und Thot jeder ein eigenes Boot hatten. Die restlichen neunundzwanzig Boote wurden verschiedenen Untergottheiten und Nebengöttern zugeteilt, darunter auch den vier Söhnen des Horus. Das »Boot der Millionen Jahre« alias

Ra oder die Sonne wird in verschiedenen Texten erwähnt. Isis zum Beispiel betete, daß die Seeleute von Ra zu rudern aufhören sollten, als sie um das Leben ihres Sohnes Horus bangte, der von einem Skorpion gebissen worden war. Die Priester des Ra erklärten, daß die Seelen der Gesegneten sich nach dem Tod auf den Weg zum Boot oder der Barke von Ra machten, und wenn es ihnen gelang, es zu besteigen, war ihnen ewige Glückseligkeit sicher. »Kein Feind konnte sie stören, kein Gegner angreifen, solange sie einen Platz im Boot der Millionen Jahre hatten. Sie lebten von der Nahrung, die die Götter verspeisen, und diese ist Licht. Sie waren in Licht gekleidet und vom Gott des Lichts umarmt. Sie fuhren mit Ra in seinem Boot durch alle Gefahren von Tuat ...«[6]

Die Anspielung auf das Alter unseres Sterns (oder von Sirius, je nachdem ...) ist an sich schon ein Zeichen für fortgeschrittene wissenschaftliche und kosmologische Kenntnisse, die zu einer Art magischer Volksweisheit verkommen sind. Die verschiedenen Boot- und Barken-Allegorien enthalten zudem viel an metaphysischem Knowhow, was auf sublime Glaubensstrukturen hinweist, wie sie kaum zum Ethos der prädynastischen Zeiten passen.

Ich machte vor ein paar Jahren in einem hypnogogischen Zustand eine höchst erschütternde und sublime metaphysische Erfahrung. Ich hatte die Vision eines kleinen Bootes, das über ein ruhiges Meer auf mich zufuhr – ich selbst stand an einem mir unvertrauten Ufer. In dem Boot standen zwei weißgekleidete Gestalten nebeneinander: Die eine war ein reifer Mann, groß, schlank und mit hellem Haar. Eine seiner Hände lag auf dem hohen Bug, die andere auf der Schulter eines Jungen von ähnlichem Typ, der vielleicht zehn Jahre alt war. Sie näherten sich nur langsam, und die Abfolge spielte sich vor einem

Hintergrund aus verschiedenen Blautönen ab. Ich erlebte ein zutiefst berührendes Gefühl und fühlte mich auf mehr Ebenen angesprochen, als ich begreifen konnte. Ich habe Jahre gebraucht, um zu begreifen, daß, wenn sie schließlich das Ufer erreichen, die Zeit für mich gekommen sein wird, sie auf der Fahrt »nach Hause« zu begleiten.

Der Fährmann und die Torwächter

Auch hier haben wir es wieder mit Initiationsritualen zu tun, die mit Erfahrungen nach dem Ableben verwechselt wurden. Der Schüler auf seinem Weg zur nächsten Dimension mußte die »Vier Grenzen des Himmels« durchstoßen, wobei der Geist die Wächter überzeugen mußte, ihm freien Durchgang zu gewähren. Dazu brauchte man die Kenntnis geheimer Worte und Namen, die, wenn man sie aussprach, alle Angreifer und unheimlichen Geister abwehren würden. Wenn man sich durch die Unterwelt wagte, brauchte man zudem magische Kräfte von der höchsten Art, und da für alle diese Reisen die Dienste des Fährmannes notwendig waren, mußte der Magier die richtige Antwort auf die Fragen wissen, die der Fährmann vermutlich stellen würde, ehe man sein Boot benutzen durfte, und er mußte dem Fährmann zufriedenstellend beweisen können, daß er in der Tat ein echter Magier war.

Zu den Beweisen gehörte nicht nur die Kenntnis der mythologischen Götternamen und der ägyptischen Magie, sondern auch mathematische und andere mehr praktischere wissenschaftliche Fähigkeiten.[7] Hier haben wir einen weiteren Hinweis darauf, daß die prädynastischen Priester, von denen die Ägypter ihr ursprüngliches Wissen erhielten, Wissenschaftler und möglicherweise auch Technologen ebenso wie Metaphysiker waren. Während sich das Bild langsam entfaltet, werden die verschlungenen Muster der ursprünglichen Lehren und der nachfolgenden Übermalungen immer deutlicher sichtbar.

Das Netz

Das ist meines Erachtens eine der interessantesten dieser Herausforderungen im »Nachleben«, die ihre Ursprünge in einer völlig anderen Doktrin hatten. Die ägyptische Magie ist nicht das einzige System, das mit dem Netzsymbol arbeitet. In der griechischen Tradition wird sie durch das Netz des Hephaistos dargestellt, mit dem der rachsüchtige olympische Gott der Schmiedekunst seine schöne Frau Aphrodite und deren Liebhaber Ares einfing und sie dort gefangen hielt, damit alle anderen Olympier sie sehen konnten. Aber hat das ägyptische Netz Ähnlichkeit mit dem olympischen Symbol, das man gewöhnlich für ein magisches Instrument zum Vorführen hielt, oder hat dieses wie das ägyptische Gegenstück Konnotationen der Abgrenzung?

Schauen wir uns zunächst an, was die alten Texte dazu zu sagen haben. Zwei Gottheiten scheinen in der Netzsymbolik eine wichtige Rolle zu spielen, und zwar Neith, auch Net genannt, und Thot. Budge sagt dazu, daß Thot unter anderem auch den Titel »Großer Gott in Het-Abtit« trägt, Herr des Tempels von Abtit, eines Hauptheiligtums des Gottes in Hermopolis. Budge zufolge zeigen die Hieroglyphen, aus denen sich der Name Het-Abtit zusammensetzt, daß sie »Haus des Netzes« bedeuten, ein Tempel, in dem ein Netz aufbewahrt und angebetet wurde.[8]

Was war also dieses Netz, und warum sollte es einen eigenen Tempel verdienen?

Dem *Totenbuch* zufolge glaubte man, daß in der Unterwelt ein Netz existierte, das die Toten und Sterbenden sehr fürchteten. Die Verstorbenen mußten nämlich den Namen jedes Teils davon wissen, darunter die Taue, das Gewicht, die Kordeln, Haken und so weiter, wenn sie es benutzen wollten, statt nach dem Tod davon umgarnt zu werden. Budge meint, daß es sich hier vermutlich um die volkstümliche Erinnerung an einen alten Ritualkampf handelte, bei dem eine Partei mit einem Netz bewaffnet war, ähnlich wie die römischen Gladiatoren. Ra besaß offensichtlich ein Netz, das er im Kampf gegen die Feinde der Dunkelheit einsetzte, und der babylonische Sonnengott Marduk machte ebenfalls ein Netz, »um die inneren Teile von Tiamat zu umfangen; die Vier Winde setzte er ein, damit nichts davon ihm entkam; den Südwind, Nordwind, Ostwind und Westwind brachte er zu dem Netz, das sein Vater Anu ihm gegeben hatte.«[9] Diese Netze sind sicherlich ein und dasselbe, was darauf hinweist, daß die Legenden aus einer einzigen ägyptischen Quelle stammen.

Da Thot irgendwie mit Ras Netz in Verbindung stand, scheint es logisch, anzunehmen, daß sein Tempel, der Tempel des Netzes, und das dort ausgestellte Emblem etwas mit der Zeit zu tun hatten. Wenn man dieses Konzept mit der »Haltefunktion« bei den Griechen verbindet, mit der Grenzfunktion der sirianischen Magie und dem Netz, in das zu verstricken die ägyptische Seele sich so sehr fürchtete, sehen wir langsam klarer. Mit anderen Worten, die Zeitverzerrungen waren etwas, in das man sich nicht verstricken durfte. Wenn man jedoch die verschiedenen Namen der Netzbestandteile lernte (ursprünglich sicher *hekau* für die Steuerung bei der Bewegung durch die

Zeit), konnte man das Netz zum »Fischen« im Nachleben benutzen (Energie durch Zeitreisen gewinnen, wissen, wo und wann in der Zeit man die Kraft heranziehen konnte, die für das nächste Stadium des spirituellen Aufstiegs nötig war, oder sich mit dem Wissen vertraut machen, welche universalen Energien zur Verfügung standen, um sie *auf der materiellen Ebene anzuzapfen?*).

Aber gehen wir über zu Neith, die auch Net genannt wurde, die »Herrin des Westens«. Letzterer Titel könnte auch auf eine atlantische Verbindung hindeuten. Wie Temple habe ich nie an einer Verbindung Neiths mit sirianischer Magie gezweifelt. Ihre Attribute, Pfeil und Bogen, verraten sie sofort, doch sie erscheint auch in Kuhgestalt in einem Boot. Wallis Budge zufolge sind einige Experten, unter anderem H. Brugsch, der Meinung, daß Net nur eine andere Form von Nut war, aber Budge führt dagegen an, daß die Wurzel *netet,* Stricken oder Weben, zu einem anderen ihrer Attribute paßt, dem Weberschiffchen. Neiths ältestes Heiligtum befand sich in Sais, der Hauptstadt des fünften Gaus in Unterägypten, der auch mit dem »Haus des Netzes« und dem »Sitz des Netzes« in Verbindung stand. (Interessierte Leser möchte ich darauf hinweisen, daß die Rolle des Hephaistos/Vulkan in der Netzsymbologie in meinem Buch *Cosmic Connections* weiter ausgeführt und in einem wissenschaftlichen Kontext interpretiert wird.)

Mein Eindruck von der ägyptischen Netzsymbolik ist, daß sie sich irgendwie auf einen Zeitsprung bezieht, in dem die Erde sich verfangen hat. Dadurch hat sich die Menschheit vom Rest des Universums abgespalten, die evolutionäre Entwicklung wurde aufgehalten, und wir sind in einer Art spirituellem Chaos gefangen. Die Notwendigkeit, das Netz zu durchbrechen, sowohl im Kontext des Initiationsprozesses wie auch auf den Übergang folgend, den wir Tod nennen, ist den wahren Initiierten schon seit Jahrhunderten bekannt. Diese versuchten wie die Priester des alten Ägyptens und ihre atlantischen Vorgänger, diesen Durchbruch zu schaffen und auch ihren sterbenden Schülern dabei zu helfen, um so dem ständigen Kreislauf aus Tod und Wiedergeburt zu entkommen. Die Zeit ist hier offensichtlich ein Schlüsselbegriff, da die meisten Menschen nur in der inneren Zeit funktionieren und sich der Existenz oder des raumlosen Wesens der äußeren Zeit nicht bewußt sind. Früher oder später werden aber irdische Wissenschaftler den Zeitencode knacken; bereits in diesem Moment ist die Forschung damit beschäftigt.

Es ist auch eine Überlegung wert, daß Netze eine doppelte Funktion haben: Sie dienen dem Fangen von Fischen oder sonstigen Gegenständen und dem Ausschluß von Unerwünschtem (Haifischnetze, U-Boot-Netze usw.). Wenn das Netz also durchbohrt wird und die unerforschten Bereiche von Zeit und Raum sich unserer kosmisch unschuldigen Spezies öffnen, sind wir dann auf die Haifische in dem großen zeitlosen Meer auf der anderen Seite vorbereitet?

Die vierzehn Teile des Osiris

Wir haben bereits erwähnt, daß es mehrere Theorien über die Bedeutung der Zerstückelung des Osiris gibt, von einem schamanischen Initiationsprozeß bis zur freudianischen phallozentrischen Vorstellung, daß der Verlust des männlichen Glieds mit der Unfähigkeit der Menschheit zu tun hat, die Libido zu bewältigen. Hier nun die sirianische Version:

Vor der Polverschiebung, die zum Untergang von Atlantis beitrug, sammelten die Hohepriester des Alten Landes unter der Anleitung von sirianischen Wesenheiten ihre großen magischen Kräfte und ihre wissenschaftlichen Erkenntnisse, die sie in den vergangenen Jahrhunderten zusammengetragen hatten, und schlossen sie in Zeitkapseln ein, die programmiert wurden, sich zu bestimmten Zeitpunkten der künftigen Geschichte unseres Planeten zu reaktivieren. Der letztendliche Schlüssel, der aus offensichtlichen Gründen durch den Phallus symbolisiert wurde, wird erst entdeckt, wenn die Menschheit einen ausreichend hohen Entwicklungsstand erreicht hat, um die Libido und das damit verbundene Chakra zu überwinden oder zu kontrollieren. Dies wird durch die Schwängerung der Isis aus dem »Himmel« mit Hilfe eines Surrogats repräsentiert und bezieht sich in wissenschaftlichen Begriffen auch auf die Fähigkeit der Menschheit, durch ein kontrolliertes Genetikprogramm eine perfekte Spezies zu züchten. Das Thema eines sirianischen Gens besprechen wir in Kapitel 14.

Es liegt nicht in der Macht von Novizen oder irgend jemand anderem, diese Zeitkapseln vor dem vorbestimmten Zeitpunkt zu aktivieren, daher sollten wir diese Vorstellung gleich aufgeben. Man kann sie jedoch in den feineren Dimensionen des Hier und Jetzt auf der Erde lokalisieren und so ein Bild der Zukunft unseres Planeten aus den gewonnenen Informationen zusammensetzen. Allerdings kann man sie zwar einsehen, aber nicht unbedingt auch begreifen und auf keinen Fall manipulieren. Sie lassen sich sogar recht leicht finden, aber wie bei allen magischen Symbolen aus Atlantis, Ägypten und Sirius wird sie jeder auf der Ebene der eigenen spirituellen oder okkulten Entwicklung deuten. Große Mysterien sind seltsamerweise niemals an sich verborgen, sondern nur »verdunkelt«, vor den Augen der Unwissenden oder Profanen verhüllt durch einen Prozeß, den die alten Ägypter als eine Leiter sahen. Wir können von jeder Sprosse aus nur begrenzt sehen, und eine »Ringwehr« verhindert, daß wir auf eine Stufe oder Sprosse vordringen, die nicht unserem eigenen Seelenalter oder unserem persönlichen Stadium auf der evolutionären Leiter entspricht.

Anmerkungen

1 E. A. Wallis Budge: *The Gods of the Egyptians,* Bd. 1, S. 405.
2 G. R. S. Mead: *Thrice Greatest Hermes,* Bd. 1, S. 56.
3 E. A. Wallis Budge: *The Book of the Dead,* Bd. III, S. 602.
4 C. Jacq: *Egyptian Magic,* S. 71.
5 Ebda., S. 117.
6 E. A. Wallis Budge: *The Gods of the Egyptians,* Bd. 1, S. 333–334.
7 Jacq, a. a. O., S. 39.
8 E. A. Wallis Budge: *The Gods of the Egyptians,* Bd. 1, S. 406.
9 Ebda., S. 407.

KAPITEL 11

Wissenschaft, Symbologie und Heilkunst

Die sirianische Magie hat wie alle anderen okkulten Systeme eine eigene Symbologie, die teilweise ihren Weg in die arkanen Traditionen des alten Ägypten fand, entweder über »Missionare« aus Atlantis oder durch direkten geistigen oder physischen Kontakt – je nachdem, was man für glaubhaft hält. Es gilt jedoch zu beachten, daß diese Embleme, Zahlen usw. nur für das Zusammentreffen der Sirius-Schwingung mit diesem Planeten gelten und nicht unbedingt den Bildern und Zeichen entsprechen, ob magisch oder nicht, die von den Bewohnern des Systems selbst benutzt wurden oder werden.

Numerologie

Über die Bedeutung der Zahl fünfzig haben wir bereits gesprochen, sie steht im Zusammenhang mit der fünfzigjährigen Umlaufbahn von Sirius B. Diese Zahl kommt in so vielen Mythen vor, daß wir ein ganzes Buch bräuchten, um sie alle aufzuführen. Temple gibt jedoch einen recht guten Überblick und lenkt die Aufmerksamkeit unter anderem auf den Griechen Argo mit seinen fünfzig Ruderern, die fünfzig Töchter von Danaos, Plutarchs Bericht über die persische Beschreibung des Hundssterns Sirius (er soll von fünfzig Göttern in Form eines Eis – elliptischer Orbit – umgeben sein, in dem der Lichtgott auf den dunklen Gott trifft) sowie auf die fünfzig sumerischen Anunnaki – um nur vier Beispiele zu nennen.[1]

Die Zahl Sieben kommt in der frühen ägyptischen Magie ebenfalls sehr häufig vor, und da sieben mal sieben, neunundvierzig, einen vollständigen Zyklus darstellt, maß man dem folgenden fünfzigsten Tag besondere Bedeutung zu. Temple lenkt unsere Aufmerksamkeit auf die Tatsache, daß Moses im biblischen Buch Leviticus den Hebräern aufträgt, alle fünfzig Jahre einen Jubeltag abzuhalten. Temple bemerkt dazu trocken, da er nie etwas davon gehört habe, hätten die Hebräer vermutlich keine Ahnung von der fünfzigjährigen Umlaufbahn von Sirius B gehabt, aber Moses, der in Ägypten eingeweiht und von einem Pharao aufgezogen wurde, wußte das natürlich.[2]

Die dritte bedeutsame Zahl im sirianischen System ist die Acht, die Vollendung darstellt sowie den Doppelstern Sirius und die transformierende Qualität der Sirianischen Energien. Die Fünf hat wohl ebenfalls sirianische Verbindungen, da die alten Ägypter den fünfzackigen Stern in Verbindung mit dem keilförmigen Obelisken als Haupthieroglyphe für Sothis benutzten (siehe Kapitel 8, S. 212)

Farben und Steine

Die magische Farbe von Sirius A ist Himmelblau, eine Farbe, die auch der Isis und vielen späteren archetypischen Müttern und Jungfrauen heilig war. Das entsprechende Metall ist Gold. Sirius B (Digitaria) korrespondiert mit den Farben Weiß und Grün. Osiris wird in der ägyptischen Kunst häufig als ein Mann mit grünlicher Hautfarbe und weißer Kleidung dargestellt. In atlantischen Zeiten wäre sein Metall wohl Chalkozit (Kupferglanz) gewesen. Der dritte Stern (oder große Planet), den ich mit Nephthys verbinde, der Verborgene, hat ebenfalls Grün als Farbe. Aber es ist eher ein Silbrig- oder Graugrün, statt des Malachitgrün, wie man es bei Portraits von Osiris benutzt. Das Metall dazu ist Silber. Die Kombination dieser Farben erzeugt jenen schönen Türkiston, der in der frühägyptischen Kunst so häufig vorkommt.

Tabelle sirianischer Korrespondenzen

	Sirius A	Sirius B	Sirius C
Zahl	8	5 und 50	7
Farbe	himmelblau	weiß und malachit	silbrig/graugrün
Metall	Gold	Chalkozit (Kupferglanz)	Silber
Steine	Aquamarin, Kristalle	Chrysoberyll (Alexandrit, Cymophan)	Smaragd
Tiere	Schlangen, Drachen	Löwen, Katzen	Schakal, Einhorn
Zeitsymbol	Doppelpyramide	Sistrum, Boot oder Barke	Netz

Ich habe in einem vorangegangenen Kapitel den Beryll als den Edelstein erwähnt, der traditionell mit Sirius assoziiert wird. Der Beryll besteht aus Aluminium- und Berylliumsilikat. Er kommt in einer Vielzahl von verschiedenen Farben vor, was vermutlich am Einschluß von winzigen Spuren verschiedener Metalloxyde liegt. Der bekannteste und teuerste dieser Steine ist der grüne Beryll, besser bekannt als Smaragd. Der nächstbeliebte ist der Aquamarin, in seiner reinsten Form von einem zarten Hellblau, manchmal mit einem Hauch von Türkis. Der dritte Stein in dieser Gruppe ist der vergleichsweise unbekannte Chrysoberyll, von dem es zwei Varianten gibt: den grünen oder braungrünen durchsichtigen Stein namens Alexandrit und den graugelben Cymophan.

Der Chrysoberyll hat übrigens einen bedeutsamen Aspekt, der die Verbindung zwischen den Energien der Beryllgruppe und Sirius unzweifelhaft bestätigt. Dunkelgrüne Alexandrite sind am gesuchtesten, und klare, makellose Exemplare haben die einzigartige Eigenschaft, bei künstlichem Licht ihre Farbe von Laubgrün zu Himbeerrot zu wechseln. Dies liegt daran, daß der rote Teil des Spektrums bei künstlichem Licht stärker absorbiert wird. In gewöhnlichem Licht werden weitgehend die violetten und gelben Strahlen absorbiert, und das übertragene Licht besteht dann vornehmlich aus den roten und grünen Teilen des Spektrums.[3]

Ich möchte besondere Aufmerksamkeit auf diese Tatsache lenken, weil Sirius als System, abgesehen von seiner Funktion als ein Sternentor, eine bestimmte Aufgabe hat, die eng mit dem zusammenhängt, was man in der gegenwärtigen metaphysischen Fachsprache einen »evolutionären Quantensprung« nennt. Es fungiert als eine Art spirituelles kosmisches Sprungbrett, auf dem die sich entwickelnde Seele, nachdem sie ein bestimmtes kosmisches Alter erreicht hat, alle Energien sammeln und sich auf den nächsten Schritt in der evolutionären Entwicklung vorbereiten kann. Das kann man natürlich in Zusammenhang sehen mit Themen wie dem »fehlenden Glied«, besonders hinsichtlich der Verwendung sich entwickelnder Körperformen als passende Werkzeuge für jene Seelen, die bereit sind, primitiven Wesen eine neue Dimension von Intelligenz zu bringen. Genau wie der Alexandrit je nach dem Licht, dem er ausgesetzt ist, eine andere Farbe aufweist, so schwingt die Psyche oder Seele mit den Energien des Sirius, wobei entweder die roten oder die grünen (die erregten oder die friedlichen) Aspekte unseres Wesens betont sind. Der blaue Beryll oder Aquamarin und der grüne Beryll oder Smaragd sind von daher die Steine des sirianischen Initiierten, je nach seiner oder ihrer Affinität zu dem einen oder anderen Stern in diesem System.

Alexandrite sollen der Metaphysik zufolge mit dem Sternzeichen Zwilling resonieren – aus offensichtlichen Gründen. Sirius hat wie das Sternbild Zwillinge »doppelte« Energien, und den sirianisch-esoterischen Lehren zufolge ist »Zwillinge« das Sonnenzeichen, in dem sich alle Seelen irgendwann in ihrer Evolution inkarnieren, wenn sie zwischen dem Schritt in ein neues spirituelles Bewußtsein oder der Regression in die Egozentrik der spirituellen Kindheit schwanken. Die Dualität, die man so häufig bei unter diesem Zeichen geborenen Menschen findet, scheint daher eine Ähnlichkeit mit Wesen und Zweck der sirianischen Energien zu haben – allerdings auf persönlicherer Ebene.

Astrologie

Entsprechen die planetarischen Einflüsse, die man in der astrologischen Tradition mit dem Siriussystem verbindet, tatsächlich dem, was die Praktiker der sirianischen Magie in ihrer bisherigen Arbeit entdeckt haben? Kann man beispielsweise die sirianischen Energien wirklich mit jenen von Jupiter, Mars und Mond vergleichen? Vivian Robsons Buch erschien 1928, und seitdem muß es sicherlich neuere Gedanken über die Fixsterne und die Emissionen im Vergleich zu den Planeten in unserem eigenen Sonnensystem gegeben haben. Ich arbeite nun seit einiger Zeit intensiv mit sirianischen Energien und finde in den drei sirianischen Sonnen (oder den zwei Sonnen und einem großen Planeten) keine Jupiter-, Mars- oder Mondenergien. Daher möchte ich auf meiner Liste der Entsprechungen lieber keine Hinweise auf Planeten geben. Sirius A beispielsweise ist magisch, weiblich und positiv. Sirius B ist zwar maskulin, hat aber auch starke *Anima*-Energien, was auf eine ausgewogene Individuation hindeutet, während Sirius C ausgesprochen weiblich ist, Repräsentant der eher verborgenen oder unbewußten Aspekte der Psyche. Daher kann seine Energie wohl leicht mit der des Mondes verwechselt worden sein.

Symbole und Tiere

Im folgenden findet sich eine Liste von Symbolen und Tieren, die mit sirianischen Energien in Resonanz schwingen:

Symbol	*Tier*
Unendlichkeit	
Pfeil und Bogen	Schlange
Doppelpyramide	Katze, Löwe, alle Katzenartigen
Boot oder Barke	Eidechse
Netz	Schakal
Sistrum	

Auch Kristalle aller Art sollen mit sirianischen Energien resonieren. Diese spielten sowohl in der Entwicklung des sirianischen Systems eine wichtige Rolle wie auch später in Magie, Wissenschaft und Technologie der atlantischen Priesterschaft, auch wenn letztere nur ein blasses Abbild des sirianischen Originals war.

Vermutlich werden viele Leser fragen, warum ich den Hund nicht als sirianisches Tier erwähnt habe, da man Sirius ja auch den Hundsstern nennt. Ich glaube aber nicht, daß die ursprünglichen Lehren Anubis als Schakal oder Hund sahen. Tatsächlich soll die bekannte Anubisgestalt, wie sie im Grab von Tut-ench-Amun zu sehen ist, von dem wolfsköpfigen Gaugott Wepwawet abstammen, der auch den Titel »Öffner der Wege« trug, während in Atlantis der anubische Archetypus durch den schwarzen Panthergott Akhantuih repräsentiert wurde. Wie alle sirianischen Energien waren auch die des Anubis völlig abstrakt. Der Hundeaspekt tauchte erst auf, als es notwendig wurde, die Bedeutung in Begriffe zu übersetzen, die vom einfachen Volk leicht verstanden werden konnten. Die Vorstellung vom Hund, der Blinde führt, der das Haus bewacht oder den Jäger begleitet, der die Beute aufstöbert und sie seinem Herrn bringt, war besonders akzeptabel für ein Volk, das ähnliche Funktionen von den Wächtern in der Unterwelt erwartete. Budge bemerkt hierzu, daß der Hund zwar ein Lieblingstier der Ägypter war, aber niemals als Gottheit betrachtet wurde. Er betont, daß zwar Herodot und Diodorus Hunde als Teil des ägyptischen Familienlebens erwähnen, in einigen Fällen auch als Wächter von Isis und Osiris, jedoch:

> Diodorus verwechselte wie viele moderne Autoren den Hund mit dem Schakal. Der Hund könnte wie der Schakal ein heiliges Tier von Anubis gewesen sein, doch die mythologischen und religiösen Texte aller Perioden beweisen, daß es der Schakalgott war, der Osiris beistand und ihm wie auch allen anderen in der Unterwelt ein Führer war.[4]

Was den *Homo sapiens* angeht, so ist der wahre Beschützer gegen unsichtbare Kräfte die Katze, eine Tatsache, der sich die Ägypter, Tibeter, Thais und andere archaische Stämme mit Wissen und Weisheit nur allzu bewußt waren. Was den Löwen betrifft, so braucht man nur ins *Totenbuch* zu schauen, um es zu belegen. Es wimmelt auf jeder Seite von Anspielungen auf den Gott in Löwengestalt. Hier ein paar Beispiele:

> Heil dir, du Gott Tem, der du aus der großen Tiefe stammst und ruhmvoll unter der Gestalt des doppelten Löwengottes strahlst. Sende deine mächtigen Worte aus an alle, die in deiner mächtigen Gegenwart stehen.[5]
>
> Du bist schön, o Ra, in deinem westlichen Horizont von Amentet, du öffnest den Weg für den doppelten Löwengott ...[6]

Das zweite dieser beiden Zitate ist von einer Vignette begleitet, die Isis und Nephthys zeigt, wie sie die beiden Löwengötter anbeten:

> Tem hat dein Haus gebaut, und der doppelte Löwengott hat deine Wohnstatt gegründet ...[7]

Es gibt weitere Hinweise, von denen manche noch mehr Einzelheiten enthalten, auf den Seiten 142, 165, 169, 173, 195, 207, 213, 215, 220, 243, 253, 367, 393, 399 und 646 meiner Ausgabe von Budge aus dem Jahre 1901.

Manche Leser haben vielleicht etwas gegen meine ständigen Anspielungen auf sirianische Außerirdische. Da die Dogon und die alten Ägypter an diese Theorie glaubten, finde ich es aber nur angemessen, ihr ein wenig Glaubwürdigkeit zuzugestehen. Immerhin untersuchen wir hier die frühägyptischen Überzeugungen hinsichtlich Sirius, und daher verdient dieser Glauben der alten Weisen einen gewissen Respekt. Abgesehen davon teile ich die Überzeugung, daß Sirius eine wichtige Rolle in der Evolution unseres Planeten und all seiner Lebensformen spielt, und ob man nun ihrer Geschichte von den Besuchern aus dem All Glauben schenkt oder dies als die Ankunft atlantischer Priester betrachtet, die ihre Kenntnisse aus allen möglichen Quellen erhalten haben mochten, spielt im Endeffekt kaum eine Rolle. Wir befassen uns hier mit Sirius und den Energien, die dieses Doppelsystem ausstrahlt, wie diese uns beeinflussen und wie man sie positiv spirituell nutzen kann.

Zuordnung von Göttern und Göttinnen zum Siriussystem

Sirius A	Sirius B	Sirius C
Isis (Aset)	Osiris (Auset)	Nephthys
Sechmet	Ra/Atum (Ammon)	Hathor
Satis	Knum	Anubis
Bast	Ptah	Nefer-tem
Neith	Thot/Tehuti	Seshat/Maat
Nut	Schu	Tefnut

Bast und nicht Sechmet wird manchmal als Gefährtin von Ptah gesehen, als Tochter der Isis, und obwohl Nefer-tem eine männliche Gottheit ist, war sein Symbol, der Lotus, auch Nephthys in ihrer Rolle als Göttin der Gelassenheit heilig. Anubis wurde ebenfalls mit Sirius assoziiert, und obwohl man ihn als männlich sieht, ist er als Zeitessenz fähig, je nach Anforderungen die Polarität zu wechseln, auch wenn das vielleicht nicht dem dogonschen Konzept von Sorghum entspricht.

Die Heilkunst im alten Ägypten

Da die alten Ägypter Magie und Medizin nicht als grundsätzlich gegensätzlich betrachteten, war die Ausübung der Medizin Aufgabe eines bestimmten Zweiges der Priesterschaft. Man betrachtete alle Krankheiten als Unausgewogenheiten zwischen dem Patienten und dem Kosmos und behandelte sie demzufolge auch auf anderen Ebenen als der rein körperlichen. Man lehrte die Heilpriester, die Ursache zu behandeln und nicht bloß die Symptome, was im Licht der neueren ganzheitlichen Einstellung zum Thema Krankheit sehr sinnvoll erscheint. Man betrachtete das Heilen ebenso sehr als Kunst wie als Wissenschaft. Man könnte auch sagen, daß der ägyptische Heiler die rechte wie die linke Gehirnhälfte benutzte, wenn er seine Patienten behandelte. Man stützte sich auch stark auf vorbeugende Medizin, um das Auftauchen von Krankheiten im Körper zu verhindern. Um Arzt oder Heilpriester zu werden, mußte man sich einer langen und schwierigen Initiation unterziehen. Die Kandidaten mußten sich gewöhnlich vor den Meistern der Gilde in Heliopolis zur Schlußprüfung vorstellen. Jacq betont besonders die Tatsache, daß der *London Medical Papyrus* kein säkulares Dokument sei. Er sagt dazu:

> Man fand ihn eines Nachts in einem Tempelraum. Ein Mondstrahl beleuchtete ihn, und dann brachte man ihn zum König. Dieses wichtige Ereignis geschah, als die Göttergruppe der Neun zusammentrat. Alle medizinischen Dokumente gehören eigentlich in den Bereich der heiligen Dinge.
>
> Zu dieser wunderbaren Kunst, die göttlichen Ursprungs ist, gehört eine enge Zusammenarbeit zwischen Arzt und Patient. Expertenwissen allein reicht nicht aus. Die Medizin kommt erst voll zur Wirkung, wenn der Wille, das Böse zu vertreiben, auch im Herzen und Körper des Kranken vorhanden ist. Der Zauberbann

hilft dann, der gemeinsamen Aktion von Krankem und Heiler konkrete Form zu verleihen.[8]

Die Heilung eines Patienten wurde oft als der Kampf von Horus gegen Seth betrachtet, von Ordnung gegen Chaos, was auch im heutigen Sinne richtig ist. Zur Initiierung des ägyptischen Heilpriesters gehörte auch eine Selbstheilung, die man als wichtige Vorbedingung für das Heilen anderer sah. Führer auf den subtilen Ebenen war hier Thot, aber man konnte auch mit anderen Gottheiten arbeiten, je nach Spezialgebiet. Nicht einmal die einfachste medizinische Prozedur wurde als rein mit der materiellen Welt oder dem physischen Körper verbunden betrachtet. Es gab immer eine magische Verbindung zu einer parallelen göttlichen Struktur. Kenntnisse der subtilen Körper und der Notwendigkeit, diese zu harmonisieren, bevor der Patient wieder gesund werden konnte, finden sich im *Ebers-Papyrus*, auch wenn einige dort enthaltene Bemerkungen von Ägyptologen seit vielen Jahren bloß im Zusammenhang mit elementarer Physiologie gesehen werden. Das zunehmende Interesse an alternativen Therapieformen läßt diese Deutungen allerdings nun in anderem Licht erscheinen.

Jacq gibt uns eine Reihe faszinierender Berichte über altägyptische Heilmethoden, von denen viele ausgesprochen schamanisch sind und die entsprechenden magischen Untertöne besitzen. Im Gegensatz dazu zeigt er uns das Bild einer Sternengöttin, die »Energie von der Sonne erhält, die durch den Mund einfließt. Sie gibt sie weiter an eine Schlange, das Symbol der irdischen Mächte, die so durch himmlische Energie zum Leben erweckt werden. Wie oben, so unten«.[9]

Diese kleine Abbildung (siehe S. 267) gab mir den Hinweis auf Sirius, nach dem ich in den spärlichen Informa-

Abb. 11.1 Eine Sternengöttin empfängt Energie von der Sonne, die sie mit dem Mund aufnimmt. Sie gibt sie weiter an eine Schlange, Symbol der irdischen Mächte, die so durch die himmlischen Energien zum Leben erweckt werden. Wie oben, so unten.

tionen über ägyptische Heilmethoden schon lange gesucht hatte. Diese Göttin bezieht zwar ihre Energien von der Sonne, aber über ihrem Kopf befindet sich das Zeichen für Sirius!

Eines der machtvollsten Symbole in der altägyptischen Heilkunst und Magie war das Auge des Horus. Es war überall zu sehen, in Sarkophage geschnitzt, auf Stelen oder an Booten. Der Uräus, die weibliche Schlange, die der König als »brennendes Auge des Ra« auf der Stirn trug, sollte seine Gegner vernichten. Es gab jedoch zwei Augen, die auf die »Metternich-Stele« gemalt waren, das

»göttliche Auge zur Rechten und das göttliche Auge zur Linken«, die beide ihre besondere Bedeutung hatten. Das linke, lunare Auge war grundsätzlich das Auge des Horus, das Auge der Heilung, während das rechte Auge, der Uräus, mehr mit magischen und schützenden Funktionen zu tun hatte.

Thot war der oberste Gott der Heilung, doch man betrachtete Imhotep als Meisterheiler. Er soll identisch gewesen sein mit Nefer-tem, dem Sohn von Ptah und Sechmet, und wurde später zum Gott erhoben. Imhotep war vermutlich ein großer Arzt, der in sehr früher Zeit lebte und mit seinen Kenntnissen und seinem medizinischen Wissen Wunder bewirkte. Es gab einige Spekulationen über ein Grab, das einige Ägyptologen für das Grab des Imhotep hielten, weil man beim Eingang eine ungewöhnliche Zahl von Ibissen fand. Der Ibis war das heilige Tier von Thot und der ihm nachfolgenden Priester, die sich mit der Medizin befaßten. Da man in letzter Zeit nichts mehr darüber gehört hat, kann man nur annehmen, daß die Archäologen entweder eine falsche Spur verfolgten oder einfach auf ihrer Suche nicht weiterkamen. Horus galt als der Heiler des physischen Körpers, während die seelische Gesundheit unter der Ägide von Bast stand, der Katzengottheit. Jacq lenkt unsere Aufmerksamkeit auf die Tatsache, daß die Priester der Löwengöttin Sechmet, die Magiere waren, sich auch auf die Medizin und Chirurgie spezialisierten. In der thebanischen Periode betrachtete man Chons als den Vermittler von Heilung. Das folgende wunderbare Gedicht stammt von meinen freundlichen ägyptischen Kontakten:

»O Chons mit dem hellen Schein,
Mächtiger Heiler,

Ich rufe dich an, komm zu mir,
Du, der du alle Krankheiten bannst,
Der du Schwäche und Seuchen vertreibst,
Der du Streit und Leid vergehen läßt.
O Chons, Durchschreiter von Jahrhunderten,
Geliebt von Millionen,
Strahlend in deinem Schrein,
Öffne mir deine Tore,
Beleuchte meine Seele mit deinem Schein, dring in meinen Geist und heile alle meine Schwächen.
O Chons, nur du kannst die Krankheiten in alle Ewigkeit vertreiben, die in meiner Seele wohnen. Mache mich gesund im Körper, klar im Verstand, rein in der Seele und hell im Geist.
O Chons, der zu jenen kommt, die aufrichtig sind, wie ich es nun bin.
Ich demütige mich vor dir und erkenne deine Majestät an. Ich will bei dir und Teil von dir sein.
O Chons, segne mich mit der Gabe der Heilung, damit auch ich die heile, die krank sind in Seele, Körper und Geist.
Erhebe mich, o Gott des Lichts, lächle auf mich herab und küsse mich mit deinem Atem der Gesundheit, damit auch ich deine Gnade erkenne.
O Chons, höre mich, ich flehe dich an, denn ich komme als Bittsteller zu dir, zu deinen Füßen, zu deinem Schrein. Ich werde dich auf immer im Herzen preisen.
Heil dir, ruhmreicher Heiler,
Anetch Hra-ku Chons heh!«

Besonders aufregend finde ich die sirianischen Untertöne in diesem Gedicht. Der Hinweis auf die Zeit paßt besonders zur sirianischen Magie und der Vorstellung von Selbstheilung, die darauf beruht, *daß man sich aus der gegenwärtigen Zeit löst und die fehlgeleitete Energie, die die Krankheit verursacht, in eine Zeitzone verlegt, die zu deren Ursprung paßt.*

Sirianische Heilkunst

Abgesehen von den bereits dargestellten Beispielen aus der alten ägyptischen Heilkunde, die die atlantisch-sirianische Verbindung bestätigen, muß natürlich das *hekau* des Heilens in diesem Abschnitt erwähnt werden, denn die atlantischen und sirianischen Verbindungen sind für den Praktiker beider Systeme leicht erkennbar.

Wir haben bereits erwähnt, daß alle Lebewesen auf jeder Ebene eine persönliche Note, einen Ton, besitzen. Ihn zu kennen bedeutet die Macht, das jeweilige Wesen heilen oder vernichten zu können. Es gibt sogar für jede Molekülkombination und Molekularstruktur eine spezielle Note. Die Vertrautheit mit dem Grundton eines bestimmten Steins zum Beispiel, in Verbindung mit der Kenntnis des *modus operandi* des sonaren Systems, würde es einem ermöglichen, sein spezifisches Gewicht herabzusetzen, seine Molekularstruktur aufzulösen und an einem anderen Ort wieder zusammenzusetzen. Wenn dies etwas nach dem »Beamen« aus Raumschiff Enterprise klingt, dann ist das beabsichtigt, denn ich bin überzeugt, daß diese Technologie ihren Ursprung in den Zivilisationen des Siriussystems hatte und später von den Atlantern auf primitivere, weniger ausgefeilte Weise benutzt wurde. Es könnte auch erklären, warum die Erbauer von monolithischen Monumenten bestimmte Steine auswählten, die sie dann über weite Entfernungen von einem Ort zum anderen transportierten. Eine volkstümliche Erinnerung an eine Zeit, in der der Ton eines bestimmten Gesteins für den Hausbau verwendet wurde, war möglicherweise vorhanden, ist aber schon lange wieder verlorengegangen.

Nehmen wir ein hypothetisches Heilszenario mit Klang: Eine Art geometrisches Abbild des persönlichen Gencodes eines Individuums im Zustand perfekter Gesundheit wird auf einer visuellen Schautafel dargestellt. Dann wird ein entsprechender Apparat mit dem Kranken verbunden und ein Parallelbild erstellt, das die Unausgewogenheiten aufzeigt, die die Krankheit hervorrufen. Man legt die beiden Bilder übereinander und setzt langsam und vorsichtig die entsprechenden Schallwellen ein, bis das zweite Bild mit dem ersten komplett übereinstimmt, wobei die Störung *durch Schallwellen* entfernt wird. Klingt das nach Science-fiction? Vielleicht, aber nennen wir es einfach nur »ferne Erinnerung« und belassen es dabei. Wenn das geplante Genomprojekt jemals unternommen wird, kann es für Mediziner wohl möglich werden, diese Art von Heilung zu bewirken. Die Science-fiction von heute ist ja nur allzuoft die Wissenschaft von morgen!

Heilung durch Klang ist jedoch überhaupt keine neue Sache. Die Schamanin Jill Purce, die mit dem Wissenschaftler und Autor Rupert Sheldrake verheiratet ist, übt sie ständig aus, wobei sie den Klang der menschlichen Stimme einsetzt. In ihrer Broschüre heißt es: »Sie interessierte sich für die magischen Eigenschaften der menschlichen Stimme, lernte mongolisches und tibetanisches Obertonsingen (das Akkorde von Tönen produziert, die mehrere Oktaven voneinander entfernt liegen). Dies studierte sie im Himalaja bei einem Gesangsmeister des tibetischen Gyuto-Klosters ...« Sie hat mehrere Artikel veröffentlicht, unter anderem *Time and the Music of Form, The Harmonics of Mind and Body, Healing Resonance and the Healing Voice.* »Wir müssen die heilende und transformierende Kraft der Töne erforschen ... Einen Menschen eingestimmt zu halten heißt, ihn gesund zu halten.«

Das klingt mir alles sehr sirianisch! Nicht alle Töne sind jedoch harmonisch, und das gleiche gilt auch für Rhythmen. Manche Menschen finden bestimmte Rhythmen und Tonkombinationen sehr störend. Ich selbst komme nicht gut mit der gegenwärtigen Popmusik zurecht und auch nicht mit bestimmten modernen klassischen Kompositionen mit Dissonanzen. Auch ein starker Dezibeloutput macht mich völlig verrückt. Grund dafür ist, daß diese Dinge meinem persönlichen Ton völlig entgegengesetzt sind und eine Reibung erzeugen, die sich dann auf allen Ebenen wiederholt. Eine genaue Erklärung hierfür findet sich in meinen Büchern *The Lion People* und *Cosmic Connections.*

Ich werde oft gefragt, ob magische Namen, wie man sie in okkulten Zirkeln oder Hexenbünden findet, irgendwie mit dem persönlichen Ton verbunden sind. Dafür gibt es natürlich keine festen Regeln. Manche Leute stoßen vielleicht unvermutet auf einen Namen, der Ähnlichkeit mit ihrem kosmischen Grundton hat, andere aber nicht. Die Ägypter waren sich aber wohl bewußt, daß Namen tatsächlich von Bedeutung sind. Wenn man sich daher mit einem angenommenen Namen wohler fühlt, besonders bei esoterischer Arbeit, ist das eine Frage der persönlichen Wahl. Doch da es keine Zufälle gibt, stehen die Chancen, unvermittelt auf den persönlichen Grundton zu stoßen, nicht sonderlich hoch, es sei denn, man ist im wahrsten Sinne ein Adept. Das bedeutet aber nicht, eine Reihe von

Prüfungen zu machen und am Ende ein Zertifikat in der Hand zu halten, das einem irgend etwas bescheinigt. Man kann sehr viel von anderen oder aus Büchern lernen, aber in der sirianischen oder ägyptischen Magie werden die meisten Dinge auf den subtilen Ebenen gelernt (mir gefällt der Begriff »innere Ebenen« nicht, weil er irgendwie begrenzend ist) oder in der Zeitlosigkeit.

Eine andere wichtige Hilfsquelle im Zusammenhang mit sirianischer Heilung sind Kristalle. Dies hatte meiner Meinung nach seinen Ursprung im Siriussystem. Manchmal werden Kristalle die Gehirnzellen von Gaia genannt, und mit Blick auf die vermutliche Beziehung zwischen Sirius und unserem Planeten ist die Verbindung ganz offensichtlich genetisch. Kristallheilung gewinnt als alternative Heilmethode immer mehr an Beachtung, und die Heiler erzielen gute Erfolge damit. Ich frage mich allerdings, ob es richtig ist, ständig von den Kristallen zu nehmen, ohne für den entsprechenden Austausch von Energien zu sorgen, der für eine optimale okkulte Funktion nötig ist. Ich habe dieses Thema ausführlich in meinem Buch *The Psychology of Healing* behandelt und werde an dieser Stelle nicht weiter darauf eingehen, möchte aber darauf hinweisen, daß Kristalle in der Heilkunst und Wissenschaft der Sirianer selbst wie auch bei deren atlantischen Schützlingen eine Rolle spielten. Letztere erreichten allerdings nie den Entwicklungsstand wie auf den alten Planeten, da sie den Listen Seths zum Opfer fielen und die Kristallkraft, Schallwellen und andere Energien für falsche, egoistische Zwecke einsetzten. Das letztendliche Ziel der sirianischen Heilkunst ist die Selbstheilung, aber bis bestimmte Veränderungen auf unserem Planeten eintreten, ist es stark zu bezweifeln, ob die in Gedankenkontrolle Ungeübten dies ohne den Beistand eines Vermittlers bewirken könnten.

Ägyptologen haben sich bisher nicht einigen können, ob die alten Ägypter Kenntnisse in der Mathematik besaßen, die unseren heutigen Systemen vergleichbar wären. Einige Fragmente scheinen zwar darauf hinzudeuten, aber sie haben bei der Übersetzung so stark gelitten, daß sie für moderne westliche Mathematiker praktisch unverständlich sind. Es gibt allerdings Beweise in Form der Pyramiden, deren mathematische Genauigkeit wir bereits diskutiert haben. Ich vermute zudem, daß die Ägypter von ihren Lehrern Kenntnisse über die subatomare Welt erhielten und über die Prinzipien, die die Kreisläufe der Materie wie auch der Evolution bestimmen. Im Gegensatz zu mathematischen Formeln, die präzise, genau und gegen subjektive Deutungen immun sind, kann es im Bereich der Quantenphysik keine »objektiven« Wahrheiten geben, sondern nur Prozesse und Wahrscheinlichkeitsmuster.

Die Realität der diskreten Partikel geht plötzlich in die Welt der abstrakten, »verschwommenen« Welle über, in der die Zeit, wie wir sie kennen und messen, nicht mehr unserer Art von Logik gehorcht. Eines der Meßprobleme in der Quantenphysik ist das folgende: Wieso kann ein verschwommenes System eine konkrete Messung liefern, wenn es beobachtet wird? Physikexperten haben zu diesem seltsamen Phänomen zahlreiche Erklärungsmodelle aufgestellt. Auch die Paraphysiker haben ihm besondere Beachtung geschenkt, denn der Übergang vom konkreten zum verschwommenen Zustand tritt auch im menschlichen Geist auf, wenn die rechte Gehirnhälfte der Raum- und Zeitlosigkeit ausgesetzt wird. Diese und andere damit verbundene Phänomene werden von den Professoren

Hans Eysenck und Carl Sargent in ihrem Buch *Explaining the Unexplained* (dt.: *Der übersinnliche Mensch*) belegt und erforscht.

Aber in welchem Zusammenhang steht all dies zum alten Ägypten? Die rätselhaften Söhne des Horus und ihre großen, hellhaarigen Ahnen, die ihr Wissen an die Gestade des afrikanischen Kontinents brachten, waren möglicherweise mit solchen Kenntnissen vertraut, und obwohl die Realität hinter ihrer Magie irgendwann unterwegs verlorenging, fanden doch winzige Lichtfünkchen ihren Weg durch die schmalen Ritzen, um von scharfen Augen erspäht und gedeutet zu werden. Einen solchen Funken haben wir vielleicht in den berühmten Smaragdtafeln des Hermes vor uns! Mehrere dieser Texte enthalten Bemerkungen mit wissenschaftlichen und kosmologischen Assoziationen. Der Anfangssatz der Tafel lautet zum Beispiel:

> Was oben ist, ist wie das, was unten ist, und was unten ist, ist wie das, was oben ist, um die Wunder ein und desselben Werks zu bewirken.

Die Anspielung auf Mikrokosmos-Makrokosmos ist hier unmißverständlich, wobei man diese schlichte Aussage auch auf der Ebene der Teilchenphysik und des holographischen Universums deuten kann. In einem anderen Absatz heißt es:

> Alles verdankt seine Existenz dem Einzigen, daher verdanken alle Dinge ihren Ursprung dem Alleineinzigen.
>
> Trenne die Erde vom Feuer, das Feine vom Groben, vorsichtig und sorgfältig. Diese Substanz steigt von der Erde in den Himmel und wieder herab

zur Erde – und so nehmen das Obere und das Untere beide an Macht zu.

Das ist die Macht in allen Kräften, die alles überwindet, was fein ist, und alles durchdringt, was grob ist, denn auf diese Weise wurde die Welt erschaffen.[10]

Winzige Partikel, die sich in nicht erfaßbarer Geschwindigkeit bewegen und dichtere Partikel durchdringen – die Alten schienen sich dieser Fakten durchaus bewußt gewesen zu sein und gaben sich damit zufrieden, diese Prinzipien zu begreifen, ohne sie physikalisch bestätigt zu haben. Wir hingegen kämpfen mit unseren Teilchenbeschleunigern und einer sich ständig ausweitenden Anzahl technischer Geräte, um meßbare Manifestationen des materiell nicht Meßbaren zu reproduzieren. Der Gedanke, daß all diese Dinge schon einmal bekannt waren, hier auf der Erde, läßt die Frage auftauchen, wo und wie das alles schiefging?

Zusätzlich zu ihrer heilenden Funktion sollen Kristalle auch in den alten Wissenschaften eine Rolle gespielt haben, die den Bewohnern der Erde aus sirianischen und atlantischen Quellen übermittelt wurden. Viele zuverlässige Medien und Zeitreisende haben ihre Anwendung zur Energiespeicherung bezeugt wie auch als Mittler zur nuklearen Fusion. Ein einziger Kristall, so heißt es, könne eine ausreichende Menge einer bestimmten Energieform enthalten, um ein Land von der Größe Großbritanniens mehrere Jahre lang mit Energie zu versorgen. Und wenn die »Batterien« zur Neige gingen, könnte man diese Kristalle aufladen. Die Energiequelle hierzu seien die Sonne oder die Sterne und daher umsonst! Ein Wunschtraum? Diejenigen, die diese Annehmlichkeiten in der Vergangenheit nutzten, dachten darüber offensichtlich anders. Wie schade, daß sie ihr Wissen mißbrauchten und uns damit ins dunkle Zeitalter zurückstießen! Ich fürchte, ich kann diese Dinge nicht beweisen, außer dadurch, daß sie so tief ins kollektive Unbewußte eingebettet scheinen, daß sie kaum zufällig sein können.

Anmerkungen

1 R. K. G. Temple: *The Sirius Mystery,* S. 199.
2 Ebda., S. 199.
3 M. Weinstein: *The World of Jewel Stones,* S. 62 und 108.
4 E. A. Wallis Budge: *The Gods of the Egyptians,* Bd. 2, S. 366.
5 E. A. Wallis Budge: *The Book of the Dead,* S. 50.
6 Ebda., S. 82.
7 Ebda., S. 108.
8 C. Jacq: *Egyptian Magic,* S. 108–109.
9 Ebda., S. 113.
10 A. Tomas: *We Are Not the First,* S. 71–72.

KAPITEL 12

Die Macht der Löwen

Die Verbindung zwischen Sirius und der Spezies der Löwen und Katzen erscheint auf den ersten Blick vielleicht seltsam, doch wenn man die Geschichte und Gebräuche im alten Ägypten unter die Lupe nimmt, wird ihre Betonung von Katzen und Löwen selbst rein oberflächlich betrachtet ganz deutlich. Erst als ich mich näher mit der sirianischen Magie befaßte, entdeckte ich den Grund dafür, und wenn ich noch weitere Beweise brauchte, dann waren sie leicht im *Totenbuch,* den Pyramidentexten und anderen alten Texten zu finden, die uns über die Jahrhunderte hinweg überliefert wurden. Das Löwenthema ist außerdem nicht auf den ägyptischen Kontext beschränkt. Wie wir bereits erwähnten, war die vierte Inkarnation des Hindugottes Vishnu der Löwenmann oder der Fahle, und Löwen spielten in Religion und Überzeugungen anderer, lange verlorengegangener Kulturen schon 35 000 v. Chr. eine Rolle (siehe Kapitel 1). Alle Hinweise haben Verbindungen zu Sirius, denn nicht nur die Kraft und der Mut des Löwen bewirkte, daß die alten Völker dem Löwe-Archetypus so viel Aufmerksamkeit schenkten, besonders auf der esoterischen Ebene.

Die Bedeutung dieses Archetyps für uns Erdlinge hängt nicht davon ab, ob wir die Vorstellung ernst nehmen, daß es in einem anderen Zeitrahmen eine Leonidenrasse gab oder gibt. Es gibt hier tiefergehende Implikationen, die mit den Genen zu tun haben, welche wir von unseren sirianischen Vorfahren ererbten, die für das Wachstum und die Entwicklung unseres Sonnensystems verantwortlich waren. Falls die Panspermien-Theorie von Professor Hoyle Gültigkeit hat, dann gibt es vermutlich andere stellare Einflüsse auf die Erde, die sich in persönlichen, gruppenspezifischen oder rassischen Gencodes manifestieren. Aber für diejenigen, die das Siriusgen tragen, ist die Verbindung zu Katze, Löwe und Kristall am stärksten.

Die alten Ägypter haben uns ein paar deutliche Hinweise auf die Bedeutung des Löwe-Archetyps und die Art und Weise gegeben, wie dieser unseren Planeten beeinflußt; das ist nirgendwo offensichtlicher als in Persönlichkeit und Funktion der Göttin Sechmet. Die Tatsache, daß der Sechmet-Archetypus langsam das kollektive Unbewußte durchdringt, wird vielleicht an der Tatsache deutlich, daß Menschen, die bislang mit der Symbologie und Forschung auf diesem Gebiet nicht vertraut waren, sich nun ihrer Mysterien bewußt werden. Robert Masters, der berühmte amerikanische Psychologe, bekannt für seine Pionierarbeit auf dem Gebiet der Sexologie, trug mit seinem 1988 veröffentlichten Buch *The Goddess Sekhmet* beträchtlich zum Sechmet-Bild bei. In der Einführung heißt es:

> Ich habe es in den letzten fünfzehn Jahren vielen Menschen ermöglicht, in unterschiedlichem Grade etwas zu erleben, was sie mit der Göttin Sechmet in Verbindung brachten. Die Göttin hat gelehrt, geheilt, geschützt und auf andere Weise belohnt und gestraft. Einige der Phänomene, die mit dieser Arbeit verbunden waren, wurden von Ägyptologen, Archäologen, Anthropologen, Parapsychologen, Psychiatern und Psychologen, Philosophen, Experten in Magie, Mythos und Religion und vielen Menschen aus anderen Bereichen diskutiert und ernstgenommen. Bei vielen änderte sich das Leben – manchmal sogar drastisch – durch die zeitgenössischen Manifestationen Sechmets. Ich danke, ohne

die Namen einzeln aufzuführen, allen Teilnehmern an dieser Diskussion, besonders aber denjenigen, die mir aktiv und unmittelbar ihre intensiven Erfahrungen mit der Welt der Göttin Sechmet mitgeteilt haben.

Ich möchte hinzufügen, daß ich eine solche Zusammenarbeit in dem Buch *Psychic Explorations* geschildert habe (1974), das von dem ehemaligen Astronauten Edgar Mitchell herausgegeben wurde, einem Erforscher des inneren und äußeren Raums, dem sechsten Mann auf dem Mond. Diese Erfahrung mit Sechmet, wie auch andere, die sich im Laufe der Jahre ereignet haben, waren für eine andere Freundin von großem Interesse, der kürzlich verstorbenen Anthropologin Margaret Mead, die selbst eine starke Affinität zu Sechmet entwickelte.[1]

Masters weitere Verbindung zu Sechmet (oder Sirius) läßt sich gleich zu Beginn des Buches erkennen:

> ... ich glaube, wie Ramses II. es von sich selbst glaubte, daß ich »aus Sechmet« geboren bin. Das war für einen alten Ägypter eine ganz andere Art von Aussage als die oft routinemäßig verwendete Floskel über die Geburt von irgendeiner Gottheit. »Aus jemandem« geboren zu sein bestätigt in diesem Fall eine Tatsache und eine Realität, die in spirituellen Dimensionen existiert. Um meinen Fall zu beweisen, müßte ich eine spirituelle Biographie schreiben – und das werde ich eines Tages vielleicht auch tun, um in allen Einzelheiten zu belegen (zumindest für mich), warum ich dies glaube.[2]

Nein, Dr. Masters, Sie und Ihre Freunde sind keineswegs allein. Es gibt viele andere, die das Siriusgen tragen und »aus Sechmet« geboren sind. Als ich zum erstenmal die vier Statuen der Sechmet im Britischen Museum sah, hatte man sie auf einen Treppenabsatz verlegt, während ihr normaler Standort renoviert wurde. Ich erinnere mich an die breite Treppe, und wie sie da in all ihrer Pracht plötzlich vor mir standen. In mir regte sich eine alte Erinnerung, und ich war zutiefst berührt.

Wie alles andere aus Ägypten kann man auch Sechmets Energien auf viele andere Ebenen übertragen. Als Kriegergöttin der Zerstörung und Regenerierung wird sie als ein wichtiges Element im kosmischen Kreislauf aus Tod und Wiedergeburt betrachtet. Sie steht für die Auflösung der Energien ins Chaos, um sich auf einer anderen Frequenz neu zu formen, wobei ihr läuterndes Feuer auch auf die subjektive spirituelle Entwicklung angewendet werden kann. Ihre transformativen Kräfte scheinen ein paar interessante Konnotationen aufzuweisen, besonders im Zusammenhang mit der Atomkraft. Der Kernprozeß, der auf unserer Sonne stattfindet und der Licht und Wärme für uns erzeugt, wird durch Fusion statt Spaltung verursacht. Dabei werden die Kerne der leichten Wasserstoff-Atome unter unvorstellbar hohen Drücken und Temperaturen zusammengepreßt, um Helium zu erzeugen und so eine Kette in Gang zu setzen, die schließlich Kohlenstoff und andere Elemente produziert, aus der die Zellen aller lebendigen Dinge bestehen. Dieser Prozeß findet auf allen Sternen im Universum statt, die auf die gleiche Weise wie wir als Individuen eine Reihe von Transformationen durchmachen. Die Mythologie bietet uns keine Anhaltspunkte dafür, daß die feurige Sechmet ausschließlich zu unserer Sonne gehört; man könnte sie sogar als kosmisches Prinzip betrachten, das auf viel mehr Ebenen Geltung hat, als wir mit unserem gegenwärtigen begrenzten Verständnis begreifen können. Diese Verbindung zwischen Sechmet und der Atomkraft hat noch andere interessante Konnotationen auf persönlicher Ebene. Manche Menschen scheinen eine größere Toleranz gegenüber Kernstrahlung zu haben als andere, und das ist vermutlich irgendwie verbunden mit (a) ihrer Molekularstruktur, (b) ihrem persönlichen Ton oder (c) dem Ausmaß, mit dem sie ihre persönlichen Frequenzen beschleunigen oder, wie Masters vermutlich sagen würde, ihre subtilen Körper steuern können.

In den vielen Jahren meiner metaphysischen Arbeit ist mir aufgefallen, daß andere Menschen entweder begeistert auf meine persönlichen Energien und die Wellenlänge meiner Arbeit reagieren oder davon stark abgestoßen werden, ähnlich wie wenn man eine Frequenz beschleunigt und auf eine andere, vielleicht unvertraute Wellenlänge übergeht, etwas, was in meiner Jugend als »Vibrationen hochschrauben« bezeichnet wurde. Ich bin allerdings nicht ganz sicher, was das »hoch« hier bedeuten soll, und habe immer angenommen, es bezöge sich auf subtilere Ebenen. Seitdem habe ich aus bitterer Erfahrung gelernt, daß man sich von den vertrauten normalen Wellenlängen aus in viele Richtungen bewegen kann, von denen nicht alle im spirituell akzeptierten Sinne des Wortes »höher« sind. Manche Frequenzen, besonders die mit dem elementaren Reich verbundenen, sind deutlich stärker radioaktiv als andere, und diese sind belastend für manche. Zwei Menschen, mit denen ich einst arbeiten mußte, empfanden den Einfluß sirianischer Energien als sehr störend.

Wenn etwas scheitert und sich nicht unseren Wünschen fügt, suchen wir gewöhnlich jemanden, dem wir die Schuld dafür zuschieben können, statt unsere eigenen Begrenzungen zu akzeptieren und anzuerkennen. In magischen Kreisen herrscht die Tendenz, den anklagenden Finger auf ein anderes Mitglied der Gruppe zu richten oder auch auf einen unschuldigen Dritten, der in keiner Weise mit der Situation zu tun hat. Dann wird der übliche magische Stein der Verachtung ziellos vom Katapult der Angst abgefeuert und der unglückliche Sündenbock in die »Wildnis« geschickt.

Wie alle leoninen und felinen Energien hat die Sechmet-Frequenz eine feurige Qualität, die sich für manche Menschen als verstörend erweist oder sie gar zerbrechen läßt. Das sollte aber beim Individuum nicht das Gefühl hervorrufen, entweder »richtig« oder »falsch« zu sein, sondern einfach nur unterschiedlich. Manche Energiequalitäten sind schwer zu handhaben, vielleicht, weil sie unvertraut sind. Niemand ist perfekt, und keiner weiß alles. Es ist einfach eine Sache der Selbsterfahrung, so daß man die kosmische Nische findet, in die man sich spirituell leicht einfügen kann.

Nicht alle Löwengottheiten Ägyptens hatten einen derart feurigen Charakter. Tefnut, Zwilling des Himmelsgottes Schu, war eine sanfte Gottheit, die man mit Tau, leichtem Regen und dem Regenbogen verband, während die Katzengottheit Bast, die ursprünglich ebenfalls löwenhaft gewesen sein soll, eine fröhliche Gottheit der Heilkraft, der Musik, der Freude und des Glücks war. Der älteste bekannte Löwengott ist Aker, den man als Wächter des Tors der Morgendämmerung betrachtete, durch das der Sonnengott jeden Morgen zog. Aus den Pyramidentexten wird ersichtlich, daß die Rolle und die Eigenschaften dieser Gottheit bereits im frühen Reich deutlich definiert waren. In späteren Dynastien glaubte man, daß die Sonne in der Nacht durch eine Art Tunnel (Wurmloch?) in der Unterwelt kroch, dessen Enden von je einem Löwengott (Akeru oder Akerui genannt) bewacht wurde. Diese Löwengottheiten tauchten später in thebanischen Zeiten als Zwillingslöwengötter wieder auf, die Rücken an Rücken saßen und die Sonnenscheibe zwischen sich hielten. Sie hießen Sef und Tuau – »Gestern« und »Heute«. Ra wurde oft auch der »Ra der zwei Horizonte« genannt, und der Begriff »Horizont« wird von einigen Forschern in diesem Kontext als mathematischer Begriff verstanden, der ein System der Dimensionen oder einen Bezugsrahmen bildet. Es handelte sich um den Lichthorizont und den Lebenshorizont, die die materielle und die spirituelle Welt darstellen. Der Ra des Lebenshorizontes wurde durch einen flachen Kreis oder eine Sonnenscheibe dargestellt, die auf dem Rücken der Zwillingslöwengötter ruhte.

Es gibt verschiedene Deutungen für dieses Bild. Manche sehen die beiden Löwen als Symbole für die beiden ursprünglichen Lebenskräfte Lust und Angst, während andere sie einfach als Vergangenheit und Gegenwart betrachten, vereint durch die Sonne des ewigen Jetzt, mit anderen Worten, die Macht der Zeit. Ihre Position Rücken an Rücken kann daher gedeutet werden als die männliche »Lust«-Macht und die weibliche »Angst«, die in verschiedene Richtungen streben (Chaos?), während das Gewicht der Ra-Scheibe (Verstand und Selbstkontrolle) sie an Ort und Stelle hält. Oder man versteht sie im »Zeit-Kontext«, wobei man die Scheibe als die Sonnenkraft sehen kann, die unseren Planeten in seiner Umlaufbahn hält und dadurch Tag und Nacht erzeugt – die Zeit auf unserer Uhr, die innere Zeit. Wenn einer oder beide Löwen ihren Platz verlassen oder auch nur leicht beiseite rücken, bewegt sich Ras Scheibe entsprechend, und wir würden die Sonne aus einem anderen Winkel sehen als heute. Die Ironie dieser Betrachtungsweise liegt jedoch in der Vorstellung, daß, wenn Lust und Angst in uns die Oberhand gewinnen, die daraus entstehenden weltweiten Energien Schu und Tefnut veranlassen würden, sich zu erheben und die Sonnenscheibe von ihrem Platz zu rücken. So sind es die Gedanken und Handlungen der Erdenbürger, die entscheiden, ob sich die Pole verlagern, die Achse sich neigt und ein

Unglück uns überfällt, wie es in den Endtagen von Atlantis der Fall war.

Man kann die Universalität dieser Symbologie auch an der Tatsache erkennen, daß die Hopi-Indianer eine ähnliche Legende von zwei Zwillingsgöttern hatten: Poqanghoya und Palongawhoya, Wächter der Nord- und Südachse der Erde, deren Aufgabe es war, den Planeten in seiner korrekten Umdrehung zu halten. Ihnen wurde jedoch von Sotuknang, dem Neffen des Schöpfers, befohlen, ihren Posten zu verlassen, damit die »zweite Welt« vernichtet werden konnte, denn ihre Menschen waren böse geworden. Darauf stürzte die Welt aus dem Gleichgewicht, wirbelte wild und rollte zweimal herum. Berge stürzten ins Meer, Seen und Ozeane überfluteten das Land, und als die Welt durch den kalten, leblosen Raum wirbelte, gefror sie zu Eis.[3] Die Hopi sind außerdem überzeugt, daß ihre »erste Welt« durch Feuer vernichtet wurde und ihre »dritte Welt« durch Wasser.

Da wir gerade über die Hopi sprechen, sollten wir erwähnen, daß sie wie die alten Ägypter gewisse Kenntnisse über Sirius haben, den sie als »Blauen Stern Kachina« bezeichnen. Ihr Stamm besitzt die uralte Überzeugung, daß Wesen aus dem Siriussystem vor 250 000 Jahren auf die Erde kamen und Zeitkapseln hinterließen, von denen einige vor oder kurz nach Beginn des nächsten Milleniums aktiviert werden sollen.

Das »Zwillingsprinzip« ist ausgesprochen sirianisch, und wie wir bereits diskutiert haben, wirkt das Gesetz der Polarität stark in allen Dingen, die sirianischem Einfluß unterstehen. Die Löwenkraft ist aktiv, feurig und extrovertiert; ihre Farben sind die Feuertöne, wobei sie genügend Gold enthalten, um die überaktivierenden Töne des roten Spektrums (kräftiges Rot ist essentiell eine Seth-

Farbe) mit dem Gelb der Vernunft zu dämpfen. Ihre Energien, die eine verwandelnde Kraft haben, bewirken äußere Veränderungen. Kristallkraft ist passiv, luftig und introvertiert; ihre Farben sind blau und grün sowie deren Kombinationen. Sie verfeinert Energien im Prozeß der Absorption und der Kristallisierung, wodurch sie *innere* Veränderungen bewirkt. Gemeinsam stellen sie jene Aspekte der sirianischen Energie dar, die unser Sonnensystem direkt beeinflussen. Sie manifestieren sich in einem breiten Spektrum von Frequenzen, die essentiell sind für die kosmische Evolution und besonders für Quantensprünge, da die Objektivität der einen sich mehr mit externen Aspekten befaßt, während es bei der anderen mehr um innere, subjektive Weisen geht. In anderen kosmischen Zeitzonen wären die Regeln und Anwendungsformen andere, auch wenn die Prinzipien konstant sind, da der Weg, den die verschiedenen Evolutionsströme genommen haben, sich von einer Galaxis zur anderen unterscheidet.

Die duale Natur dieser Energien ist in den folgenden Zeilen einer Hymne bestätigt, die Brugsch zitiert und Budge aufnimmt:

> O Amen-Ra, die Götter sind von dir ausgegangen. Was von dir ausging, wurde zu Schu, und was von dir ausgestrahlt wurde, wurde zu Tefnut. Du hast zu Beginn die neun Götter erschaffen, und du warst der Löwengott der Zwillingslöwengötter …[4]

Die Göttin Sechmet wird stets mit der Sonnenscheibe abgebildet, mit dem Uräus, dem rechten Auge Ras, auf dem Kopf. Diese Symbole verbinden sie direkt mit den beiden Zwillingslöwengöttern und deren Scheibe und daher mit dem Gleichgewicht und der Evolution auf unserem Planeten. Sie führt in ihrer Rolle als göttliche Kriegerin einen Krieg gegen die Feinde Ras, genau wie ihre katzenartigen Brüder und Schwestern gegen das Böse von Apep. Masters beschreibt den *Krieg im Himmel* [sic], der sich »immer stärker und schrecklicher auf diese Erde auswirkt«.[5] Diese Störungen, so sagt er,

> ... haben die Wiederkehr der Großen Mutter in Zeit und Raum der Menschen bewirkt. In diesen Mysterien manifestiert sie sich als Sechmet. Dem Chaos bringt sie Schrecken und Verwüstung. Durch Liebe führt sie jenen Zustand wieder herbei, der allein die menschliche Rasse erhalten und für eine harmonische Entwicklung der Menschen als Individuen sorgen kann, aber auch als Teil des großen kosmischen Ganzen, um das es beim Krieg im Himmel geht. Der schließliche Ausgang wird heißen: *Sein oder Nichtsein.*[6]

Das ist ein ernüchternder Gedanke, aber es geht ja bei der sirianischen Botschaft darum, daß Geb oder Gaia, je nachdem, geholfen wird, ihre irrenden Nachkommen zu zügeln, die die anderen zurückhalten, oder sie auf einen fernen Planeten in einer weit weg liegenden Galaxis zu verlagern, wo sie sich unter Seelen ihres Alters und ihrer Art abkühlen und ihre Gewalt, ihre Gier, ihren Haß und andere chaotische Neigungen loswerden können.

Achten Sie darauf, daß Masters sagt: »Dem Chaos bringt sie Schrecken.« Mit anderen Worten, sie ist die Feindin Seths, denn dieser ist nichts weiter als das personalisierte Chaos. Sechmets verwandelnde Kräfte, so gewalttätig sie den Mythen zufolge auch sein mögen, sollte man daher nicht im gleichen destruktiven Kontext sehen wie die Seths, denn das läuternde Feuer ist wichtig, um uns von den Resten unserer niederen Natur zu befreien, des destruktiven Elements des Chaos, das in jedem lauert. Die Initiation durch Feuer dient auch dazu, unsere zeitlosen Anteile zu reinigen, uns stärker mit dem göttlichen Funken in uns zu verbinden und unseren Kontakt zum Unendlichen zu festigen. Chaotische Energien andererseits sind ihrem Wesen nach fragmentarisch und uneinheitlich.

Aus dem vorangegangenen kann man erkennen, daß der löwenhafte Archetypus im ägyptischen Denken große Bedeutung hatte, von der Kosmologie bis zum Alltag. Löwengötter und -geister wurden als Wächter von Orten und Besitztümern betrachtet; ihren Gesichtern verlieh man oft die Züge von Angehörigen, Priestern und Priesterinnen, Pharaonen oder deren Frauen. Die Griechen nannten sie »Sphinxen«. Ein Name der ägyptischen Sphinx war »Hu«, die Beschützerin; ein anderer war Horem-akhet – Horus am Horizont, was sie sofort mit den Schemsu-Hor, jenen rätselhaften »Söhnen (oder Nachfolgern) des Horus« verbindet. Interessanterweise taucht der Name »Hu« auch im keltischen Mythos von Hu Gadarn auf, einem Atlanter aus dem Meer, der eine Gruppe Siedler an die prähistorischen Ufer von Wales führte. Es gibt zudem eine unheimliche Lautähnlichkeit zwischen den Namen Hu Gadarn und Tuatha de Danaan (Tuar-dedanan ausgesprochen), jenen seltsamen Feenmenschen mit magischen Kräften, die der Legende zufolge im prähistorischen Irland landeten.

Eine Frage taucht mit Sicherheit auf, was die Anwendung dieser Zwillingslöwen- und Kristallkräfte angeht: Kennt die sirianische Magie die gleiche okkulte Unterscheidung zwischen Medium und Magier wie gewisse Schulen der westlichen Tradition? Die Antwort muß hier »nein« lauten. Sirianische Geistesmagie kann man in einer Gruppe oder allein anwenden. Da sie grundsätzlich beide Gehirnhälften einbezieht, werden die rationalen und die intuitiven Aspekte der Persönlichkeit gleichermaßen ins Spiel gebracht, wobei keine die andere dominiert, sondern sie einander ergänzen. Der Praktizierende muß seinen eigenen Schutz aufbauen und die Verantwortung für seine Aktionen in der inneren Zeit und der Raumlosigkeit übernehmen. Die übersinnlichen Fähigkeiten des Adepten müssen daher gut geschult und erprobt sein, um die nach unten führende Spirale der Selbsttäuschung zu vermeiden. Jung schrieb dazu:

> Wir sind das Paar der Dioskuren, von denen der eine sterblich ist und der andere unsterblich. Sie sind zwar stets zusammen, werden aber niemals vollständig eins. Der Transformationsprozeß geht dahin, sie aneinander anzunähern, aber unser Bewußtsein ist sich stets eines Widerstands bewußt, weil die andere Person seltsam und unheimlich wirkt und wir uns nicht an den Gedanken gewöhnen können, nicht absoluter Herr im eigenen Haus zu sein.[7]

Wenn wir nun zurückdenken an die Siriusphilosophie der Dogon, wie in Kapitel 5 beschrieben, kann man leicht den Doppelstern Sirius A und Sirius B mit diesem Aspekt der menschlichen Psychologie verbinden, den Jung so klar beschreibt. Die Doppelnatur bezieht sich auf eine höhere Oktave im Prozeß der Individuation oder dem Ausgleich von *Anima* und *Animus*, eine unabdingbare Voraussetzung für die spirituelle Entwicklung der Seele.

Man muß daher die Kraft eines Löwen haben, wenn man vor fremden oder unvertrauten Widersachern oder unerkennbaren abstrakten Energien steht, und die geistige Klarheit des Kristalls, damit das, was gelernt wird, entsprechend aufgenommen, verarbeitet und in die Sprache der heutigen Welt übertragen werden kann. Was nützt uns schließlich Wissen, wenn es nicht denjenigen mitgeteilt werden kann, die es brauchen?

Anmerkungen

1 R. Masters: *The Goddess Sekhmet,* S. VII.
2 Ebda., S. VII.
3 Goodman, J.: *The Earthquake Generation,* S. 160–161.
4 E. A. Wallis Budge: *The Gods of the Egyptians,* Bd. 2, S. 88.
5 R. Masters: *The Goddess Sekhmet,* S. 204.
6 Ebda., S. 204
7 C. G. Jung: *The Archetypes and the Collective Unconscious,* S. 131.

KAPITEL 13

Das sirianische Erbe

Einen Großteil der Informationen über die komplexen Mysterien der ägyptischen und sirianischen Magie, die uns von den alten Ägyptern überliefert sind, verdanken wir G. R. S. Mead. Sein Werk *Thrice Greatest Hermes* stützt sich auf Fragmente verschiedener Schriften aus unterschiedlichen Zeiten, die er sorgfältig aufzeichnete und in drei Bänden veröffentlichte. Vieles dieser alten ägyptischen Philosophie hat auch das Judentum und das frühe Christentum beeinflußt, doch in den Machtkämpfen, die die frühe christliche Kirche kennzeichneten, gingen wichtige Faktoren verloren. Viele der alten Wahrheiten fanden jedoch ihren Weg in die Lehren der Gnostiker und der apokryphen Evangelien, wie die *Pistis Sophia,* die uns ebenfalls durch Meads Gelehrsamkeit zugänglich gemacht wurden.

Ein weiteres Werk, das die Hermes-Literatur bestätigt, ist *The Egyptian Mysteries,* ein großartiges Buch von Iamblichos, von Alexander Wilder 1911 aus dem Griechischen übersetzt und herausgegeben. Es besteht aus einer Reihe von Dialogen zwischen Porphyr, einem hervorragenden Gelehrten und bekannten Schriftsteller der spätplatonischen Periode, und einem gewissen Anebo. Porphyr (232–304 n. Chr.) stammte aus Tyros; sein Name Molech, König, wurde von Longinus in Porphyrius verwandelt, was dem Wort für kaiserlichen Purpur entspricht. Er war ein Schüler von Plotin, der später sein philosophisches Interesse ausweitete und andere Überzeugungen integrierte. In seinem Privatleben folgte er der pythagoreischen Disziplin und war ein strenger Kritiker des damals verbreiteten gnostischen Glaubens wie auch des allmählich bekannter werdenden Christentums. Porphyr war grundsätzlich ein Mystiker und betrachtete die zeremoniellen Riten der ägyptischen Theurgie mit Mißtrauen. Er bevorzugte den Mithraismus, während Iamblichos dem Serapis-Kult anhing, der damals in Ägypten die Staatsreligion bildete. Der Schriftsteller Iamblichos soll zwischen 255 und 330 n. Chr. gelebt haben, aber diese Daten sind unbestätigt. Über Anebo wissen wir nur wenig; er wird als ägyptischer Priester bezeichnet, und sein Name deutet an, daß er möglicherweise im Dienst von Anubis stand. Porphyr redet ihn als »Prophet« an, als einen Diener der Gottheit und Ausleger der heiligen Orakel, und in dieser Eigenschaft erbat der Philosoph seine Erklärungen über die ägyptischen theologischen Doktrinen, religiösen Überzeugungen und heiligen Rituale. Die Dialoge zeigen den nach außen hin deutlichen Unterschied zwischen logischem griechischem Denken und dem eher mystischen Ansatz der Ägypter, wobei aber hinter der äußeren Fassade grundsätzlich nur wenig Unterschiede bestehen.

Aber richten wir unsere Aufmerksamkeit zunächst auf den *Hermes Trismegistos*, den man als die Bibel oder das Hauptnachschlagewerk des heutigen Studenten ägyptischer Philosophie bezeichnen könnte, da es als eine genauere Einschätzung der inneren Lehren des alten Ägyptens gilt als das *Totenbuch* und andere frühe Texte in direktem Zusammenhang mit dem ägyptischen Ethos. Dies stützt sich auf den Glauben an eine mündliche Tradition, die wie im keltischen Druidentum die tieferen Mysterien in eine Sprache kleidete, die nur dem Initiierten oder Adepten verständlich war. Die Schriften, wie die berühmten Smaragdtafeln, sollen von Thot/Tehuti selbst inspiriert worden sein.

Der Titel *»Thrice Greatest«* ruft oft Fragen hervor. Einigen Experten zufolge ist der Begriff neueren Ursprungs, obwohl die Tatsache, daß er schon zu römischen Zeiten benutzt wurde, von dem berühmten Epigrammatiker Martial belegt wird (40–104? n. Chr.), der das Lob eines gewissen Hermes singt, eines berühmten Gladiators, und seine Hymne mit der Zeile abschließt: *»Hermes omnia solus et ter unus!«*[1] Mead meint jedoch, daß der Begriff schon lange vor den Römern benutzt wurde, und zitiert die dreisprachige Inschrift auf dem Rosetta-Stein, in der die Tugenden von Ptolemäus Epiphanes beschrieben werden (210–181 v. Chr.) und in der Hermes der »Große und Große« genannt wird.[2]

Unter Hinweis auf Manetho (siehe Kapitel 1, Anmerkung 2) schließt Mead, daß der erste Hermes sich auf die erste Priesterschaft der Ägypter bezieht, die eine heilige Sprache benutzten, deren Kenntnis zur Zeit des zweiten Hermes schon lange verlorengegangen war. Diese waren vermutlich eine viel spätere Priesterschaft, deren Anhängerschaft wohl eine Mischung aus den Schemsu Hor und der Eingeborenenbevölkerung jener Landesteile war. Er sagt dazu:

> Die beiden aufeinanderfolgenden Priesterschaften und Propheten wurden durch eine »Flut« getrennt. Diese Überschwemmung war vermutlich mit der »Sintflut« verbunden oder identisch, über die Solon von den Priestern von Sais gehört hatte … und über die wir beträchtliche Informationen in *Timaios* und *Kritias* von Plato finden. Der Gute Engel ist der Engel des Verstandes, wie wir aus der Trismegistos-Literatur erfahren, und er wurde als Vater von Hermes Trismegistos betrachtet. Dies scheint eine bildhafte Umschreibung dafür zu sein, daß die archaische Zivilisation in Ägypten vor der großen Flut – die vermutlich vom

Untergang von Atlantis ausgelöst wurde – als geistig hervorragend galt. Es war die Zeit der Götter, Gottkönige oder Halbgötter. Ihre Weisheit wurde in mystischen Traditionen überliefert oder aber neu belebt von den geringeren Abkömmlingen jenes Stammes, der aus dem Exil zurückkehrte oder sich auf der Erde reinkarnierte, um sich der neuen Bevölkerung anzunehmen, die nach dem Rückgang der Fluten allmählich an den Unterlauf des Nils zurückkehrte.

Wir haben also drei Epochen ägyptischer Mysterienkulte: (I) der erste Thot oder Agathodaimon, die ursprüngliche Tradition, die sich in der heiligen Sprache und der Schrift der Steinmonumente des seriadischen Landes gehalten hat, vermutlich das Ägypten vor der atlantischen Flut; (II) der zweite Thot, der dreimal größte, die Mysterienschule nach der Phase der großen Flut, deren Aufzeichnungen und Doktrinen nicht nur in Transkription überliefert wurden, sondern auch in Manuskripten, die zwar immer noch in der heiligen Schrift verfaßt waren, aber ins Ägyptische übersetzt, der üblichen Sprache, nachdem das Volk das Land neu besiedelt hatte, und (III) Tat, die Priesterschaft aus Manethos Zeit (und vermutlich einige Jahrhunderte vor ihm), die eine spätere Form von Ägyptisch sprach und deren volkstümliche Übersetzungen weiter ins Griechische übertragen wurden.[3]

In neueren Zeiten wurde der Anrufung »dreimal größter« eine Reihe von metaphysischen Bedeutungen zugeschrieben, wie etwa das Gesetz der drei Anfragen (siehe Glossar); Körper, Geist und Seele; instinktiv, rational, intuitiv; unbewußt, bewußt, überbewußt usw. Auch wurden numerologische Assoziationen der Zahl drei in den Titel gelesen, und ich habe keinen Zweifel, daß es damit etwas auf sich hat. Anhänger des Sirius werden sicher auch auf die drei Sterne des Siriussystems verweisen, aber da es Zweifel gibt hinsichtlich des einen, der möglicherweise ein großer Planet und gar kein Stern ist, spare ich mir das Urteil lieber auf, bis sich weitere Beweise ergeben.

Der *Trismegistos* stellt eine Sammlung altägyptischer okkulter Lehren dar, die sich von den »Hermesgedichten«

der ägyptischen Magie und der hermetischen alchimistischen Literatur abheben. Sie stehen eigentlich für sich allein. Sie bestehen aus folgenden Teilen:

(a) Das Corpus Hermeticum (Sammlung von Lehren), zu dem das Poimandres gehört, eine Sammlung von vierzehn Predigten, sowie die Definitionen von Asklepios, der später zum griechischen Gott der Heilkünste erhoben wurde, mit Anweisungen von Hermes an Apollos Sohn.
(b) Die perfekte Predigt, auch als *Asklepius* bekannt, denn sie ist an eine Person mit diesem Namen gerichtet. Dieser Text existiert nur in einer lateinischen Version; die griechische ist verlorengegangen.
(c) Die Exzerpte von Stobäus. Von diesen Auszügen verlorengegangener Texte existieren siebenundzwanzig, die von einem gewissen Ioannes Stobäus »entdeckt« und übersetzt wurden, einem heidnischen Gelehrten, der gegen Ende des fünften und zu Beginn des sechsten Jahrhunderts lebte. Stobäus sammelte Exzerpte von griechischen Autoren und okkulten Schulen seiner Zeit, von denen einige sehr lang waren, besonders die Sammlung mit dem Titel *Die Jungfrau der Welt.* Diese hat die Form von Anweisungen und begleitenden Dialogen zwischen Isis und deren Sohn Horus, in denen es um die magischen und mystischen Lehren des alten Ägyptens geht. Dieser Teil wird von vielen Experten für die bislang interessanteste Sammlung gehalten.
(d) Verweise und Fragmente der frühen christlichen Kirchenväter. Die frühen christlichen Gelehrten und Kirchenväter fanden es häufig angebracht, den *Hermes Trismegistos* zu kommentieren; uns sind fünfund-

zwanzig kurze Fragmente darüber erhalten geblieben. Aufgrund der ketzerischen Natur der hermetischen Doktrin wenden sich diese Autoren gegen den Text, was aber dazu beigetragen hat, ihn zu erhalten. Es ist interessant, daß sie ihn trotz ihrer Gegnerschaft aus dogmatischen Gründen unterschwellig anerkennen oder der trismegistischen Philosophie sogar Respekt zollen.

(e) Verweise und Fragmente von frühen Philosophen unterschiedlicher Richtungen, nicht unbedingt christlich. Es handelt sich um drei Fragmente von Zosimus, Fulgentius und Iamblichos; von Julian, dem kaiserlichen Philosophen (von seinen christlichen Zeitgenossen respektlos *Apostata* genannt) gibt es eine ganze Reihe wertvoller Anspielungen und Hinweise.[4]

Die durch diese historischen Texte gewonnenen Belege stimmen überwiegend mit dem überein, was uns durch die mündliche Tradition, mystische Inspiration und jene ägyptologischen Studien überliefert wurde, die versucht haben, sich mehr auf die verborgenen oder mystischen Aspekte jener Disziplin zu konzentrieren. Gewiß haben sich Irrtümer eingeschlichen, wenn Übersetzer die Texte im Licht der eigenen Erfahrung, bestimmter magischer Neigungen oder gegenwärtiger okkulter Trends deuteten. Diese Fragmente sind auch nur spärliche Überreste dessen, was einst ein Füllhorn an Informationen gewesen sein muß, das aber vorwiegend dem gewissenhaften Schüler oder Initiierten vorbehalten war und von dem vieles wohl vollkommen verlorengegangen wäre, hätte es nicht die fleißigen Bemühungen eines hermetischen Apologeten gegeben, der einige Texte aussuchte, um die Loyalität des Hermes Trismegistos gegenüber dem Königtum zu verdeutlichen.

Es ist wahrhaftig ein Wunder, daß diese Bruchstücke trotz schwerer Verstümmelungen im Prozeß von Übersetzung und nächster Übersetzung irgendwie die Jahrhunderte überlebt haben. In Zeiten der Verfolgung existierten sie lediglich als Geheimwerke, sorgfältig von getreuen Anhängern der alten Weisheit verborgen; zu anderen Zeiten waren sie sicher im Besitz von Privatsammlern – jener Söhne und Töchter Thots, die die »Wächter« des Wortes sind. Aber trotz aller Feindschaft von den Anhängern des Chaos, inkarnierten und diskarnierten, haben einige Juwelen der alten Weisheit bis auf den heutigen Tag überdauert.

Eine Liste aller Referenzwerke würde zu viel Platz einnehmen und ist für unser Thema auch nicht so wichtig. Für den beflissenen Forscher, der seine Fakten gern selbst nachschlägt, möchte ich allerdings ein paar wichtige Quellen nennen. Die hellenistische und orphische Überlieferung im Zusammenhang mit Hermes Trismegistos bietet die *Bibliotheca Graeca* von Johannes Albertus Fabricius (vierte und letzte Ausgabe Leipzig 1790). In der alchemistischen und mittelalterlichen Literatur haben wir die Werke von M. P. E. Berthelot, nämlich die *Collection des Anciens Alchimistes Grecs* (Paris 1888) und *La Chimie au Moyen Age* (Paris 1893). Auf arabische Schriften wird Bezug genommen in Beausobres *Histoire Critique de Manichée et du Manichéisme* (Amsterdam 1734), daneben in H. L. Fleischer, *Hermes Trismegistus an die menschliche Seele,* arabisch und deutsch (Leipzig 1870), O. Bardenhewer, *Hermetis Trismegisti qui apud Arabes fertur de Castigatione Animae Liber* (Bonn 1837). R. Pietschmann, ein Schüler Georg Ebers, hat den vierten Teil seiner Abhandlung mit dem Titel *Hermes Trismegistus nach ägyptischen und orientalischen Überlieferungen* (Leipzig 1875) einer Betrachtung der Hermestradition »bei Syrern und Arabern«[5] gewidmet.

Ein weiteres Einzelmanuskript fand sich im elften Jahrhundert, wenn auch in einem traurigen Zustand. Ganze Kapitel und Seiten fehlten, als es in die Hände von Michael Psellus gelangte, eines Mannes, der sich für die Wiederbelebung der platonischen Studien in Byzanz einsetzte. Leider wurden auch große Teile der Psellus-Übersetzung vernichtet, weil er offensichtlich versuchte, den Polytheismus oder das Heidentum zu rechtfertigen – und so wurden ernsthafte Sucher wieder einmal betrogen. Der theosophische Gelehrte Reitzenstein gab sein Bestes, um die Fragmente der Wahrheit wieder zusammenzusetzen, Bemühungen, die Mead ausdrücklich gelobt hat.

Ein Großteil der trismegistischen Literatur stammt aus den ursprünglichen griechischen Texten, obwohl später drei weitere Einflüsse die frühen griechischen, hebräischen und ägyptischen Originale überlagerten. Der jüdische Einfluß war essenisch oder therapeutisch (das Wort Essener ist Mead zufolge griechisch und nicht hebräisch). Dann geriet der Trismegistos unter den Einfluß der frühchristlichen Gnostiker, die oft große Teile für ihre eigenen Beweisführungen benutzten (die anschließend als Ketzereien bezeichnet wurden). Der bemerkenswerteste unter ihnen war Basilides, den Carl G. Jung für ein Fragment seiner eigenen Gruppenseele hielt, das ihn durch die »Sieben Predigten über die Toten« leitete, oder für sich selbst in einem früheren Leben. Die valentinische Gnosis war ebenfalls stark hermetisch ausgerichtet. Die trismegistische Literatur hat daher an manchen Stellen deutlich gnostische Ausrichtung, so daß der Leser diese christlich-gnostischen Aufprägungen entfernen muß, um in engeren Kontakt mit dem ägyptischen Original zu gelangen.

Die Gesamtschriften, die den Trismegistos bilden, werden der direkten Inspiration von Thot/Tehuti zugeschrieben, der als »Meister der Weisheit und Lehrer der Menschheit« bezeichnet wird. Thot, so heißt es im Text, »bestimmte Maß, Zahl und Ordnung im Universum« und war der große Baumeister; seine Gefährtin war Nehemaut, Gnostikern als Sophia bekannt, den Ägyptern als Maat. Maats Symbol war eine weiße Feder (die manchmal auch mit Thot in seiner Rolle als Richter assoziiert wird).

Dem *Hermes Trismegistos* zufolge gab es in den ägyptischen Mysterien von Thot drei Abstufungen:

Sterbliche: jene, die unterwiesen waren, aber noch nicht die innere Vision erlangt hatten,

Intelligenzen: jene, deren Vision es ihnen ermöglichte, sich auf andere Lebensformen im Universum einzustimmen,

Lichtwesen: jene, die eins mit dem Licht geworden waren.

Die Gnostiker bezeichneten diese später als *hyle, psyche* und *pneuma* und fügten Mead zufolge die folgenden Unterscheidungen hinzu: »(a) die niedersten, die Hyliker, sind gegenüber spirituellen Dingen so stumpf, daß sie wie die *hyle* oder nichtwahrnehmende Materie der Welt wirken; (b) die Zwischenstufe wird Psychiker genannt, denn sie glauben zwar an spirituelle Dinge, sind aber schlichte Gläubige und brauchen Wunder und Zeichen, um ihren Glauben zu bestätigen; (c) während die Pneumatiker oder Spiritualisten die höchste Klasse darstellen und zu spirituellem Wissen fähig sind: jene, die die Gnosis empfangen konnten.« Mead fügt einen weiteren Kommentar hinzu, der die Frage der Gleichheit betrifft:

Es herrscht in unseren Tagen in bestimmten Zirkeln die Sitte, zu behaupten, daß alle Menschen gleich seien. Der moderne Theologe beeilt sich, diesen Anspruch mit dem Beiwort »moralisch« zu versehen. Die so vertretene Idee ist keineswegs ausgesprochen christlich, denn die Doktrin ist allen großen Religionen gemein und konstatiert lediglich das große Prinzip der Gerechtigkeit als eine Manifestation der Gottheit. Die gnostische Sicht ist jedoch viel klarer und stimmt mehr mit den Fakten der Evolution überein; sie gesteht »moralische Gleichheit« zu, nimmt aber einen graduellen Unterschied nicht nur in Körper und Seele an, sondern auch im Geist, was die Moralität ins Verhältnis rückt und die innere Bedeutung der Parabel von den Talenten spiegelt.[6]

In der gnostischen Literatur ist Thot sowohl der Lehrer von Isis und Osiris wie auch einer der heiligen Acht – vier Paare von Gottheiten, die jeweils die männliche und weibliche Kraft darstellen, aktiv und passiv; dies ist das älteste Beispiel für einen gnostischen Ogdoad. Thots Aufgabe, so heißt es im Trismegistos, ist, das perfekte Gleichgewicht zu halten, daher ist sein Hauptsymbol der Caduceus (siehe Abb. 13.1) Man beachte die Bedeutung der Zahl acht, die in diesem Werk bereits einen Hinweis in Richtung Sirius darstellt. Es gibt, wie wir sehen werden, noch weitere.

In all der Weisheit der trismegistischen Schriften gibt es bestimmte entscheidende Punkte, die für ägyptische wie sirianische Studien wichtig sind. Es gibt zahlreiche Hinweise auf ein Land erleuchteter Menschen, das vor der großen Flut existierte, und auf die Tatsache, daß Thot/Hermes und die anderen »Götter« aus einem solchen Land stammten. Wenn man die Sache offen betrachtet, bleiben nur wenig Zweifel daran übrig, woher die Ägypter ihre okkulten Kenntnisse hatten. Es ist interessant, daß die alten Wahrheiten aus der Sprache des Mutterlandes ins Ägyptische übersetzt wurden und zweifelsohne nicht nur unter der Übersetzung litten, sondern auch durch die spä-

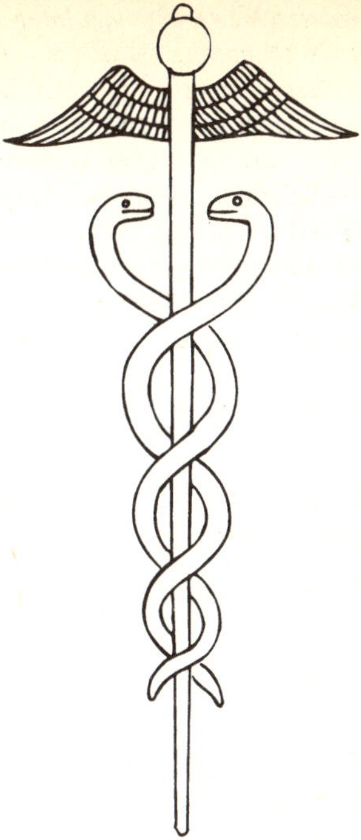

Abb. 13.1 Thots Hauptsymbol, der Caduceus

tere Analyse nachfolgender Generationen von Gelehrten, für die die Geschichten von vor der Flut nichts weiter waren als reine Fabeln.

Hinsichtlich des Manetho-Zitats über das seriadische Land (siehe Kapitel 1, Anmerkung) antwortet Mead denjenigen, die behaupten, es gäbe keine historischen Hinweise auf ein solches Land, mit der folgenden Bemerkung:

> In der astronomischen Wissenschaft der Ägypter war das auffallendste Sonnensystem in unserer Nähe, das am Himmel durch den strahlenden Sirius gekennzeichnet ist, von vornehmlichem Interesse. Es bestimmte Kreisläufe von ungeheurer Bedeutung

> und wurde zum Bestandteil der höchsten Mystik der ägyptischen Initiation.[7]

Sicher ist es logisch, anzunehmen, daß Manethos seriadisches Land Ägypten war (von Seirios – Sothis, nach der griechischen Übersetzung.)

Mead erwähnt, daß in alten Zeiten durch Pyramiden, Obelisken und Tempel der Nilstand aufgezeichnet wurde, während in späteren Zeiten fast alle Monumente mit Hilfe der Bauwerkzeuge der ägyptischen astro-geologischen Wissenschaft errichtet wurden. Diese Wissenschaft, fährt er fort, wurde in neuerer Zeit von einem Ägypter untersucht, und die Ergebnisse dieser Forschung zirkulierten in privaten Kreisen. Eine Kopie seines Werkes findet sich im Britischen Museum. Mead zufolge schreibt der Autor im Vorwort:

> Die astro-geologische Wissenschaft erzeugte ein monumentales System, durch das die Ergebnisse der gesammelten Beobachtungen und Erfahrungen der menschlichen Rasse erhalten blieben und Schriften, Inschriften, Traditionen und Nationalitäten überdauerten. Den Hauptmonumenten wurde die grundsätzliche Eigenschaft verliehen, autochrone Zeitzeichen von geochronologischer Natur zu sein. Viele zeichneten hydromathematisch die Kenntnisse in Astronomie und Geographie sowie die Dimensionen und die Gestalt der Erde der jeweiligen Epoche nach. Es waren sirianische Monumente, weil ihre Hauptlinien im Maßstab zu den Umdrehungen des Sterns Surious [sic] in astro-geologischen Standardlängen erbaut wurden.[8]

Hier lesen wir, wie ein ägyptischer Gelehrter den starken sirianischen Einfluß auf Evolution und Entwicklung seines Landes in Urzeiten bestätigt. Mir ist es bislang nicht gelungen, weitere Informationen über dieses Dokument zu erhalten, aber mit genügend Zeit und mehr Hartnäkkigkeit könnte man durchaus Erfolg haben.

Es gab in der Antike ständige Hinweise auf die »Säulen des Hermes« oder »Mercurii Columnae«, auf die viele alte Schriftsteller ihre Informationen über prähistorische Zeiten zurückführen. Einige habe ich bereits in Kapitel 1, Anmerkung 8 erwähnt, vor allem das Zitat von Ammianus Marcellinus, einem Freund von Kaiser Julian.

Eine höchst bedeutsame Passage aus den hermetischen Texten erscheint in den Schriften von Sanchuniathon, der von Philo als »ein Mann von großer Gelehrsamkeit« beschrieben wird, »ein fleißiger Sucher [nach Weisheit], der sich besonders für die Grundprinzipien interessierte, von denen alle anderen Dinge abstammen«. Philo informiert uns im weiteren, daß Sanchuniathon:

> ... höchst sorgfältig die Bücher von Taaut untersuchte, denn er wußte, daß Taaut der erste unter der Sonne war, der Buchstaben benutzte und Dinge aufzeichnen konnte. Er begann also mit ihm und machte ihn zu seinem Grundstein, den die Ägypter Thout nennen, die Alexandriner Thot, aber den die Griechen in Hermes umgewandelt haben.[9]

Der Absatz über die Schöpfung ist von besonderem Interesse und weit von dem primitiven Denken entfernt, das man normalerweise mit den Eingeborenenstämmen Afrikas verbindet. Ich finde ihn wichtig genug, um ihn hier ausführlich zu zitieren:

> Er (Thot) sieht den Anfang aller Dinge in einem dunklen Nebel spiritueller Natur, einem Hauch aus dunklen Schleiern, einem wilden Chaos, so schwarz wie Erebus; dieses war grenzenlos und blieb viele Zeitalter lang ohne Ende. »Aber dann«, fährt er fort, »verliebte sich der Geist in seine eigenen Prinzipien, und als sie sich vermengten, wurde diese Mischung Liebe genannt, und diese Liebe war der Ursprung der Schöpfung aller Dinge. Aber [Chaos] wußte nichts von seiner eigenen Schöpfung. Aus seiner Umarmung mit dem Geist wurde Mot geboren. Aus ihr [Mot, der

Großen Mutter] entsprang der Samen der Schöpfung, die Geburt aller kosmischen Körper.

Zuerst gab es [große] Leben ohne jegliches Gefühl, und aus diesen kamen im folgenden [große] Leben mit Intelligenz. Letztere wurden Zophasemin genannt, das heißt »Aufseher des Himmels«. Letztere wurden in Gestalt von Eiern geformt und glänzten als Mot, Sonne und Mond, die Sterne und die großen planetarischen Körper.

Als sich nun der [ursprüngliche] Nebel lichtete, entstanden durch seine Hitze Nebel und Wolken, das Meer und die Erde, und gewaltige Regenfälle strömten vom Firmament. Auch als sie voneinander getrennt waren, wurden sie immer noch von der Hitze der Sonne von ihren normalen Stätten fortgetragen, und alle [wäßrigen und erdigen Elemente] vermischten sich im Nebel wieder miteinander und prallten unter Donner und Blitz aufeinander, und beim Toben des Donners sahen die zuvor erwähnten [großen] denkenden Leben zu, während sich auf dem Lande Mann und Frau unter dem Echo duckten und verstört waren.[10]

Wenn man bei diesem Absatz die offensichtliche oberste Schicht entfernt, stößt man auf kosmologische Kenntnisse, die eher zur modernen wissenschaftlichen Denkweise passen als zu dem, was man allgemein als »Magie« bezeichnet.

Wir müssen tatsächlich der »Opposition« dafür danken, daß ein Teil der Informationen der Verfolgung entgehen und sich einen gewundenen Weg in unser Zeitalter bahnen konnte. Hippolyts *Philosophumena or Refutation of all Heresies* ist dafür ein klassisches Beispiel. 1842 entdeckte Minoides Mynas, ein gelehrter Grieche, der von der französischen Regierung auf eine Mission geschickt worden war, in einem der Klöster auf dem Berg Athos das einzige überlebende Manuskript dieses wertvollen Dokuments, das man auf das vierzehnte Jahrhundert datierte. Ursprünglich bestand es aus zehn Büchern, aber leider sind die ersten drei und der Beginn des vierten verschwunden. Das erste Buch war ursprünglich Origenes zugeschrieben worden und war bekannt; die fehlenden Teile befaßten sich mit den Doktrinen und Mysterien der Ägypter und Chaldäer.[11] Hippolyt behauptet, all diese Mysterien aufgezeichnet zu haben, ebenso wie die Überzeugungen der christlichen Mystiker seiner Zeit, die er als »Ketzer« bezeichnete.

Man muß sich fragen, warum die ägyptischen und chaldäischen Mysterien verschwunden sind, und wir können nur vermuten, daß die dort enthaltenen Informationen diesem frühen Kirchenvater wohl zu brisant erschienen. Vielleicht fürchtete er auch, daß seine Gemeinde zu sehr zum Nachdenken angeregt würde. Jene Menschen, die ihre Hand bei der Unterdrückung kosmischen Wissens im Spiel hatten – was einen so vernichtenden Einfluß auf unseren Planeten hatte –, haben vermutlich eine Menge auf dem Gewissen: eine karmische Schuld jenseits aller Vorstellungen.

Die trismegistische Literatur ist ein Forschungsgebiet für sich, und alle Punkte abzudecken, die für unser sirianisches und ägyptisches Thema wichtig sind, würde zu lange dauern. Hier folgen aber ein paar interessante Beiträge von Klassikern wie Philo, Plutarch und Plato. Philo von Alexandrien (irgendwann zwischen 20 und 30 v. Chr. geboren und um 45 n. Chr. gestorben), war ein jüdisch-hellenistischer Gelehrter, ein Apologet der Therapeutes, einer Heilergruppe der Essener. Ihm verdanken wir einen Großteil der Informationen über die mystischen Aktivitäten dieses Ordens. Seine Kommentare beinhalten die Vorstellung von einem aktiven und einem passiven Kausationsprinzip innerhalb der göttlichen Quelle, wobei der Logos der Sohn dieses Vater-Muttergottes ist, der für unser Sonnensystem und alle Bewegungen darin Verantwortung trägt, mit der physischen Sonne als Vermittler. Mit anderen Worten: die Geschichte von Isis, Osiris und Horus.

Plutarch, ein Grieche, der in der zweiten Hälfte des ersten Jahrhunderts n. Chr. lebte, wählte das ägyptische Thema von Isis und Osiris zum Thema. Als Priester des Ordens von Apollo und Dionysos kannte er sich in den magischen Prozeduren beider Systeme und ihrer begleitenden Mysterien gut aus und verfügte außerdem über eingehende Kenntnisse der ägyptischen Tradition, die er zweifelsohne aus inzwischen verschollenen Fragmenten gewann. Die Griechen versuchten, ihre eigenen Gottheiten mit denen des ägyptischen Pantheons zu identifizieren, und Plutarch, der über die eleusinischen und orphischen Riten schrieb, verzeichnet ein paar interessante Entsprechungen: zum Beispiel Dionysos mit Osiris, Horus und Bast mit Apollo und Artemis. Eine sirianische Verbindung erkennt er im Sistrum, über das er schreibt:

> Das Sistrum zeigt, daß bestehende Dinge aufgeschüttelt werden müssen und es niemals an Impulsen mangeln sollte; sie müssen vielmehr gereizt und angeregt werden, wenn sie einzuschlafen und abzusterben drohen.
>
> Denn es heißt, sie wehren Typhon (Seth) mit dem Sistrum ab. Das bedeutet, daß die Natur, wenn sie durch Zerfall gebunden und zum Stillstand gebracht wird, durch Bewegung vom Tod errettet werden kann.
>
> Das Sistrum hat ein gebogenes oberes Ende; dieser Bogen enthält die vier [Dinge], die geschüttelt werden. Denn der Teil des Kosmos, der der Bewegung und dem Zerfall unterworfen ist, wird der Sphäre des Mondes zugeschrieben, und alle Dinge darin werden durch die vier Elemente verändert: durch Feuer, Erde, Wasser und Luft.
>
> Auf den oberen Bogen des Sistrums setzen sie die Metallfigur einer Katze mit einem menschlichen Gesicht und unten, unter die zu schüttelnden Dinge, das Gesicht von Isis und manchmal

von Nephthys … diese symbolisieren Schöpfung und Auflösung (denn das sind die Veränderungen und Bewegungen der Elemente) …[12] (siehe Abb. 13.2).

Abb. 13.2 Das Sistrum, das vier Dinge enthält, die geschüttelt werden und die die vier Elemente repräsentieren.

Ich persönlich finde diesen Kommentar von Plutarch aus mehreren Gründen interessant. Beachten Sie die Hinweise auf das Doppelfeuer von Isis und Nephthys und die evolutionäre Rolle der vier Elemente: »Wenn Zerfall die Natur bindet und zum Stillstand bringt …« Mit anderen Worten, wenn eine evolutionäre Epoche zum Stillstand gekommen ist und ein Quantensprung nötig wird, kommen die leoninen und felinen Energien des Sirius ins Spiel, denn wie wir bereits erwähnten, ist Sechmet die Feindin des Chaos, und Chaos kann sich ebenso durch Trägheit manifestieren wie durch unangemessene Bewegung. Stehendes Wasser zum Beispiel schafft einen guten Nährboden für Bakterien. Und wie Herakles (Herkules) bei der Ausführung seiner sechsten Aufgabe bemerkte, war die Kraft von *schnell fließendem Wasser* nötig, um den angesammelten Schmutz aus den Augiasställen zu entfernen. Wenn man diese Dinge bedenkt, wundert es nicht, daß das Sistrum das wichtigste Gerät im magischen Arsenal der sirianischen Praktiker darstellt, denn es gibt unweigerlich Zeiten, da wir wie die alten ägyptischen Priester Seth besiegen müssen.

Wenn wir uns bemühen, die dunklen Ecken der kosmischen Ignoranz auszuleuchten, die schon seit Jahrhunderten nicht mehr mit dem Besen der Erkenntnis durchfegt worden sind, besteht eine gute Chance, daß wir dabei auch Ungeziefer aufstören, das sich in der stygianischen Düsternis ein Nest gebaut hat. Ein weiser Okkultist sagte vor Jahren einmal zu mir: »Wenn du den Teufel am Schwanz ziehst, schreit er.« Er glaubte zwar nicht an die personalisierte Gestalt eines Satans, aber als Psychologe wußte er, daß man es nur selten gern hat, wenn man durch das Auftauchen von Wissen aus der bequemen Ignoranz gerissen wird. Ich glaube, es war Emerson, der einmal sagte, daß Gott jedem Menschen die Wahl zwischen Wahrheit und Ruhe böte. Egal, für was Sie sich entscheiden, beides kann man nicht haben. So spricht das Sistrum.

Der letzte Abschnitt in Buch I des *Trismegistos* trägt den Titel: *»Der Schäfer von Hermas«*. Es handelt sich angeblich um eine altägyptische Schrift, die unter den Gnostikern und Essenern kreiste, die viele dieser Lehren übernahmen. Sie enthält ein wenig zu viel vage Gnosis, um für den Sirius-Schüler von Interesse zu sein, doch die aeonische Doktrin bietet ein paar anregende Gedanken zur Evolution.

Buch II des *Hermes Trismegistos* trägt den Titel *Corpus Hermeticum* und besteht aus den Werken eines gewissen Poimandres, dessen Ursprung und gesamte Existenz in Zweifel stehen, da der Name auf Ägyptisch lediglich »Zeuge« bedeutet. Poimandres, so heißt es, erlebte einen veränderten Bewußtseinszustand, eine hellsichtige Erfahrung, in welcher er direkt von Hermes (Thot) Anweisungen erhielt. Dies läßt auf Channeln oder *Samyama* schließen. Trotzdem finden sich hier interessante Informationen unter dem Titel *Der Schäfer der Menschen* (zum Beispiel über die männlich/weibliche Natur der Gottheit oder des Schöpfers: Sophia oder die Weisheit einerseits, Christos oder der Wille andererseits). Diese haben stark gnostische Untertöne, sind aber dennoch mit der Isis/Osiris-Lehre vereinbar. Es scheint, daß der Empfänger dieser Instruktionen absolut von der Göttlichkeit seiner Quelle der Offenbarungen überzeugt war, so wie die Christen glauben, daß der Heilige Geist pflichtbewußt über ihnen schwebt, wenn sie versuchen, die Schriften zu übersetzen oder zu deuten.

Einige dieser sogenannten ägyptischen Lehren, die an die Schriften von Rudolf Steiner erinnern, scheinen mir nicht mit den alten ägyptisch-sirianischen Lehren vereinbar, besonders diejenigen über das Muster der Evolution. Außerdem ist die Authentizität dieses Fragments sehr fragwürdig, denn es scheint stark ausgeprägte christlich-gnostische Züge zu haben – abgesehen vom Einfluß der Zeit, in der es angeblich verfaßt wurde. Alle Schlußfolgerungen sind daher rein akademisch, und man kann nur nach dem verborgenen Sinn suchen.

Unsere nächste Untersuchung der trismegistischen Literatur bringt uns zu Stobäus. Dessen erster Beitrag hat die Form eines Dialogs zwischen Hermes und Asklepios, in welchem der Meister den Schüler in die Mysterien des Kosmos sowie die spirituelle Entwicklung und das Wachstum der Seele einweiht. Dieser Teil enthält einige interessante Informationen über die ägyptische Priesterschaft und deren Einstellung zum Zölibat und ist sicher der Beachtung wert. Im gesamten Werk sind Hinweise auf die Flut zu finden, auf die Herrenrasse, die davor existierte, und Andeutungen wissenschaftlicher und astronomischer Kenntnisse, die einem Standard entsprechen, den man nur mit Hilfe entwickelter Technologie erreichen kann.

Zu den interessanten Informationen im *Corpus Hermeticum* zählen die stellare Natur der Gottheit, die Unvergänglichkeit der Psyche oder des Geistes, Hinweise auf den ätherischen Körper und den Reinkarnationsprozeß, die Erklärung, daß Tiere und Menschen aus unterschiedlichen evolutionären Zweigen stammen, Ratschläge, wie man das Karma durch den eigenen Willen überwindet, und, vom sirianischen Standpunkt aus vermutlich am interessantesten, Hinweise auf die Seele. Hermes sagt uns, daß nur ein Fragment unserer Seele in den irdischen Zeitenlauf eintritt, während der andere Teil in der Zeitlosigkeit (Raumlosigkeit/Partikelschatten/Wellental der modernen Quantentheorie?) bleibt. Dieses Konzept könnte man als die Basis für die Doktrin von einem höheren oder transpersonalen Selbst betrachten, die viele Menschen zu der irrigen Annahme verleitet hat, daß ihr »höheres Selbst« das einzige dieser Art im Universum sei. Der Gedanke, es könne sich möglicherweise in einen Dialog mit anderen »höheren Selbsten« begeben, ist ihnen nie in den Sinn gekommen.

Der interessanteste aller drei trismegistischen Bände ist zweifelsohne der dritte Band, der die *»Jungfrau der Welt«* und den Sermon von Isis an Horus enthält. Die darin vorgestellten philosophischen und magischen Konzepte sind hochentwickelt und ausgesprochen prophetisch. Hier ein paar Beispiele:

1. Die vollständige Gleichheit der Geschlechter und die Lehre, daß der Geist sich je nach evolutionärem Bedürfnis einen Körper beliebigen Geschlechts aussuchen kann.
2. Bestimmte Zweige des Tierreichs, vor allem Löwen und Delphine, sind evolutionär höher entwickelt als andere (vielleicht sogar höher als *Homo sapiens?*) Die Hinweise scheinen sich zwar auf das Leben auf der Erde zu beziehen, aber wenn man zwischen den Zeilen liest, eröffnet sich das Konzept einer eher kosmischen Deutung, und meiner Meinung nach ist es das, was den Ägyptern ursprünglich mitgeteilt wurde.
3. Die Verschmutzung des Planeten durch den Menschen, die in einer Revolution der vier Elemente endet.
4. Die »Alten«, die nicht von dieser Welt stammten und von denen seiner Mutter Isis zufolge Horus und dessen göttliche Familie abstammten. (Denken wir an den alten Pyramidentext: Horus, der in Sirius ist!)
5. Wie weise Geister ursprünglich dazu eingesetzt wurden, Stätten der Macht und Verantwortung zu besetzen, aber wie ihre Macht durch jüngere und unerfahrenere Seelen usurpiert wurde, die ihre Stellung durch die Anwendung bestimmter Kräfte erlangten. (Das Osiris-Seth-Drama, auf einer materiellen Ebene durch die Menschheit aufgeführt?)
6. Das Wesen von Männern und Frauen, die in jedem Geschlecht vorherrschenden Elemente und wie diese sich entsprechend dem kosmischen Gesetz manifestieren sollten.

7. Die Chakren des Planeten Erde.
8. Unser Planet als Körper, der Unausgewogenheiten und Krankheiten ausgesetzt ist, aber auch geheilt werden kann (die Gaia-Hypothese).
9. Die Verbindung zwischen Krankheit und Gleichgewicht der Elemente innerhalb des menschlichen Systems.
10. Die ätherische Welt, die ihrem physischen Gegenstück vorausgeht und von diesem gespiegelt wird.
11. Die »Götter«, die vom »Himmel« kamen, um die Menschheit zu lehren, und dann in ihre ursprüngliche Heimat unter den Sternen zurückkehrten.
12. Bücher, die aus einer »heiligen Sprache« in die Sprache übersetzt wurden, die noch vor der ersten ägyptischen Dynastie benutzt wurde (die alte Sprache von Atlantis).
13. Beweise, daß das mathematische Wesen des Universums von den alten Ägyptern und jenen, die sie lehrten, sehr wohl begriffen wurde.
14. Das Rad des Karmas.
15. Die Dummheit intellektueller Engstirnigkeit.
16. Das Wesen des kosmischen Gesetzes.
17. Die Sternkreiszeichen.
18. Die Familie der devischen Geister oder Erzengel aus einem »anderen Sonnensystem«.
19. Das Wesen von Krankheit.

Das sind nur ein paar der interessanten und spirituell anregenden Lehren, die sich in diesem ungewöhnlichen Werk finden. Es scheint nur logisch anzunehmen, daß die Lehrerin (Isis) in Übereinstimmung mit den normalen ägyptischen magischen Prozeduren die Rolle der Göttin bei der Unterweisung ihres Sohns Horus (des Schülers) einnimmt, so daß wir es hier mit einer extrem alten und grundlegenden metaphysischen Tradition zu tun haben. Die abschließenden Hinweise der Hermesliteratur in Band III befassen sich mit den Kommentaren verschiedener klassischer Schriftsteller und verdienen Erwähnung nur, um zu zeigen, wieviel Wahrheit uns in den nachfolgenden Jahrhunderten vorenthalten wurde.

Clemens von Alexandria (150–220 n. Chr.) sagt uns, daß die Götter Hermes, Ptah und Imhotep einst in Ägypten unter den Menschen lebten, zu denen sie vor der großen Flut aus einem anderen Land gekommen waren. Hermes, so sagt uns der gelehrte Vater, brachte aus diesen Landen bestimmte Bücher über Medizin mit, die absolut unerläßlich wurden. Es waren zweiundvierzig Bücher, von denen sechsunddreißig die gesamte Weisheitstradition der Ägypter enthielten, die die Priester auswendig lernen mußten. Die restlichen sechs enthielten Kenntnisse über die Heilkünste der »Schreinträger« (Ärzte).

Tertullian (160–230 n. Chr.) bemerkt, daß Hermes Plato unterwies und daß die Doktrin der Reinkarnation auf eine Zivilisation zurückging, die vor der großen Flut existierte.

Lactantius (4. Jh. n. Chr.) sagt über Hermes, daß ihm der Monat September geweiht war und daß er das Zeichen der Jungfrau gemeinsam mit Isis beherrschte. In diesem Fragment gibt es auch Hinweise auf die elementaren Reiche und die duale Natur von Gut und Böse.

Zosimus (3./4. Jh. n. Chr.) sieht Hermes als Wesen aus dem Reich der Devas oder Erzengel, ein Wesen, das Menschen in allen medizinischen Fragen unterwies, die über das herrschende primitive Verständnis weit hinausgingen. Es gibt auch einen Hinweis auf einen »falschen Dämon«, der die Menschen verführt, den aber Hermes oder Thot zu besiegen vermochten.

Julian, der Kaiser (regierte 360–363 n. Chr.) behauptet, daß Hermes ein Führer von den höheren Geistebenen gewesen sei und kein Mensch. Er meint auch, daß Hermes in jedem Zeitalter der menschlichen Geschichte durch die Inspiration eines Mediums oder Channellers Anweisungen geben könne.

Aus dem vorangegangenen wird offensichtlich, daß hinter der trismegistischen Fassade ein fruchtbarer Born alter Weisheit verborgen liegt, die grundsätzlich kosmisch und transzendental ist und nicht die räumlichen und rassischen Begrenztheiten gegenwärtiger metaphysischer Traditionen aufweist. Doch es heißt, daß kein Wissen jemals verschwindet – es wird höchstens vergessen, um zu einem späteren Zeitpunkt, der in der Geschichte und Evolution des Planeten angemessener erscheint, wieder gelernt und angewandt zu werden.

Lassen wir nun den *Hermes Trismegistos* hinter uns und gehen zu den *Ägyptischen Mysterien* von Iamblichos in der Übersetzung von Wilder über. Der faszinierende Dialog beginnt mit den Worten Porphyrs:

> Ich beginne diese freundliche Korrespondenz mit dir mit einem Blick auf das, was über die Götter, die guten Dämonen und die verschiedenen philosophischen Spekulationen über diese zu wissen ist. Vieles wurde dazu schon von den griechischen Philosophen gesagt, aber sie haben die Substanz ihrer Überzeugungen vorwiegend aus Vermutungen gezogen.[13]

Der gelehrte Mann fährt dann fort mit einer Auflistung seiner Fragen, die, wie man sich vorstellen kann, eine gute Portion griechischer Logik enthalten und im Endeffekt die Weisheit und Wirksamkeit eines Systems in Frage stellen, das auf Magie beruht. Porphyrs Brief an Anebo wurde von Abammon beantwortet, dem Lehrer, der offensichtlich mit der Verteidigungsschrift beauftragt wurde und seine Antwortepistel mit den folgenden Worten beginnt:

> Hermes, der Schutzpatron der Literatur, wurde in alten Zeiten zu recht als Gott aller Priester betrachtet, der allem echten Lernen über die Götter vorstand. Daher schrieben unsere Vorfahren ihm ihre Entdeckungen an Weisheit zu und nannten alle entsprechenden Werke *Bücher des Hermes.*[14]

Die Priester, die in diesen Dialogen erwähnt werden, bestanden aus verschiedenen Orden, darunter die Ritualvollzieher, Propheten (Seher?), Gelehrten, Philosophen, Dichter, Schriftsteller, Ärzte, Mechaniker usw.

Die ägyptische Priesterschaft umfaßte wie ihre atlantische Vorgängerin alle Arten des Lernens und war keineswegs auf den Vollzug religiöser und magischer Riten beschränkt.

Es ist unmöglich, diesem Werk hier vollständig gerecht zu werden, daher möchte ich lediglich einige der Lehren erwähnen, die ich als bedeutsam für unsere Untersuchung betrachte. Wenn wir die hellenistische Semantik beiseite lassen, ähneln die Informationen der frühesten Rezension des *Totenbuchs.* Es gibt Beschreibungen von Göttern, Devas, Elementargeistern, Helden und einer Reihe anderer unsichtbarer Kräfte, die den Raum zwischen der Menschheit und dem Unendlichen bewohnen, der von der orthodoxen Religion oft als Leere oder Nichts betrachtet wird.

Sie glaubten auch nicht, daß der menschliche Körper die Seele oder den Geist enthielt, sondern eher andersherum, was die Beziehung zwischen dem Geist und den subtilen, raumlosen Kraftfeldern bestätigt, die den physischen Körper umgeben und einhüllen.

Die ägyptische Astrologie, so erfahren wir, war eher philosophischer Natur als zur Vorhersage gedacht, obwohl die Wirkung auf die Evolution des Planeten durchaus verstanden und in Riten und Gebet nachvollzogen wurde. Noch betrachtete man irgendwelche Planeten als böse im üblichen astrologischen Sinne. Ein Beispiel wäre, daß ein Mann, der an Skorbut leidet und in der heißen Sonne sitzt, seinen Zustand verschlechtert, aber es ist die Krankheit im Menschen und nicht die Sonne, die sein Leiden hervorruft. Sollten wir uns also unter dem Einfluß von Saturn, dem Lehrer, unbehaglich fühlen, so liegt es daran, daß wir wie ein fauler Schüler versäumt haben, seine Lektionen zu befolgen und daher streng zur Ordnung gerufen werden müssen. Es liegt zudem im Wesen aller Dinge, daß sie nur teilweise oder unvollständig entwickelt sind, bevor sie nicht das letztendliche kreative Zentrum erreicht haben, und sich daher ständiger Verfeinerung und Veränderung unterwerfen müssen. Da zu diesem Prozeß unweigerlich Auflösung gehört, werden die beteiligten Intelligenzen und Energien häufig als negativ betrachtet, was falsch ist, denn sie sind nur Diener der Naturgesetze und tun ihre Pflicht ohne Angst oder Opportunismus und nicht als Agenten einer personalisierten bösen Macht.

Unsere eine Verbindung zu Gott und dem Universum als Ganzem ist, so heißt es, der Geist. In jedem Individuum gibt es das Potential, sich zu öffnen, sich mit dem universellen Bewußtsein zu verbinden und durch die so geöffneten Kanäle Kräfte von Licht und Leben an sich zu ziehen. Wie man solche Energien jedoch nutzt, hängt vom Seelenalter (Kraftfeld) des Suchenden ab sowie von seiner oder ihrer grundsätzlichen Neigung und Absicht, wobei das Ziel ihrer Manipulationen ihre »Farbe« bestimmt. Mit anderen Worten, diese alte Philosophie, wie sie die ägyptischen Priester lehrten, stimmt in vielem mit dem überein, was über die Ethik der Magie allgemein bekannt ist.

Hellsehen, Channelling und andere allgemein akzeptierte Manifestationen des PSI-Faktors werden ebenfalls in diesem Buch abgehandelt. Es scheint, daß die alten Ägypter sich bei magischen Praktiken nicht gern eines Mediums bedienten und ziemlich vorsichtig bei der Auswahl derjenigen waren, die sie als Kanäle für die göttlichen Kräfte benutzten. Sie waren sich außerdem voll der Tatsache bewußt, daß es in anderen Dimensionen ebenso viele Betrüger gibt wie bei uns auf der Erde und daß der chaotische Faktor sich auf allen Wellenlängen und Frequenzen außerhalb der letztendlichen kreativen Quelle manifestiert. Intelligenzen aus »höheren Sphären«, so sagen sie uns, neigen in der Regel nicht dazu, irgendwelche Phänomene zu produzieren. Spiegel, Kristalle und andere Hilfsmittel sind diesen alten Priestern zufolge eine ständige Quelle für Irrtümer und Täuschungen. Embleme (Symbole) sind hingegen sicher, da sie oft als Kanäle göttlicher Macht benutzt werden.

Menschen, die sich beklagen, daß sie von ihren übersinnlichen Quellen nicht die gewünschten Antworten bekommen, sollten sich vielleicht die Bemerkungen Anebos zu Herzen nehmen, als Porphyr ihn fragte, warum das Orakel oft so unkooperativ sei. Es ist manchmal nötig, daß wir unser Leben für uns selbst leben und uns nicht zu stark auf äußere Quellen stützen, die immerhin noch etwas anderes zu tun haben als Vater und Mutter für unsere spirituelle Unreife zu spielen. Wenn die Götter in ihrer Weisheit es für angemessen halten, uns den Zugang zur äußeren Zeit zu verwehren, dann liegt das gewöhnlich an einer Entscheidung, die unser freier Wille oder unsere Seele vor dem Eintritt in unseren Körper getroffen hat.

Eine deutliche Trennungslinie wird zwischen dem gemacht, was die ägyptischen Priester als die »anderen Teile der Seele« bezeichnen, wie das »höhere Selbst«, und jenen, die über uns wachen. Viele Menschen scheinen alle ihre Inspirationen einem höheren Aspekt des eigenen spirituellen oder psychologischen Wesens zuzuschreiben, doch diese Unterschiede sollten genau untersucht und beachtet werden.

Es geht auch ausführlich um heilige Riten, und Porphyr, der von dem Überfluß an okkultem Zubehör offensichtlich nicht begeistert war, fragt Anebo, warum solche Dinge wichtig sein sollen. Er meint, wenn die Götter das sind, was sie zu behaupten scheinen, brauchen sie doch sicher kein Wasser in Schüsseln zu bewegen, bizarre Objekte auf magische Spiegel zu projizieren oder als substanzlose Phantasmen zu erscheinen, die den Durchschnittsmenschen zu Tode erschrecken können. Natürlich wußten die alten ägyptischen Magier, daß die »Schreckgespenster der Nacht« oder was man als »Instabilität von Spektralfiguren« bezeichnet, nicht echt waren, und trafen daher die entsprechenden Vorsichtsmaßnahmen, um sie zu vermeiden. Da Phänomene dieser Art sich gewöhnlich auf den niedrigen Frequenzen manifestieren, wird dies einfach bewirkt, indem man die Frequenz erhöht, was jeder Okkultist, der sein Geld wert ist, wohl weiß. Ein kurzer Blick auf die Kategorien von *hyle, psyche* und *pneuma* in der trismegistischen Literatur sollte uns zeigen, welche Ebene des spirituellen Verständnisses durch die Manifestationen der »Schreckgespenster der Nacht« angesprochen wird.

Die Ägypter waren auch gegen rituelle Zustände der Ekstase. Das Bedürfnis mancher Menschen nach einer Atmosphäre der schrankenlosen Hingabe wurde zwar akzeptiert, aber jedes äußere Anstreben und Abreagieren betrachtete man ausschließlich als therapeutisch und nicht als wahrhaft magisch wie in der »kontrollierten« Form. Die Bedeutung dieses ägyptischen Verständnisses kann man in modernen Untersuchungen über die klinischen und psychologischen Wirkungen bestimmter Rituale und Praktiken bestätigt finden, ein Thema, mit dem ich mich ausführlich in meinem Buch *The Psychology of Ritual* befaßt habe.

Der freie Wille und wie er funktioniert wurde ebenfalls in den Dialogen zwischen Porphyr und Anebo abgehandelt, ebenso wie die Tatsache, daß die Wahl des irdischen Zustands durch die Seele selbst getroffen wird und der Gottheit daher nichts vorgeworfen werden kann. Wenn die Entscheidung getroffen ist, wird einem der »Daimon« oder Schutzengel zugeteilt. Unsere Tendenz, die höheren Mächte in Begriffen menschlicher Emotionen zu beurteilen, ist völlig unangemessen. Irdische Emotionen stimmen nicht unbedingt mit dem kosmischen Gesetz überein oder damit, wie die Dinge im Universum jenseits der Grenzen unserer irdischen Umgebung behandelt werden.

Anebo äußerte sich auch umfassend über die Kraft des Heilens, die er als individuelle Gabe betrachtete und nicht Kräften zuschrieb, die von einem geistigen Führer oder einem diskarnierten Wesen übertragen werden.

Auf bestimmten Ebenen der ägyptischen Priesterschaft wurden Blutopfer nicht geduldet, und diejenigen, die dem inneren Pfad folgten, sahen die Tierseelen als fähig, die evolutionäre Leiter innerhalb der eigenen Art hinaufzusteigen, wenn nicht auf der Erde, dann auf anderen Planeten. Daher hatten sie wie die Schamanen keine Probleme, die Vorstellung von Kommunikation mit der Tierwelt zu akzeptieren.

Dieses interessante Buch enthält noch viele weitere Fakten, für die wir hier keinen Platz haben. Daher verlassen wir an dieser Stelle diese Gelehrten und Priester und hoffen, daß jene, die in ihren Lehren Trost und Weisheit gefunden haben, die Sache für sich weiter verfolgen und das ganze Werk studieren.

Eine Warnung jedoch: Das Herumspielen mit ägyptisch-sirianischen Energien, wie etwa in Experimenten mit Gestaltwandlung, multidimensionaler Wahrnehmung und Zeitreisen, kann sich für Unerfahrene als höchst gefährlich erweisen. Diese Gefahren sind sowohl physischer wie psychischer Natur. Welche Gefahren sind das, fragt man sich vielleicht. Nun, betrachten wir es so: Viele heutige Krankheiten werden auf das Loch in der Ozonschicht geschoben, das durch den Mißbrauch von Chemikalien und andere Einflüsse entstand und die Aura der Erde an mehreren Stellen zerstört hat. Das hat fremden Entitäten den Zugang ermöglicht, für die unser Immunsystem bislang nicht programmiert war. Auf einer rein körperlichen Ebene könnte man also, wenn man in der äußeren Zeit herumwandert, Entitäten mitbringen, die sich an die Aura binden und natürlich einen Weg der Manifestation suchen, wenn sie erst einmal Zugang zu den materiellen Frequenzen gefunden haben. Was wäre dafür besser geeignet als der eigene physische Körper oder der eines nahestehenden Menschen? Science Fiction? Wohl kaum. Man braucht sich nur umzusehen – die Beweise sind bereits vorhanden. Schließlich sind auch Fred Hoyles Panspermien-Träger (die man für Kometen hält) bei der Auswahl ihrer »Passagiere« nicht gerade wählerisch. Es ist heute bekannt, daß viele Krankheiten ebenso wie die Körperchemie durch Dinge wie Sonnenflecken und Lunationen beeinflußt werden, warum nicht auch durch andere Teile des Universums? Was die seelischen Gefahren angeht, so besteht, abgesehen von dem Risiko, nicht heil zurückzukehren, die Gefahr der psychologischen Fragmentierung. Natürlich könnte man sagen, daß die Begrenzungen in der Feldbandbreite des Suchenden (sein Seelenalter) zusammen mit den Grenzstrukturen der subtilen Ebenen verhindern, daß man sich überfordert, aber das trifft nicht in allen Fällen zu, wie Mediziner und Psychologen wohl bestätigen können.

Anmerkungen

1 G. R. S. Mead: *Thrice Greatest Hermes,* Bd. 1, S. 116.
2 Ebda., S. 117.
3 Ebda., S. 106–107.
4 Ebda., S. 3–4
5 Ebda., S. 5
6 G. R. S. Mead: *Fragments of a Faith Forgotten,* S. 139–140.
7 Mead: *Thrice Greatest Hermes,* Bd. 1, S. 110.
8 Mead, a. a. O., S. 111–112
9 Ebda., S. 124.
10 Ebda., S. 125–126.
11 Ebda., S. 140.
12 Ebda., S. 344.
13 Iamblichos: *The Egyptian Mysteries,* S. 10.
14 Ebda., S. 25.

KAPITEL 14

Wie oben, so unten

C. G. Jung hat einmal gemeint – wie zweifelsohne viele Weise vor ihm –, daß Mythen eine auffallende Ähnlichkeit mit der Realität haben und auf mehreren verschiedenen Ebenen angemessen gedeutet werden können. Man kann die alten Legenden daher unter den folgenden Aspekten betrachten:

a) kosmologische und evolutionäre Veränderungen in unserem eigenen und in anderen Sternensystemen,
b) Aspekte der menschlichen Psychologie,
c) tatsächliche Ereignisse, die in Vorzeiten stattfanden,
d) kosmische Energien oder Archetypen, die direkt mit dem individuellen und kollektiven Unterbewußten verbunden sind,
e) Prophezeiungen über die Zukunft.

Es scheint, daß in einem raum- oder zeitlosen Zustand eine Art heiliges Drama geschaffen wurde, das sich unbewußt auf allen Ebenen abspielt, und manchmal wird einem Weisen, Künstler, Philosophen, Zeitreisenden oder Magier erlaubt, einen flüchtigen Blick auf seine Realität zu werfen. Nirgendwo wird das deutlicher als in den Mythen und Riten des alten Ägyptens, wo so viele Wahrheiten ineinander verschachtelt sind. Ich habe in über vierzig Jahren der Forschung beobachtet, wie die äußeren Schichten langsam abfallen, um weitere, noch aufregendere Erkenntnisse zu enthüllen. Man könnte dies vielleicht mit einem alten Gemälde in vernachlässigtem Zustand vergleichen, das man zu einem professionellen Restaurateur bringt, unter dessen Händen ein wesentlich schöneres und kostbareres Bild zum Vorschein kommt.

Ehe ich die vorangegangenen Kapitel nun zusammenfasse, möchte ich meinen Lesern den Inhalt eines Briefes mitteilen, den ich im April 1990 erhielt, als ich gerade dieses letzte Kapitel beginnen wollte. Er stammte von jenen freundlichen ägyptischen Anhängern der alten Religion, deren hilfreicher Brief über ihre Sirius-Überlieferungen in einem früheren Kapitel abgedruckt ist. Der erste Absatz liest sich wie folgt:

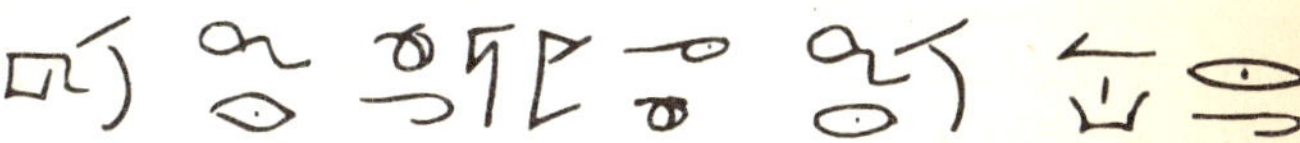

> Verfaßt am zweiten Tag des Frühlingsfests unseres Herrn Us-Ar (Osiris), Herr von Abtu und König der Auferstehung, und geschrieben im Namen von Ammun-Ra, Gott der Götter, an diesem Festtag, von dem wir sagen, wie es oben in der Schrift heißt, Anetch-Hra-ku Ammun Ra Heh, geschrieben mit Erlaubnis und in direktem Auftrag Ihrer Gnaden Sechmet Montu (LHS), Säule von Millionen, in diesem Jahr 12451 (nach Us-Ar). Mögen Sie (LHS) unsere Schriften mit Ihrer spirituellen Präsenz segnen. Ich schreibe außerdem auf Anweisung von unserem weisen Sau Tahuti:
>
> Mögen Sie ein langes Leben haben und wahrhaft mit unserem Gott kommunizieren (Ihrem und unserem), und möge Er Ihre Hand leiten und alle Werke, die daraus entstehen.
>
> Bitte beachten Sie: *Hra-ku* wird bei der Begrüßung wie das Hallo im Englischen benutzt, und *Baraka* wird beim Abschied benutzt, doch es bedeutet: »Gesegnet seist du.«

Der Schreiber erklärte dann, daß er die phonetische Umschreibung von Tootsi (engl.) für das afrikanische Tutsi benutzt, weil ihm die Informationen so überliefert wurden. Er bezeichnet das Datum 12451 als »die Anzahl von Jahren, seit unser Herr Us-Ar zum Herrn der Anderen Welt wurde und uns verließ.« Das könnte heißen, daß Osiris, der König, die Inkarnation etwa um 10461 v. Chr. verlassen hat. Wie interessant! Er fährt fort: »Wir kennen den Namen »Atlanter« hier nicht, vielleicht ist es das Volk aus dem grünen Meer? Wir wissen, daß sie ausgelöscht wurden, kurz nachdem Us-Ar im Sinai auf der Erde ankam, aber das war vor 20000 Jahren ...« (das wäre etwa um 17–18000 v. Chr., im Zeitalter des Skorpions, als Mu zerstört worden sein soll und die atlantische Zivilisation gegründet wurde, aber ich glaube, wir haben es hier mit zwei verschiedenen Epochen zu tun, wie wir in Kürze sehen werden.)

Darauf folgt eine Liste der ungefähren astrologischen Zeitalter. Mein ägyptischer Freund verlegt die Regierung von Nebt Sechmet Montu ins Zeitalter des Löwen, was logisch ist, und fragt, ob das Zeitalter der Zwillinge nicht mit Us-Ar und Auset (Osiris und Isis) zusammenhängt. Er sagt: »Unser Glaube entstand im Zeitalter von Us-Ar und Auset ...« und versichert: »... vor etwas mehr als 12450 Jahren kamen Us-Ar und Auset als die ersten Pharaonen in Ägypten an, um dem Land und seinen Völkern die Zivilisation zu bringen ...« (war es die zweite Manifestation?). Er entschuldigt sich für die Übersetzungen und führt die Zeitalter wie folgt an:

Die Leere von Ammun (Steinbock?)
Das Aeon von Nut oder die Teilung (Wassermann?)
Das Zeitalter des Lebens im Meer (Fische?)
Das Zeitalter Ras (Widder?)
Der manifestierte Ra (Stier?)
Die Herrschaft von Us-Ar und Auset (Zwillinge?)

Das Zeitalter des Rückzugs (Krebs?)
Das Zeitalter von Nebt Sechmet Montu und die Vernichtung oder das Meer aus Blut (Löwe?)
Das Zeitalter der Ausgewogenheit (Waage?)
Das Zeitalter der Erbauer (Schütze?)

Meinen Lesern wird das Fehlen von Jungfrau und Skorpion auf dieser Liste auffallen, was bei mir den Eindruck hinterläßt, daß er versucht, die moderne westliche Astrologie zu integrieren, während seine eigene Tradition eine viel breiter gefaßte Geschichte der Erde vermittelt. Im weiteren informiert er uns:

> Das Buch des Glaubens wurde erst im Zeitalter der Erbauer (der Pyramiden) von Heru-ta-ta-fu enthüllt oder gefunden, dem Bringer der eigenen Hoffnung ... Tahuti befand sich seit dem Zeitalter von Ra auf der Erde, und Nebt Sechmet Montu seit dem Zeitalter des manifestierten Ra. Die folgende Geschichte stammt aus dem Zeitalter von Nebt Sechmet Montus erstem Auftauchen auf der Erde und wiederholt sich im Zeitalter der Erbauer. [Der Untergang von Alantis?] Sie lautet: Nebt Sechmet Montu war als das Auge Ras die stolzeste und grausamste aller Formen, denn sie ist es, die die Göttlichkeit und den Willen Gottes beschützt. Als Het-heru war sie jedoch die glücklichste und großzügigste von allen, und ihre Werke werden im Buch der Göttlichen Kuh geschildert, als sie fast alle Zivilisationen und Völker vernichtete. Es gibt eine traurige Geschichte, wie sie Ägypten verließ, um in Nubien im Süden zu leben, weil sie eifersüchtig auf die unendliche Schöpfung ihres Vaters Ra wurde, den sie anbetete. Sie verließ Ägypten, um in Nubien zu leben, und verwandelte ihre Gestalt und tötete alle Kreaturen auf ihrem Weg. Ägypten fiel in Verzweiflung, denn ohne Het-heru war das Leben ohne Freude und Glück. Selbst Ra verbarg sein Gesicht vor Trauer über ihren Fortgang, und niemand vermochte sein Herz über den Verlust seiner Tochter hinwegzutrösten, in der seine Macht ruhte. Dunkelheit und Chaos umgaben ihn und bedrohten die Existenz aller Ordnungen und Systeme. Ra fragte: »Wer wird meine Tochter wieder zurückbringen?« Da schwiegen die Götter, denn sie fürch-

teten sich alle, sie anzusprechen. So gab man Tahuti den Auftrag, dem weisesten aller Götter. Er nahm die Gestalt eines niederen Affen an, suchte die Tochter von Ra auf, näherte sich ihr vorsichtig und sagte: »Heil dir, Tochter der Sonne, darf ich etwas sagen, ehe ich sterbe?« Als er die Erlaubnis bekam, erzählte Tahuti die Geschichte von der Wildkatzenmutter und der Geiermutter, die einander mißtrauten, aber ein Abkommen geschlossen hatten, einander keinen Schaden zuzufügen. Eines Tages fiel ein Geierjunges aus dem Nest und wurde von einem Wildkatzenkind erlegt. Als die Geiermutter bei ihrer Rückkehr den toten Jungvogel sah, tötete sie alle Jungen der Wildkatze. Doch dann kamen alle Geierjungen um, als eine brennende Kohle in dem Stück Fleisch war, das sie aus dem Jägerlager mitgebracht hatte und in ihr Nest legte. Dies war von Ra als Vergeltung angelegt worden, weil sie selbst die Rache ausgeübt hatte, statt Ra darum zu bitten. Gelobt sei Ra, o du seine Tochter, die alles sieht und rächt, deren Antlitz allen Freude bringt!

Dann brachte Tahuti Het-heru durch eine List dazu, Kräuter aus dem Hause Ras zu sich zu nehmen, die ihre Wut hinwegschmolzen und ihre Stimmung veränderten. Auf dem Rückweg nach Ägypten erzählte Tahuti ihr eine andere Geschichte, die ihr zeigte, daß Ra selbst den Tod einer Fliege bemerkt und daß nichts größer ist als die Gerechtigkeit Ras. Darauf schlug Het-herus Herz vor Freude und Stolz, weil ihr Vater alles Gute mit Gutem vergilt und Böses mit Bösem, und Tahuti wies sie darauf hin, daß sie die Rächerin ihres Vaters in allen Dingen war. Het-heru kehrte langsam mit Tahuti nach Ägypten zurück, wobei Tahuti sogar ihr Leben vor einer bösen Schlange rettete, als sie unter einem Baum schlief. Als sie in Ägypten ankamen, gab es ein großes Fest zu ihren Ehren, und in On (Heliopolis) wurde Ra mit seiner Tochter wieder vereint. In Per-Ka-Ptah (Memphis), im Haus des Ahorns, veranstaltete man ein großes Fest, bei dem Tahuti seine ursprüngliche Gestalt wieder annahm und Het-heru ihn endlich erkannte.

Wenn man diese Geschichte genauer betrachtet, sieht man nicht nur moralische Wertvorstellungen, sondern auch einen genauen Bericht über den Besuch der Löwenwesen hier und ihre anschließende Rückkehr in ihre Heimat. In der letzten Geschichte, die Tahuti Het-heru auf dem Rückweg erzählte, ging es um die Klugheit der Menschen und ihre Leichtgläubigkeit sowie die sich daraus ergebende Gefahr für alle Lebensformen ringsum, außer wenn sie von Ras Macht kontrolliert werden.

Es gibt in unseren Aufzeichnungen auch noch andere Löwengötter ...

Die letzten Zeilen dieses Berichts sind persönlich, und der Schreiber endet mit den Worten: »Ich wünsche Ihnen von allen hier ein Glückliches Neues Jahr. Mögen Ihr Geist und Ihr Herz immer weiter werden.«

Mich hat dieser Brief aus mehreren Gründen stark angerührt. Erstens entsprechen die angegebenen Daten denen, zu denen ich aufgrund meiner eigenen Forschungen gelangt war – sowie durch den freundlichen Beistand der leoninen Intelligenzen, die es von Zeit zu Zeit angemessen finden, ein Körnchen Weisheit in meine gespitzten Ohren fallen zu lassen. Zweitens, sowohl die Katastrophe von Mu-an wie die von Atlantis scheinen eindeutig Sechmet zugeschrieben zu werden, die Sirius entspricht – dem Haus der Löwen. Beide Katastrophen hingen eindeutig mit einem evolutionären Quantensprung zusammen, und vielen inspirierten Menschen wurde zu verstehen gegeben, daß wir in der nicht allzu fernen Zukunft mit einer weiteren rechnen müssen; daher das unvermittelte Auftauchen der Paschaten, der Löwenmenschen von Sirius, auf den subtilen Ebenen. Die Mythen haben stets klar gesagt, daß Thot zu einer älteren Generation von Göttern gehörte als die epagomenalen Neter, und nach dem vorangegangenen und anderen Legenden fühlt man sich fast versucht, sich ihn als einen sirianischen Hominiden vorzustellen. Immerhin war die ihm zugeschriebene Ehefrau Seshat im Grunde eine Sternengöttin und den alten Texten zufolge eine »Messerin der Zeit« – eine Zeitreisende?

Die eben zitierte Version der Sechmet-Episode unterscheidet sich beträchtlich von dem, was normalerweise in

Büchern über ägyptische Mythologie steht. Dort heißt es, die Göttin sei betrunken gemacht worden, indem man ihr große Mengen Bier zu trinken gab, worauf sie einschlief und mit ihrer Zerstörung innehielt (siehe Kapitel 3). Die Anspielung, daß Ra sein Gesicht in Trauer verbarg, bezieht sich sicher auf eine Periode, in der das Sonnenlicht verdeckt war und die Erde als Folge zur Ödnis wurde – eine Phase von nuklearem Winter vielleicht? Das Auge Ras, die ausschließliche Waffe Sechmets, wird als ein hell scheinendes Objekt beschrieben (ein Planet oder Komet vielleicht?), das auf die Erde fiel und ungeheuren Schaden anrichtete. Wenn wir Ra im Kontext des sirianischen Systems und Sechmet als seine Tochter sehen, würde dies auch die astrologische Zuordnung von Mars- und Jupiter-Energien zu Sirius erklären. Sechmet wäre eine Art Kriegergöttin oder Racheengel und Ra das großzügige, freundliche, väterliche Jupiterwesen. Dem Mythos zufolge scheint der eine jedoch nicht ohne die Mithilfe des anderen existieren zu können, und darin liegt ein weiteres Mysterium, dessen Lösung wir vielleicht in den Überzeugungen der Dogon finden.

Ein weiterer Punkt, der meine Aufmerksamkeit erregte, war die Erwähnung des »Buchs der Göttlichen Kuh« (vermutlich Hathor?). In der irischen Mythologie gibt es einen ähnlichen Titel: »Das Buch der fahlen Kuh«, in dem es um die Geschichte Irlands vor und nach der großen Flut geht. Es hat zweifellos aufgrund archaischer mündlicher Überlieferungen überdauert. Man muß einfach zu dem Schluß gelangen, daß das alles kein Zufall sein kann!

Wir können daraus entnehmen, daß die epagomenalen Götter etwa um die Zeit zuerst ihren Einfluß auf der Erde ausübten, als Mu versank und daraufhin die Zivilisation von Atlantis gegründet wurde. Und dieser Einfluß war irgendwie mit dem Quantensprung verbunden, den die sirianischen Kräfte für den evolutionären Fortschritt unseres Planeten für nötig befanden. Diese »Transmutation« durch die sirianische Löwenkraft wurde in einer Mutation »kristallisiert«, die in den Genen einer bestimmten Familie stattfand (Isis, Osiris und ihre Verwandten?). War es also Atlantis und nicht Ägypten, das zuerst in den Besitz des Mythos gelangte, der durch diese Zivilisation bis zum Zeitalter des Krebses bewahrt wurde, als Thot und der Isis-Osiris-Clan, die direkten Nachfahren der ursprünglichen »Familie« (und vermutlich Reinkarnationen derselben), zuerst in dem Land auftauchten, das wir heute als Ägypten kennen? Wurde das gleiche Drama in einer späteren Ära neu aufgelegt oder wiederholt? Sicher können wir wieder unsere Allegorie von dem Gemälde heranziehen, das ein späterer Künstler über ein altes Meisterwerk gemalt hat, weil er sich keine neue Leinwand leisten konnte. Mit anderen Worten, weil die Leinwand der Erkenntnis zu jener Zeit nicht zur Verfügung stand, mußte der Mythos oder das heilige Drama mit allen Mitteln fortgesetzt werden, die dem Aufzeichner zur Verfügung standen.

Die Einführung der (epagomenalen) Schalttage könnte daher mit der Ankunft der Isis-Familie in Ägypten zusammengefallen sein. Es könnte aber sein, daß sie nicht unbedingt in jener Periode zum Jahr hinzukamen, sondern daß sie während des Untergangs von Mu entstanden, als unseren ägyptischen Freunden zufolge die *fünf Neter zuerst ankamen.* Eine weitere Erklärung könnte lauten, daß es Wissenschaftler/Priester aus Atlantis waren (die Schreiber von Thot?), die den Ägyptern das 365-Tage-Jahr erklärten. Aber irgend etwas klingt daran falsch, denn es war der sothische Kalender, der für die Ägypter von frühesten Zeiten an galt, und es scheint so, als habe es eine starke

Verbindung zwischen der sirianischen Doktrin und dem »Volk aus dem grünen Meer« gegeben, wie unsere Freunde sie nennen.

Was die erwähnten »Zeitalter« angeht, so stimmen sie nicht mit jenen der Präzession überein, wie wir sie verstehen. Im Licht von Schwaller de Lubiczs Beobachtungen (Kapitel 1, Anmerkung 15) fragt man sich daher, ob sie sich nicht auf einen Aspekt des alten sirianischen Kalenders beziehen, statt auf die astrologischen Sternzeichen der modernen Astrologie? Das Zeitalter der Erbauer zum Beispiel, das dem Schützen zugeschrieben wird, könnte mit Neith oder Satis verbunden werden, die beide Pfeil und Bogen als Attribut haben und von Temple als sirianisch betrachtet werden.

Im breiteren Kontext gesehen geben uns diese ägyptischen »Zeitalter« aber ein recht umfassendes Bild von der Geburt unseres Sonnensystems oder auch einer Phase des Universums selbst. Das Zeitalter von Nut oder der Teilung zum Beispiel könnte man auch als den Erde-Himmel-Kontrast in der Schu-Tefnut-Sage sehen und nicht nur im Zusammenhang mit einem bestimmten astrologischen Zeitalter. Schwaller de Lubicz verbindet es mit dem Zeichen der Zwillinge, während unsere ägyptischen Freunde es Wassermann zuschreiben (die Löwe-Wassermann-Achse, wie sie in der Sphinx verkörpert ist?) Mein Gefühl sagt mir aber, daß wir es hier mit einer ungeheuer langen Periode zu tun haben, in der sich diese 2000 Jahre langen Zeitalter mehrfach wiederholten und die dennoch im Kosmos nur wenig mehr darstellen als ein Augenzwinkern. Aus diesem Grund sollten wir sie als Bezugsrahmen begreifen, der zu einer bestimmten Fragestellung paßt, und nicht als Evangelium. Unsere ägyptischen Freunde hatten die Demut, hinter jeden Vorschlag ein Fragezeichen zu setzen. Ich glaube, daß sie dabei die richtige Vorstellung haben.

Um auf die Frage der genetischen Mutationen im Zusammenhang mit einem früheren Quantensprung zurückzukommen: Sind tatsächlich Wesen vom Sirius auf die Erde gekommen, um diesen zu bewirken, oder wurden sie durch Panspermien eingeführt? Das können wir nicht mit Sicherheit sagen, nun, jedenfalls nicht im Augenblick, obwohl ich meine Ansichten darüber bereits in den vorangegangenen Kapiteln verdeutlicht habe. Falls das geplante Genomprojekt wirklich begonnen wird, finden wir die Antwort auf dieses Rätsel vielleicht früher, als wir denken. Die atlantischen Siedler brachten diese alten Kenntnisse offensichtlich mit sich, als sie die fernen Ufer besuchten, die später zu ihren Hauptkolonien wurden. Zuerst war es Tot, der Priester und Lehrer, gefolgt von den fünf Aristokraten, die die alte Geschichte ausagieren sollten, die von ihnen seit dem ersten Besuch, ob er nun genetisch war, psychisch oder anderswie, über Generationen hinweg weitergegeben worden war.

Wir haben bereits die Möglichkeit erwogen, daß die vierzehn Teile des Osiris sich auf bestimmte Orte auf dem Körper der Erde beziehen, aber die Legende bezieht sich möglicherweise noch auf eine andere, praktischere Ebene. Nehmen wir ein hypothetisches Beispiel an und versetzen unser Szenario in die letzten Tage der atlantischen Zivilisation, als man erkannte, daß die Rückkehr von Sechmet unmittelbar bevorstand. Der Hohepriester und die Hohepriesterin des Alten Landes folgten der Prophezeiung und teilten jene, die das Sirius-Gen trugen, in vierzehn Gruppen auf, von denen jede zu einer Kolonie oder in einen anderen sorgsam ausgesuchten Erdteil geschickt wurde, um das Überleben des sirianischen Erbes zu garantieren. Nehmen wir an, daß eine dieser Gruppen bis zum letzten Glied verschwand, daher die Geschichte des fehlenden Glieds, die sich allerdings auch auf den Verlust des Kontinents selbst beziehen könnte. Da der Phallus den Zeugungsfaktor darstellt, könnte es aber auch um den Verlust gewisser Fortpflanzungsenergien gehen, die irgendwie mit der spirituellen evolutionären Entwicklung des *Homo sapiens* verbunden sind. Die Erfindung des künstlichen Phallus könnte man daher mit einer künstlichen Befruchtung vergleichen, die eine ununterbrochene Weitergabe der sirianischen Energien garantierte.

Ich fand den Hinweis auf das »Volk aus dem grünen Meer« besonders interessant, denn wie wir bereits gesehen haben, wird Osiris oft grün dargestellt, und er sitzt auf einem Thron, der von Wasser umgeben ist (siehe Abb. S. 121).

Das kann sicher kein Zufall sein. Die Wahrheit ist vermutlich, daß all diese Gottheiten und ihre Legenden rein allegorisch sind und dies lediglich eine Ausagierung des kosmischen Dramas auf einer weiteren Ebene darstellt.

Einen Verweis auf Reinkarnation kann man vielleicht darin sehen, daß Tahuti seine ursprüngliche Gestalt wieder annimmt und Het-heru ihn erkennt. Das heißt für mich, daß die gleiche Gruppe von Menschen jedesmal zusammen inkarnieren kann, wenn es im evolutionären Muster unseres Planeten eine größere Veränderung gibt, auch wenn sie sich vielleicht nicht unmittelbar erkennen. Was die späteren ägyptischen Deutungen des Mythos betrifft, die der Brief beschreibt, könnten wir hier vor einem Wechsel in den religiösen Lehren stehen, der in einer anderen Periode stattfand: Die Verehrung einer Gottheit machte Raum für die einer anderen, vielleicht eines früheren Kults, der wiederaufleben konnte. Memphis war schließlich der Sitz von Ptah, Ehemann von Sechmet, und ihr Sohn Nefer-tem wird häufig in Löwengestalt dargestellt.

Der Brief meiner ägyptischen Freunde scheint anzudeuten, daß die ägyptische Tradition das sirianische System eher mit Sechmet/Hathor/Ra (oder Amon) verbindet, oder mit Ra/Schu/Tefnut, und nicht mit Isis/Osiris/Nephthys. Sie betonen, daß Het-heru, die wir als Sechmets sanftere Seite deuten können, die »glücklichste und großzügigste von allen« war. Erst als sie zum Auge Ras wird, werden ihre transformativen Energien aktiviert. Mit dieser Geschichte wird die Verbindung zwischen Ra oder Amon und Sirius B offensichtlich, und wenn wir annehmen, daß Het-heru ein und dieselbe ist wie Hathor, dann können wir auch annehmen, daß Sechmets sanftere Seite mit Sorghum oder Sirius C eng verbunden ist. Das würde Schu und Tefnut (die Zwillingslöwengötter) oder Isis und Osiris, wie die Ägypter es sehen, mit dem blauweißen Stern verbinden, der so deutlich an unserem Nachthimmel zu sehen ist. Ich habe bereits in Kapitel 5 erwähnt (Seite 144f.), daß sirianische Hominiden in ihrer somatischen Evolution ein Stadium erreicht haben sollen (da sie in einem anderen Raum-Zeit-Kontinuum leben, haben sie es vielleicht sogar schon hinter sich gelassen), in dem die Geschlechtsunterschiede nicht mehr so deutlich sind, und zwar so weit, daß es für einen Außenstehenden schwer wäre, zwischen männlich und weiblich zu unterscheiden. Der spirituelle Verfeinerungsprozeß neigt dazu, die gröberen Elemente der männlichen Psyche auszuschalten und eine entsprechende somatische Tendenz zu einer weiblicheren, sanfteren und weniger männlichen Erscheinung zu bewirken; eine Beschreibung, die perfekt zum Kristallvolk paßt, wenn man an dessen Existenz glaubt.

Ich bin der Meinung, daß all diese Persönlichkeiten Manifestationen der stellaren Logoi (leitende Intelligenzen) des Siriussystems sind, von denen einer einen löwenhaften Aspekt hat, der andere einen hoch entwickelten hominiden Akzent. Betonungen dieser Art sind unvermeidlich der entscheidende Faktor dabei, welche evolutionären Zweige dazu bestimmt sind, die Planeten innerhalb ihrer Rechtsordnung zu beherrschen. Ich muß jedoch klarstellen, daß vieles hier reine Spekulation ist und nur die Zeit enthüllen wird, wer recht hat und wer nicht.

Mich beeindruckte besonders der letzte Absatz des ägyptischen Briefes über die Klugheit der Menschen und ihre Leichtgläubigkeit und die sich daraus ergebende »Gefahr für alle Lebensformen ringsum«. Dank sei den Göttern für die »Kontrolle Ras« und seiner Tochter. Mögen sie erneut eingreifen, ehe wir weiter fortschreiten, den Körper von Geb oder Gaia zu ruinieren, oder welche Identität wir unserem Planeten auch immer geben mögen.

Das *Totenbuch* erwähnt oft Ra und Osiris als ein- und dasselbe Wesen oder einen als die Inkarnation des anderen, wie beim Hindugott Vischnu, der in der Geschichte der Erde mehrfach in verschiedenen Gestalten aufgetaucht sein soll. Wenn Ra und Osiris Seelengefährten sind oder einer Familie angehören, dann gilt das auch für Isis und Tefnut, Schu und Horus. Immerhin waren die beiden letzteren beide Himmelsgötter. Im Reinkarnationszusammenhang gesehen sind die Implikationen offensichtlich: Sie sind Seelenfragmente einer Gottheit, die auf der körperlichen Ebene inkarnieren, um ihre Erfahrungen dem Ganzen zu übermitteln. Das würde Isis und Osiris als Begründer der Dynastien sowohl in Atlantis wie auch Ägypten erklären, wobei ihr »höheres Selbst« den Prozeß von ihrem sirianischen Reich aus überwachte.

Während nun die Herrschaft der »Götter« zurückgeht bis zur Herrschaft von Isis und Osiris, kamen die Schemsu-hor, so unsere ägyptischen Freunde, viel später und schrieben ihr eigenes Buch der Regeln. Man hält sie zwar allgemein für direkte Abkömmlinge der ursprünglichen »Götter« oder die Folge einer Paarung zwischen atlantischen Aristokraten und der Eingeborenenbevölkerung Ägyptens, aber es könnte hier auch eine Verbindung zu jenen friesischen Meeresvölkern geben, deren Land, wie wir wissen, etwa um 5000 v. Chr. in der Nordsee versank. Wie ihre atlantischen Vorfahren waren sie groß, hellhaarig und blauäugig. Könnte es sein, daß wir es mit mehr als nur einer Invasion zu tun haben? Immerhin versichert uns Professor Emery, daß die Eroberer, die gegen Ende des vierten Jahrtausends vor Christus ankamen, seltsame Schiffe mit einem hohen Bug benutzten, die anders waren als alles, was die Ägypter zu jener Zeit besaßen. Emery sieht einen leicht mesopotamischen Einfluß in diesen Booten, aber ich finde sie eigentlich eher norwegisch, obwohl ich gestehen muß, keine Expertin in solchen Dingen zu sein (siehe Abb. 14.1).

Dieses und viele andere alte Rätsel warten noch auf ihre Lösung, vielleicht durch eine künftige Generation von Archäologen oder Zeitreisenden. Ein Großteil dieser Untersuchung ist sicherlich spekulativ, aber unter den empirischen Daten finden sich genügend Hinweise darauf, daß wir noch lange nicht das ganze Bild zusammengesetzt haben. Wer bereit ist, den Rat und die Warnungen zu achten, die sich in den Mythen verbergen, wird zweifellos sehen, wie sich das Muster wiederholt. Der sirianische Einfluß ist wie alle echten Wahrheiten für jene da, die ihn sehen wollen. Die alten Ägypter sahen ihn, ebenso wie jene Abkömmlinge der Alten, deren Großzügigkeit, Höflich-

Abb. 14.1 Messergriff von Gebel-el-Arak – archaische Periode

keit und Vertrauen geholfen haben, mir meine Aufgabe mit diesem Buch zu erleichtern, ebenso die Hopi-Indianer und andere kleine Überreste sirianischen Einflusses, die den Stürmen der Zeit widerstanden haben.

Wir sind in einer kosmischen Traumsequenz gefangen, die wir die Gegenwart nennen, und unsere Augen sind für das dahinterliegende Universum fast immer blind. Doch eines können wir mit absoluter Sicherheit sagen, daß früher oder später der Tod uns aus diesem Traum wecken wird, und dann werden wir wie jemand, der gerade ein

Drama (ob es nun grauenhaft, romantisch, idyllisch oder verstörend war) auf der Leinwand gesehen hat, schließlich den dunklen Raum verlassen und ins Licht unserer spirituellen Heimat zurückkehren. Unsere Aufenthalte in der inneren Zeit sind nur flüchtige Eindrücke für die vorübergehend gefangene Seele, sie sich beim Übergang in den Tod unweigerlich auflösen werden. Unsere materiellen Erfahrungen erscheinen uns vielleicht sehr real, aber sie sind – in den alten atlantischen Worten – en-u-sta-rista – nur eine Reihe von Träumen!

Anhang

Tabellen zur ägyptischen Geschichte

Frühe prähistorische Periode

Zeit (v. Chr.)	*Nord- oder Unterägypten*	*Süd- oder Oberägypten*	*Wichtige Stätten*	*Periode*
ca. 5000	Faiyum »A«		Faiyum-Senke	
		Tasa	Deir Tasa, Mostagedda	Neolithisch
ca. 4000		Badari	el-Badari	Chalkolithisch
	Merimda		Merimda	
		Amratien	el-Amra, Nagada, el-Ballas, Hu, Abydos, Mahasna	Früh prädynastisch
ca. 3600				

Späte prähistorische Periode

Zeit (v. Chr.)	*Nord- oder Unterägypten*	*Süd- oder Oberägypten*	*Wichtige Stätten*	*Periode*
ca. 3600		Gerzeen (früh)		Mittel und spät prädynastisch
	Maadi		el-Maadi	
ca. 3400	Gerzeen (spät)		el-Gerza, Haraga	Historische Periode
ca. 3200	Vereinigung von Ober- und Unterägypten unter einem König		Hierakonpolis Memphis Abydos	

Archaische Periode (1. und 2. Dynastie)

Zeit (v. Chr.)	*Wichtige Herrscher*	*Bestattungs-rituale*	*Bedeutsame Ereignisse*
ca. 3200	1. DYNASTIE		Entwicklung der Schrift, Kupferwerkzeuge und -waffen
	Menes (Narmer)	Königsgräber bei Sakkara	
	Ity I (Hor-Aha)		Handel mit der Levante
	Ity II (Djer)		
	Merbiapen (Adjib)	Kenotaphe (Scheingräber) bei Abydos	Expeditionen in den Sudan
ca. 2900	2. DYNASTIE		
	Hetep-sechem-wy	Privatgräber nahe dem Grab oder Kenotaph des Königs	Benutzung von Steinen für Gebäude und Statuen
	Neb-re		
	Ni-neter		
	Peribsen		Religiöse und politische Streitigkeiten
	Kha-sechem-wy		Befriedung der beiden Länder
ca. 2660			

Altes Reich (3. und 4. Dynastie)

Zeit (v. Chr.) und Regierungsjahre	*Wichtige Herrscher*	*Wichtige Stätten*	*Bestattungsbräuche*	*Bedeutsame Ereignisse*
ca. 2660	3. Dynastie			
	Sa-nacht		Königsgräber	Große Stein-
			in Stufen-	gebäude und
			pyramiden	-skulpturen
19	Neter-chet	Sakkara		
	(Djoser)		Private Masta-	
6	Sechem-chet	Sinai	ben nahe dem	
			Königsgrab	
24	Huny		(Hesi-re, Methen)	
ca. 2600	4. Dynastie			
			Entwicklung	Technische
24	Sneferu	Maidum	echter Pyra-	und künst-
			miden und	lerische Be-
23	Chufu	Dahschur	Höhcpunkt	herrschung
	(Cheops)		der Entwick-	der meisten
31	Chafra	Gizeh	lung.	Materialien.
	(Chephren)			Klassisches
18	Menkaure	Bubastis	Privatbegräb-	Zeitalter
	(Mykerinos)		nisse in Masta-	des Alten
			bas und einigen	Reiches
			Felsengräbern.	
ca. 2500				

Spätes Altes Reich (5. und 6. Dynastie)

Zeit (v. Chr.) und Regierungsjahre	*Wichtige Herrscher*	*Wichtige Stätten*	*Bestattungsbräuche*	*Bedeutsame Ereignisse*
ca. 2500	5. DYNASTIE			Zunehmende
			Königspyra-	Bedeutung
8	User-kaf		miden kleiner,	von Helio-
15	Sahu-re	Sakkara	aber Neben-	polis
11	Ne-user-re	Abusir	gebäude mit	
28	Djed-ka-re	Isesi	kunstvollen	Expeditionen
			Reliefs verziert	nach Punt.
30	Unas	Helio-	*Pyramiden-*	Private
		polis	*texte*	Skulpturen
				aus Holz
			Allmähliche	und Stein
			Vergrößerung	von hoher
			der privaten	Kunst-
			Mastaben	fertigkeit
			(T, Mereruka)	
ca. 2340	6. DYNASTIE			
15	Teti	Deir-el-		Dezentrali-
		Gebraui		sierung der
				Regierung
44	Pepy I.	Koptos	Felsengräber	
	(Phiops I.)		in Provinz-	Zunehmen-
5	Mer-en-re I.	Abydos	zentren	der Feudalis-
90	Pepy II.	Sakkara		mus, der zur
	(Phiops II.)			Anarchie
				führt
ca. 2180				

Mittleres Reich (11. bis 13. Dynastie)

(Während der 7. bis 10. Dynastie fiel das Land in Chaos und Auflösung)

Zeit (v.Chr.) und Regierungsjahre	*Wichtige Herrscher*	*Wichtige Stätten*	*Bestattungsbräuche*	*Bedeutsame Ereignisse*
ca. 2080	11. DYNASTIE		*Sargtexte*	
			Große Felsengräber mit Pyramiden im Vorhof	Vereinigung der beiden Landesteile
51	Menthuhotep I. Neb-hepet-re	Theben		
12	Menthuhotep II. S-anch-ka-re	Abydos		
ca. 1990	12. DYNASTIE			Entwicklung der Literatur
			Königsgräber in Pyramiden	
30	Amunem-het I (Ammenemes)	Theben		Größere Entwässerungsanlagen in Faiyum. Wiederaufbau an allen Stätten. Endgültige Unterwerfung des Feudaladels.
44	Sen-wosret I (Sesostris)	Lischt	Privatbestattungen in Mastaben und Felsengräbern	
35	Amunem-het II			
18	Sen-wosret II	Dahschur		
36	Sen-wosret III	Lahun		
50	Amunem-het III	Hawara		
ca. 1785	13. DYNASTIE		Auftauchen des menschenähnlichen Sargs und der *shawabti*-Figur	Entstehung d. Osiris-Kults in Abydos. Unterwerfung der Nubier. Handel über Byblos mit Syrien und der Ägäis. Ankunft der Hyksos
	Große Anzahl von Königen. Vermutlich bildete eine andere Herrscherlinie im Westdelta die 14. Dynastie			

Mittleres Reich (11. bis 13. Dynastie)
(Fortsetzung)

Zeit (v.Chr.) und Regierungsjahre	*Wichtige Herrscher*	*Wichtige Stätten*	*Bestattungsbräuche*	*Bedeutsame Ereignisse*
ca. 1640	15./16. DYNASTIE		Nur wenig Informationen über diese Periode	
	17. DYNASTIE			Vertreibung der Hyksos

Neues Reich (18. bis 20. Dynastie)

Zeit (v. Chr.) und Regierungsjahre	*Wichtige Herrscher*	*Bestattungsbräuche*	*Auswärtige Angelegenheiten*	*Bedeutsame Ereignisse*
1570	18. DYNASTIE		Nubien und Kusch unter einem ägyptischen Vizekönig	Einführung von Bronze und neuen Waffen, Pferd und Wagen
25	Ahmosis			
21	Amun-hotep (Amenophis I.)		Neue Gebiete in Palästina und Syrien	
19	Tuthmosis I.	Könige in reich ausge-	Diploma-	Glas-
21	Königin Hatschepsut	statteten Felsengräbern bei Theben	tische Beziehungen zu Zypern,	arbeiten
54	Tuthmosis III.	beigesetzt, getrennte Lei-	der Ägäis, Anatolien	Wiederaufnahme des
25	Amenophis II.	chentempel. Privatbegräb-	und Babylon	Handels mit Punt
14	Tuthmosis IV.	nisse in Felsengräbern	*Fall von Knossos*	
39	Amenophis III.	bei Theben und anders-	Einflußverringe-	Echnaton versucht
17	Amenophis IV. (Echnaton)	wo werden allmählich schlichter:	rung in Asien	vergeblich, den Monotheismus
9	Tut-anch-amun	Tendenz zum einfachen	Aufstieg der Hethiter	einzuführen
?	Haremhab	Begräbnis in reich verziertem Sarg. Magische Bestattungstexte auf Papyrusrollen *(Totenbuch)*		

Neues Reich (18. bis 20. Dynastie)

(Fortsetzung)

Zeit (v. Chr.) und Regierungsjahre	*Wichtige Herrscher*	*Bestattungsbräuche*	*Auswärtige Angelegenheiten*	*Bedeutsame Ereignisse*
1304	19. DYNASTIE		Versuch, die Hethiter in Syrien zu schlagen. Vertrag zwischen den Hethitern und Ägypten. *Fall von Troja*	Auftauchen von Eisenwaffen. Hauptstadt von Theben nach Pi-Ramesse verlegt. Auszug der Hebräer. Starke Bautätigkeit.
13	Sethos I.			
67	Ramses II.			
12	Merenptah			
1181	20. DYNASTIE		Ethnische Bewegungen im Mittelmeerraum	
2	Seth-nacht			
32	Ramses III. und acht weitere Ramses		Niedergang der Hethiter	Armee rekrutiert Söldner
			Zurückschlagung der Libyer und Meeresvölker	Prestigeverlust der Königswürde. Grabräuber in Theben
			Verlust der asiatischen Gebiete	Rebellion in Mittelägypten
1075				

Spätzeit (bis zur 31. Dynastie)

Zeit (v. Chr.) und Regierungsjahre	*Wichtige Herrscher*	*Hauptzentren*	*Auswärtige Angelegenheiten*	*Bedeutsame Ereignisse*
1075	21. DYNASTIE		Dorische Invasionen in	Herrschaft des Deltas
45	Psusennes I.	Tanis	Griechenland	
		Theben	Aufstieg Phöniziens Aufstieg Israels	Libysche Söldner erlangen Machtstellungen
940	22./23. DYNASTIE			Kusch unabhängig
21	Sesonchis I. (Scheschonk)	Bubastis	Plünderung des Tempels in Jerusalem	Hervorragende Metall- und
36	Osorkon	Tanis		Fayencearbeiten. Zuneh-
54	Pedubast	Theben		mende Anarchie in Ägyp-
		Herakleopolis		ten provoziert Intervention aus Kusch
830	24. DYNASTIE		Erneuter Aufstieg der	Amun-Kult beherrscht
5	Bokchoris	Sais	Assyrer unter Tiglatpileser III.	Napata und Theben. Wiederaufbau in Theben und anderswo
751	25. DYNASTIE			
35	Pi-anchi	Napata (Sudan)	Invasion Ägyp-	
15	Schabako	Theben	tens durch die Assyrer	

Spätzeit (bis zur 31. Dynastie)

(Fortsetzung)

Zeit (v. Chr.) und Regierungsjahre	*Wichtige Herrscher*	*Hauptzentren*	*Auswärtige Angelegenheiten*	*Bedeutsame Ereignisse*
20	Schebitku		Plünderung Thebens	Antiquarische Studien der Vergangenheit
26	Taharka			
664	26. DYNASTIE		Vertreibung der Kuschiter	Wiederaufblühen von Kunst und Handwerk
54	Psametichos I.	Sais		
15	Necho II.	Edfu	Unabhängigkeit von Assyrien	Niedergang Amuns
				Philhellenismus
6	Psametichos II.	Sakkara	Diplomatische Beziehungen zu Phönizien. Handel mit Griechenland. Antipersische Intrigen	Griechische Söldner im Dienst der Könige
19	Apries (Hophra)	Daphnae		
44	Amasis	Naukratis		
525–404	27. DYNASTIE (Perser)		Eroberung Ägyptens durch Kambyses	
404–398	28. DYNASTIE			Widerstand gegen Persien durch dynastische Streitereien geschwächt
7	Amyrtaios	Sais	Befreiung mit griechischer Hilfe	

Spätzeit (bis zur 31. Dynastie)

(Fortsetzung)

Zeit (v. Chr.) und Regierungsjahre	*Wichtige Herrscher*	*Hauptzentren*	*Auswärtige Angelegenheiten*	*Bedeutsame Ereignisse*
398–378	29. DYNASTIE	Mendes	Bund gegen Persien	Letztes Aufblühen der einheimischen Künste
13	Achoris			
378–341	30. DYNASTIE	Sebennytos	Zurückschlagung der persischen Invasion	Letzter einheimischer Pharao
19	Nektanebos I.	Bubastis		
19	Nektanebos II.	Edfu		
341–333	31. DYNASTIE (Perser)		Erneute Eroberung Ägyptens durch die Perser	
332	Alexander von Mazedonien erobert das Persische Reich			
332–304	Alexander der Große Die Ptolemäer – Kleopatra u. a.			Ägypten hellenisiert

Glossar

Aat – Man kann dieses Wort als »Bezirk« übersetzen, aber im magischen Kontext bezieht es sich auf Bewußtseinszustände oder die Wellenlängen bestimmter subtiler Frequenzen.

Akasha-Chronik – vom Sanskrit-Wort *akasa* abgeleitet, das »klingender Äther« (Metaphysik) bedeutet; eines der fünf elementaren Prinzipien der Natur. Das Wort wurde von Pythagoras für das fünfte Element der Quintessenz angewandt. (Die vier Grundelemente sind Feuer, Luft, Wasser und Erde). Er lehrte, daß der himmlische Äther, das astrale Licht, allen Raum erfüllt. Seine Nachfolger erklärten, daß jede Handlung und jeder Gedanke, der in der physischen Welt stattfindet, im himmlischen Medium aufgezeichnet wird (die Akasha-Chronik). Seitdem ist dieser Gedanke Bestandteil des metaphysischen Denkens. Pythagoras soll seine Informationen aus den orphischen Schulen haben, die eine ausgesprochen östliche Orientierung hatten; das Konzept selbst soll viele Jahrhunderte älter sein.

Amentet – der verborgene Ort, auch als »der Berg im Westen« übersetzt, was sich auf eine andere Dimension bezieht oder möglicherweise eine volkstümliche Erinnerung an Atlantis ist.

Anima/Animus – der weibliche/männliche Aspekt der Persönlichkeit. In der Jungschen Psychologie wird die *Anima* als das weibliche Prinzip im männlichen Unbewußten betrachtet, der *Animus* als das männliche Prinzip im weiblichen Unbewußten. Später wurde das Konzept dahingehend erweitert, daß jeder Mensch beide Aspekte besitzt und die Ausgewogenheit zwischen beiden ein entscheidender Faktor für den persönlichen Ausdruck sei.

Arit – die sieben Empfangshallen, durch die die Seele nach dem Tod wandelt. Das Wort taucht auch in anderen Zusammenhängen auf: Zum Beispiel wird der Pylon des fünften Teils der Stunde ebenfalls Arit genannt.

Astrologische Zeitalter – Zeitabschnitte von 2160 Jahren (ein Zwölftel des kompletten Sonnenzyklus von etwa 25 900 Jahren). Diese Zeit braucht der Punkt der Tagundnachtgleiche, um präzessional die Sternkreiszeichen zu durchlaufen. Momentan stehen wir auf der Schwelle zwischen den Zeitaltern von Fisch und Wassermann. Jedes Zeitalter bringt radikale Veränderungen mit sich, besonders in seinem Spätstadium.

Äußere Zeit – Nichtlineare Zeit oder Zeitlosigkeit, ein Zustand, der in den subtileren Dimensionen existieren soll und der erlebt wird, wenn die Psyche vom inneren Zeitzyklus der physikalischen Welt befreit ist. In der äußeren Zeit soll alle Zeit *gleichzeitig* existieren, wobei die Psyche oder Seele nur jenen Teil des Ganzen erfassen kann, für den ihr eigenes Seelenalter oder ihre Feldbandbreite sie empfänglich macht.

Doppelfeuer – auch Chet-Chet genannt. Das Feuer der Verfestigung unter der Herrschaft von Isis und das Feuer der Zerstreuung, welches von Nephthys beherrscht wird. In Übereinstimmung mit dem zweiten thermodynamischen Gesetz, dem Gesetz der Entropie, waren sich die Ägypter durchaus der Tatsache bewußt, daß feste, geordnete Materie unweigerlich in entropische Unordnung oder Auflösung übergeht.

Entropie – 1. Maßstab für die Neigung eines Systems zu

spontanen Veränderungen, thermodynamisch durch die Gleichung *dS dQ/T* definiert, wobei *dS* die Veränderung in einem System ist, das eine bestimmte Wärmemenge *dQ* bei der Temperatur *T* absorbiert. 2. Die Neigung der Energie in einem geschlossenen System (auch im Universum), im Laufe der Zeit immer weniger für Arbeit im physikalischen Sinn verfügbar zu sein. 3. Ein Maßstab für Zufälligkeit, Unordnung oder Chaos in einem System, das in der statistischen Mechanik durch die Beziehung $S = k \ln W$ definiert wird, wobei *S* der Meßwert für ein System in einem gegebenen Zustand ist, *W* die thermodynamische Wahrscheinlichkeit dieses Zustands und *k* die Boltzmann-Konstante. Für die weniger wissenschaftlich Orientierten: Es geht im Endeffekt um ein von der Physik anerkanntes Universalgesetz, das sowohl die Verfestigung als auch die unvermeidliche Auflösung der Materie bestimmt – die durch dic altägyptischen Göttinnen Isis und Nephthys repräsentiert wurden.

Epagomenal – vom Griechischen *epagomenos* (*epi* = auf, *agein* = bringen). Die zwischengeschalteten, zusätzlichen (Schalt-) Tage, die nicht zu den Monaten des alten Sonnenjahres gehörten, sowie die an diesen Tagen verehrten Götter.

Gehirnhälften – Die beiden Gehirnhälften, durch die sogenannte Brücke miteinander verbunden, sind für unterschiedliche geistige Aktivitäten verantwortlich, wie etwa Erinnerungsvermögen, Sprache, Schreiben und abstraktes Denken. Die linke Gehirnhälfte, die in der inneren oder linearen Zeit funktioniert, befaßt sich allgemein mit Logik, analytischen Fähigkeiten und den faktischen Dingen des Alltags. Die rechte Hälfte steuert Kreativität, räumliches und abstraktes Denken sowie musikalische und visuelle Wahrnehmung. Sie funktioniert in äußerer Zeit oder Zeitlosigkeit, daher die starke Verbindung mit dem Paranormalen.

Genomprojekt – Projekt zur wissenschaftlichen Untersuchung aller Rassen der Erde unter Analyse ihres genetischen Codes. Ein Vorläufer hiervon ist der genetische Fingerabdruck, den sich die Polizei auf der ganzen Welt zunutze macht, weil man dadurch jedes Individuum nach seiner DNS identifizieren kann.

Gesetz der drei Anfragen – Ein okkultes oder kosmisches Gesetz, das besagt, daß alle Anfragen aus den subtileren Dimensionen dreifach wiederholt werden. Die erste Anfrage regt das Bewußtsein an, die Wiederholung stimuliert die Denkfähigkeiten, und die dritte stellt den Kontakt mit der Psyche oder Essenz her.

Gestaltwandel – 1. Im Schamanismus der Prozeß, durch den ein Schamane in einem veränderten Bewußtseinszustand oder einer außerkörperlichen Erfahrung die Gestalt, das Aussehen oder die Umrisse seines Totemtiers annimmt. 2. In der Magie die Fähigkeit, in einer außerkörperlichen Erfahrung, im Traumzustand oder in der äußeren Zeit bewußt die Gestalt zu wechseln. 3. In der Psychologie der Prozeß, durch den ein Lehrer oder Schamane das Leben oder die Vorstellungen von Individuen, Gruppen oder dem »Weltparadigma« verändert und transformiert.

Hekau – Worte der Macht, deren Kenntnis die alten Ammoniter von den Göttern oder Netern erhalten haben, die Jahrhunderte vor dem Aufstieg des dynastischen Ägyptens »aus dem Himmel« gekommen sein sollen. Das ursprüngliche Wissen, in dem es vermutlich um Kenntnisse über die Anwendung von Schall ging, ist schon lange verlorengegangen. Was später als *Hekau* bekannt wurde, sind bestimmte Worte, die eine magische Wirkung auf die Psyche sowohl in dieser Welt wie auch im Nachleben haben sollen.

Individuation – Vereinigung von *Anima* und *Animus* (weiblichem und männlichem Element) in der Persönlichkeit, was in der individuellen Psyche einen Zustand von Stabilität und Ausgewogenheit bewirkt.

Innere Zeit – lineare Zeit. Die Zeit, die unsere Uhren messen und die von der Bewegung unseres Planeten in Relation zur Sonne bestimmt wird.

Karma – Prinzip der ausgleichenden Gerechtigkeit im Hinduismus und Buddhismus, das den Lebenszustand und die Art der Reinkarnation aufgrund vergangener Taten bestimmt. Das Konzept des Karma, das auf dem Prinzip »Wir ernten, was wir säen« beruht, kann man auch als populäre metaphysische Variante der Vorstellung von den »Sünden der Väter« betrachten. Es bedeutet, daß wir zurückkehren müssen, um in früheren Leben begangene Missetaten wiedergutzumachen (unter Annahme einer linearen Reinkarnationsreihe). Wenn wir beispielsweise jemanden sehr ungerecht behandelt haben, muß in einem künftigen Leben eine Wiedergutmachung gegenüber dieser Person (oder diesem Wesen) geschehen. Vielleicht entscheiden wir uns auch, selbst die Rolle des Opfers einzunehmen. Manchmal bestehen unsere »karmischen Sünden« aus Unterlassungen – Dinge, die wir hätten tun sollen, aber nicht taten. Die alten Ägypter kannten die »negative Beichte«, wobei der Geist oder die Seele nennen mußten, was sie mit Freundlichkeit und Korrektheit erreicht hatten, statt das, was sie nicht geschafft hatten. Je mehr gute Taten sie aufweisen konnten, um so besser standen ihre Chancen bei Osiris. Es herrscht die metaphysische Überzeugung, daß wir das Leben mit einem bestimmten spirituellen Programm betreten, einer karmischen Blaupause dessen, was sich unser Geist in diesem Leben vorgenommen hat. Falls man dann auf seiner Lebensreise »aus der Bahn« gerät, tritt eine Art spirituelle Frustration ein, die zu psychologischen oder physischen Problemen führen kann (Somatisierungen). Natürlich ist es auch nicht selten, daß eine Seele voller Hoffnung die Inkarnation beginnt, überzeugt, ihren karmischen Plan leicht erfüllen zu können, doch alles anschließend so schwierig findet, daß alle guten Absichten bald vergessen werden und die Prüfung in einem anderen Leben (oder einem anderen Zeitrahmen, wie ich es nennen würde) wiederholt werden muß.

Knotenhaucher – Priester, der auf Knotenmagie und Numerologie spezialisiert ist. Knoten waren in der Magie sehr bedeutsam, weil sie mit dem Binden von Energien zu tun haben. Die Zahl Sieben galt in diesem Bereich als magisch.

Logos (Plural *logoi*) – aus dem Griechischen: *logos* = Sprache, Worte, Verstand. Kosmisches Bewußtsein, das in der alten griechischen Philosophie als Ursprung der Weltordnung und deren Deutbarkeit betrachtet wurde, als sich selbst enthüllender Gedanke und Wille Gottes oder der Götter. In der Metaphysik bezeichnet man die leitenden Intelligenzen hinter Planeten, Sonnen, Sternen und allen kosmischen Körpern als *Logoi* oder *Genii.* Man kann daher vom solaren Logos in unserem eigenen System sprechen (den einige Schulen als Christos bezeichnen) oder von jenen Logoi, die für die Evolution von Sternenclustern, Galaxien und allen Existenzebenen im sichtbaren und unsichtbaren Universum verantwortlich sind. Es wird heute in einigen wissenschaftlichen Kreisen akzeptiert, daß unser eigener Planet Erde eine eigenständige, lebendige, hochintelligente, sich selbst regulierende Entität ist, der James Lovelock den alten griechisch-mythologischen Namen *Gaia* gegeben hat. (*Gaia – A New Look at Life on Earth* und *The Ages of Gaia,* Oxford University Press. Dt.: *Die Gaia-Hypothese*) Man könnte Gaia daher als terrestrischen Logos oder Genius bezeichnen.

Multidimensionales Bewußtsein – Die Fähigkeit, geistig mehr als einen Realitätszustand oder Zeitrahmen gleichzeitig zu verarbeiten.

Neter – Götter. Die weibliche Version lautet Neterit, wird aber nur selten benutzt.

Panspermien-Theorie – Fred Hoyles Konzept, das von fremden Mikroorganismen ausgeht, die im gesamten interstellaren Raum verstreut sind und auch die Erdatmosphäre durchdringen. Es ist kein völlig neues Konzept. »Es wurde im neunzehnten Jahrhundert besonders von dem britischen Physiker Lord Kelvin vertreten. Leider setzte sich diese Möglichkeit, die biologische Evolution hier auf der Erde zu verstehen, nicht durch, so daß die Wissenschaftler durch die wachsende Beliebtheit des Darwinismus von der sicherlich korrekteren Theorie abgelenkt wurden. Dies geschah trotz der Bemühungen des schwedischen Chemikers Svante Arrhenius Anfang des Jahrhunderts, die »Panspermien-Theorie« (wörtlich: Samen überall) mit überzeugenden Argumenten zu stützen.« (Fred Hoyle: *The Intelligent Universe,* S. 158)

Hoyle betrachtet das Universum als ein lebendiges, intelligentes Wesen, das seine interstellaren Partikel (Samen?) planmäßig und methodisch verstreut. Seiner Theorie in einer kurzen Zusammenfassung gerecht zu werden, ist unmöglich, daher seien Interessierte auf das genannte Buch verwiesen.

Pylon – Abteilung in der Unterwelt im *Shat En Sbau,* dem »Buch der Pylonen«, das die verschiedenen Abteilungen des von Osiris beherrschten Reichs beschreibt, um den Weg der Seele von einer zur anderen zu erleichtern. Weitere Einzelheiten finden sich bei Budge (siehe Bibliographie).

Quantensprung – Ein abrupter Wechsel oder Schritt von einer Ebene oder Kategorie zu einer anderen, besonders im Hinblick auf Wissensstand oder Informationen.

Ras Boote – Atet, das Tagboot, und Sektet, das Nachtboot. In ägyptischer Magie und Mythologie gibt es viele andere Boote, von denen man einige mit bestimmten Gottheiten verbindet, während andere die Seele nach dem Tod von einem Bereich zum anderen befördern.

Samyama – aus dem Sanskrit: »Verschmelzung«. Die Technik, das eigene Bewußtsein mit dem Bewußtsein (Feld) eines Objekts oder einer Person zu verschmelzen, über das oder den man Informationen erlangen möchte. So gewinnt man Zugang zu der anderen Datenbank und dem gegenwärtigen Bewußtseinszustand sowie zu den Gruppendaten der gesamten Art.

Seelenfragment-Theorie – Ein Konzept von Reinkarnation und Seelenalter, das sich von der allgemeinen Überzeugung unterscheidet, daß man sich fortlaufend linear in der inneren Zeit reinkarniert. Diese Theorie sieht vielmehr die vollständige Essenz (ganze Seele) als Hologramm, das zersplittert und dessen Fragmente gleichzeitig durch alle Zeitphasen und über die grenzenlosen Dimensionen dieses und anderer Universen verstreut werden. Da jedes Teilchen das gleiche Bild wie das Ganze enthält, wird in jedem Leben ein Bruchteil des essentiellen Selbst zurückbehalten. Diese Verbindung mit der Grundessenz stützt die Vorstellung von einem »höheren« oder transpersonalen Selbst. Wir erleben daher manche Leben als junge Seelenfragmente, andere in mittlerem oder reiferem Zustand. Dieses Konzept zeigt die Dummheit von spirituellem Snobismus – der ohnehin nur für junge Seelen typisch ist.

Sothis – der alte Name für Sirius, einen großen, hellblauen Stern, etwa achteinhalb Lichtjahre von uns entfernt, in der Konstellation von Canis Major, auch Hundsstern genannt. Die alten Ägypter berechneten die alljährlichen Frühlingsüberflutungen des Nils nach seinem heliakischen Aufgang.

Tuat – Unterwelt, gleichbedeutend mit dem griechischen Hades.

Danksagung

Mein aufrichtiger Dank ergeht an den Sekretär, die Historiker und jene Mitglieder der Ammoniter-Stiftung in Kairo, Ägypten, die mir mit Erlaubnis ihrer Hoheit Sechmet Montu (LHS) bestimmte Informationen aus ihrem Privatarchiv zur Verfügung stellten.

Mein Dank geht auch an die folgenden Verlage und Autoren, die mir freundlicherweise gestatteten, Illustrationen und Zitate aus den folgenden Werken zu verwenden:

Thames & Hudson: *The Egyptians,* von Cyril Aldred

Element Books: *The Great Pyramid Decoded,* von Peter Lemesurier, und *The Psychology of Ritual,* von Murry Hope

Souvenir Press Ltd.: *Colony Earth,* von Richard Mooney

JR-T Publications: *The Sons of Re,* von John Rose

Sidgwick & Jackson: *The Sirius Mystery,* von Robert K. G. Temple

Penguin Books Ltd.: *Archaic Egypt,* von W. B. Emery

Inner Traditions International Ltd., Rochester, USA: *Sacred Science,* von R. A. Schwaller de Lubicz, Zeichnungen von Lucy Lamy

Die sonstigen Illustrationen sind von Martin Jones.

Bibliographie

Aldred, Cyril: *The Egyptians.* Thames & Hudson, London 1961 (dt.: *Ägypten.* DuMont, Köln 1962)

Bauval, Robert: *The Orion Mystery.* William Heinemann Ltd., London 1994 (dt.: *Das Geheimnis des Orion.* List, München 1994)

Berlitz, Charles: *Atlantis.* Macmillan Press Ltd., London. (dt.: *Das Atlantis-Rätsel.* Knaur, München 1978)

Bonwick, James: *Egyptian Belief and Modern Thought.* Falcon's Wings Press, Colorado 1956

Braghine, A.: *The Shadow of Atlantis.* Aquarian Press, Wellingborough 1980

Budge, E. A. Wallis: *The Gods of the Egyptians.* Bd. 1 und 2, Dover Publications, New York 1969

Budge, E. A. Wallis: *Egyptian Magic.* Routledge & Kegan Paul, London 1979

Budge, E. A. Wallis: *Amulets and Talismans.* Collier Books, Toronto 1970

Budge, E. A. Wallis: *The Book of the Dead.* Kegan Paul/ Trench, Trubner & Co., London 1901

Donnelly, Ignatius: *Atlantis, the Antediluvian World.* Low, Marston & Co., London 1884

Emery, W. B.: *Archaic Egypt.* Penguin Books, London 1961 (dt. *Ägypten: Geschichte und Kultur der Frühzeit.* Goldmann, München 1964)

Eysenck, Hans; Sargent, Carl: *Explaining the Unexplained.* Weidenfeld & Nicholson, London 1982 (dt.: *Der übersinnliche Mensch.* Kösel, München 1984)

Frazer, James G.: *The Golden Bough.* Macmillan, London

1978 (dt.: *Der goldene Zweig: Eine Studie über Magie und Religion.* Kiepenheuer & Witsch, Köln 1968)

Goodman, Jeffrey: *The Earthquake Generation.* Turnstone Books, London 1979

Hone, Margaret: *The Modern Textbook of Astrology.* Fowler & Co., London 1975

Hope, Murry: *The Psychology of Ritual.* Element Books, Shaftesbury 1988

Hope, Murry: *Practical Egyptian Magic.* Aquarian Press, Wellingborough 1984

Hope, Murry: *Practical Celtic Magic.* Aquarian Press, Wellingborough 1988 (dt.: *Magie und Mythologie der Kelten.* Heyne, München 1990)

Hope, Murry: *Atlantis: Myth or Reality?* Penguin/Arkana, London 1991 (dt.: *Atlantis: Mythos oder Wirklichkeit?* Zweitausendeins, Frankfurt 1994)

Hope, Murry: *Essential Woman: Her Mystery, Her Power.* Collins/Crucible, Wellingborough 1991

Hope, Murry: *Time: The Ultimate Energy.* Element Books, Shaftesbury 1991

Hope, Murry: *The Gaia Dialogues. Thoth Publications,* Loughborough 1995

Hope, Murry: *The Lion People. Thoth Publications,* Bognor Regis 1988

Hoyle, Fred: *The Intelligent Universe.* Michael Joseph, London 1983 (dt.: *Das intelligente Universum.* Umschau-Verlag, Frankfurt/M. 1984)

Iamblichos: *The Egyptian Mysteries.* William Rider & Son, London 1911

Ivimy, John: *The Sphinx and the Megaliths.* Abacus Books, London 1976

Jacq, Christian: *Egyptian Magic.* Aris & Phillips, Warminster 1985

Jung, Carl Gustav: *The Archetypes and the Collective Unconscious.* Routledge & Kegan Paul, London 1979 (dt.: *Die Archetypen und das kollektive Unbewußte.* Ges. Werke 9/I. Walter Verlag, Solothurn)

Jung, Carl Gustav: *Memories, Dreams and Reflections.* Routledge & Kegan Paul, London 1973 (dt.: *Erinnerungen, Träume, Gedanken.* Walter Verlag, Solothurn 1962)

Lamy, Lucie: *Egyptian Mysteries.* Thames & Hudson, London 1981

Larousse Encyclopedia of Mythology. Paul Hamlyn, London 1959

Lemesurier, Peter: *The Great Pyramid Decoded.* Compton Russell Element, Tisbury 1977 (dt.: *Geheimcode Cheops: ein Weltwunder wird enträtselt.* Bauer Verlag, Freiburg 1988)

Maspero, Gaston: *The Dawn of Civilization.* The Society for Promoting Christian Knowledge, London 1910

Masters, Robert: *The Goddess Sekhmet.* Amity House Inc., New York 1988

Mead, G. R. S.: *Fragments of a Faith Forgotten.* John N. Watkins, London. (dt.: *Fragmente eines verschollenen Glaubens.* C. A. Schwetschke & Sohn, Berlin 1902)

Mead, G. R. S.: *Thrice Greatest Hermes.* 3 Bde., Theosophical Publishing Co., London 1906

Mooney, Richard: *Colony Earth.* Souvenir Press, London 1974

Ouspensky, Peter D.: *In Search of the Miraculous.* Routledge & Kegan Paul, London 1950 (dt.: *Auf der Suche nach dem Wunderbaren.* O. W. Barth, Weilheim 1966)

Robson, Vivianne: *Fixed Stars and Constellations in Astrology.* Cecil Palmer, London 1928

Rose, John: *The Sons of Re.* JR-T Books, Warrington 1985

Rundle, Clark R. R.: *Myth and Symbol in Ancient Egypt.* Thames & Hudson, London 1959

Scheuler, Gerald und Betty: *Coming into the Light.* Llewellyn Publications, St. Paul 1989

Schwaller de Lubicz, R. A.: *Sacred Science.* Inner Traditions International Rochester 1961

Scrutton, Robert: *The Other Atlantis.* Neville Spearman, Jerscy 1977

Temple, Robert K. G.: *The Sirius Mystery.* Sidgwick & Jackson, London 1976 (dt.: *Das Sirius-Rätsel.* Umschau-Verlag, Frankfurt/M. 1984)

Tomas, Andrew: *We Are Not the First.* Souvenir Press, London 1971 (dt.: *Wir sind nicht die ersten.* Lübbe, Bergisch Gladbach 1979)

Tomas, Andrew: *Atlantis From Legend to Discovery.* Robert Hale, London 1972 (dt.: *Das Geheimnis der Atlantiden: Von der Mythe zur Entdeckung.* Günther, Stuttgart 1971)

Waite, A. E.: *The Occult Sciences.* Kegan Paul/Trench, Trubner & Co., London 1891

Weinstein, Michael: *The World of Jewel Stones.* Sir Isaac Pitman & Sons, London 1959

West, John Anthony: *Serpent in the Sky.* Julian Press, New York 1987

Witt, R. E.: *Isis in the Graeco-Roman World.* Thames & Hudson, London 1971

Wood, David: *Genesis.* Baton Press, Tunbridge Wells 1985

Register